대한민국에서
부자가 되고 싶다면
≫ 부동산 ≪
개발사업
해라

대한민국에서
부자가 되고 싶다면
부동산
개발사업
해라

김성은 지음

나비의 활주로

부동산개발을 왜 알아야 하는가?

누구나 그렇겠지만, 저자 역시 자산을 증식하려면 어떻게 해야 할지 많은 고민을 했다. 저자는 자산 증식을 위하여 주식을 시작으로 네트워크마케팅(다단계), 기업인수합병(M&A), 아트테크, 코인투자(ICO) 등 닥치는 대로 공부하여 투자도 하였으며, 때로는 이러한 그룹에 소속되어 일도 해 보았다. 성공도 하고 실패도 하였다. 그리고 이러한 모든 투자에는 각각 고유의 매력이 분명히 있다는 것도 알게 되었다.

그리고 이와 관련하여 성공한 여러 사람을 만나면서, 어떤 투자를 하든 결국 종점은 부동산 투자라는 것을 알게 되었다.

대부분의 고액 자산가들은 자산 포트폴리오 중 부동산 비율이 높다. 왜 그럴까? 혹시 깊이 고민해 본 적이 있는가?

내가 자산을 늘릴 수 있는 힌트가 바로 여기에 있다는 걸 알게 되었다.

부를 축적한 이들이 지속적으로 부동산을 매입한 이유는 부동산이 안전자산임과 동시에 공격적인 투자 수단이었기 때문이다. 안전하면서 투자 수단이 된다는 것은 분명 매력적이다.

부자들의 돈은 부동산에 몰리고 있었다. 돈이 몰리는 곳, 그 흐름을 따라가면 부의 축척은 자연스럽게 이루어진다.

부자들이 부동산으로 자산 증식을 할 수 있는 대표적인 요소가 바로 부동산 정보의 제한성이다. 부동산의 장점이자 단점인 정보의 제한성이란, 부동산은 정보 공유가 쉽지 않다는 뜻이다.

부는 정보의 비대칭에서 시작된다. 그렇기 때문에 자산가들은 자산을 늘리기 위해 어느 누구보다 더 많이 부동산을 공부하며, 더 빠르게 정보를 수집한다. 남들보다 항상 한발 더 빠르게 움직인다. 제한된 부동산에서 제한된 정보를 먼저 알아야 돈의 흐름이 보인다는 것을 부자들은 아는 것이다.

제한된 부동산, 제한된 정보로 부를 이룰 수 있는 대표적인 방법이 바로 부동산개발이다. 부의 지도를 그리는 하나의 척도가 바로 부동산개발이기 때문이다. 즉 부동산개발 공부는 곧 나의 부를 이루는 하나의 수단이 될 수 있는 것이다.

돈을 벌든, 벌지 못하든 자본주의 경제 속에서 살기에 부동산과의 관계를 끊을 수는 없다. 그래서 우리는 부동산을 알아야 한다. 부의 증진을 위한 길은 여러 갈래가 있겠으나, 부동산이 부를 이룰 수 있는 큰 흐름 중 하나임은 분명하다. 그렇기에 부동산개발이 어떻게 이뤄지는지를 알면 돈

부자가구의 총자산 중 부동산자산이 큰 비중 차지

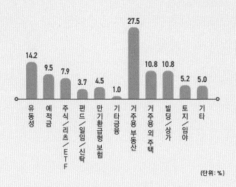

(단위: %)

부동산 합계 54.3% (출처: KB국민은행 자료)

의 흐름을 읽는 데 좀 더 수월하지 않을까 싶다.

부동산개발은 수많은 관련 법적 지식과 세무, 회계, 시장 경제의 흐름 등 폭넓은 이해를 필요로 하며, 이러한 부담감으로 부동산개발에 대해 알아가는 것을 미리 포기하는 분들이 많다. 또한 부동산개발은 이론이 아닌, 도제식으로 사람에서 사람으로 전수되는 기술적인 부분이 많아서 직접적인 현장 체험 없이는 배우기가 쉽지 않다.

이런 이유들로 부동산개발에 관심은 갖고 있으나, 선뜻 공부하기 어려워하는 초보자들이 부동산개발에 한층 쉽게 접근할 수 있도록 이 책을 만들었다. 그리고 저자가 부동산개발과 관련한 수많은 경험을 하면서 느낀 점은 부동산개발이 확실히 돈이 되는 사업이라는 점이다. 알면 돈이 되는데, 모르는 사람이 너무 많다. 혼자 알기는 아쉬움이 있어 부동산개발에 대한 노하우를 공유하고자 이 책을 만들게 되었다.

부동산개발을 잘 모르는 이들은 이 책을 통해 부동산개발에 대한 전반적인 흐름을 잡을 수 있을 것이며, 부동산개발 관련 관계자들은 부동산개발 흐름을 간단히 점검한다는 차원에서 가볍게 읽으면 좋을 듯하다.

CONTENTS

부동산개발, 이것만은 알고 시작하자

왜 디벨로퍼(시행사)와
부동산개발을 알아야 돈이 보이는가

부동산개발의 수준이 곧 국가의 경제력이 되었다. 각 나라 도시의 모습을 비교해 보면 알 수 있을 것이다. 그만큼 부동산개발이 국가와 사회 경제 전반에 미치는 영향이 매우 크다고 할 수 있다. 그리고 이러한 부동산개발을 이끌어가는, 마치 배의 선장 역할을 하는 이가 바로 "디벨로퍼"이다.

디벨로퍼(developer)는 일반적으로 부동산 관련 개발사업자를 일컫는 말이다. 보통은 "시행사" 또는 "부동산개발회사"라고 부른다. 공공 디벨로퍼(주공, 토공 등)와 민간 디벨로퍼로 구분할 수 있다. 디벨로퍼는 시장의 수급 상황과 부동산의 잠재력을 정확히 예측하고 판단하여 개발 방안을 마련하고, 그 후의 단계들(기획, 용지 확보, 설계 등)을 거치면서 아무도 눈여겨보지 않았던 부동산에 대한 새로운 가치를 창조하는 영업활동을 한다.

공동주택(아파트), 오피스텔, 주상복합, 지식산업센터, 생활형숙박시설,

물류창고 등 각종 부동산개발의 사업 기간은 토지 계약 후 인허가 및 분양 (6~12개월), 공사(2~5년) 기간을 거쳐 준공까지 최소 2~6년이 걸린다. 물론 도시개발사업, 택지개발, 재개발, 재건축 등은 여건에 따라 10년 이상 걸리는 경우도 있으며, 이러한 전반적인 사업 기간은 사업의 규모, 인허가 기간, 공사 기간 등의 조건에 따라 상이하다.

그렇기 때문에 디벨로퍼는 부동산개발을 시작할 때 급변하는 미래 인구구조와 경제, 사회, 문화 등 모든 패러다임을 담아 준공 시점인 2~10년 후의 부동산 미래 청사진을 누구보다 한발 앞서 그린다. 그리고 그것을 토대로 실패하지 않을 지속가능한 부동산 상품을 개발하는 사람들이 바로 디벨로퍼이다.

즉, 디벨로퍼는 부동산개발로 인한 부동산 부의 지도를 누구보다 우선 연구하여 움직이며, 때로는 부동산 부의 지도를 만들어내는 역할도 한다. 그렇기 때문에 디벨로퍼의 행적을 따라 부동산개발이 이루어지는 기본적인 메커니즘을 이해하게 된다면, 부동산 부의 흐름을 읽을 수 있는 안목 또한 생길 수 있을 것이다.

앞서 말했듯이 부자들의 대부분 자산 포트폴리오 1위는 부동산이다. 부동산 자산가들이 부동산을 매입하는 것은 자산 증식의 장점이 분명 존재하기 때문이다.

그 장점의 첫 번째가 부동산 정보의 제한성이다. 부동산은 주식과는 다르게 제한된 정보의 속성을 지니고 있어서 제한된 정보력과 그것을 바탕으로 부동산 관련 이해도가 높은 이들이 지속적으로 부를 축적하는 수단으로 이용하고 있다.

　두 번째로 부동산은 안전자산임과 동시에 실물자산이며, 높은 수익률을 제공한다는 점이다. 경기 하락기 때 부동산 가격 역시 하락하였지만, 오뚜기처럼 언제나 떨어진 가격은 다시 회복하였으며, 이러한 사이클을 학습한 부자들은 이를 활용하여 지속적인 부를 축적할 수 있었다. 화폐를 단순히 통장에 보관해 이자를 굴리는 용도로만 사용한 것이 아니라, 화폐로 부동산을 매입해 자산을 자연 증식시킨 것이다. 이는 경제 경험칙에 의한 투자라고 할 수 있다.

　이러한 공식이 미래에는 어떤 양상으로 변할지 누구도 예측할 수 없지만, 부자들에게는 부동산이 안전자산과 실물자산이며, 높은 수익률을 제공한다는 측면에서 매력적일 수밖에 없는 것은 사실이다.

　부동산개발에 왜 갑자기 부동산 자산가에 대한 이야기가 나오는지 의문을 가질 수 있다. "조물주 위의 건물주"라는 이야기가 나올 정도로 우리는 눈앞에 보이는 똑똑한 건물(주) 현상에 집중할 수밖에 없었지만, 디벨로퍼들의 움직임은 언제나 건물주보다 한발 더 빨랐다는 것을 이야기하기 위해서다.

　지금 현재 건물주들의 건물 보유에 앞서 디벨로퍼들은 이미 그 건물을 개발하여 매각했던 자이며, 건물주보다 먼저 시세 차익을 누렸다. 즉, 디벨로퍼는 건물주보다 우선하여 수익을 향유하였으며, 그 수익으로 또 다른 부동산개발을 통해 건물주보다 한발 앞서 지속적으로 부를 축적하고 있었다.

부동산 시장의 흐름을 만드는 게 디벨로퍼였으며, 그 흐름에 따라 건물주가 건물을 매입하게 된 것도 어찌 보면 디벨로퍼들의 큰 그림일지 모른다. 보이는 듯하나 보이지 않는 디벨로퍼, 그들은 조용히 보이지 않게 부를 축척하고 있었던 것이다.

이에 디벨로퍼들의 움직임과 그 발자취를 더 면밀히 집중하여 관찰할 필요가 있다.

그것이 남들보다 한발 앞서서 부를 축적할 수 있는 또 하나의 기회가 아닐까 싶다. 디벨로퍼의 움직임이 곧 부동산개발의 움직임이고, 돈이 움직이는 축이며 흐름이기 때문이다.

여기서 한 가지 재미있는 사례를 공유해보고자 한다.

보통 시행사는 사업 부지를 매입할 때 인근 주민 또는 토지주에게 소문나지 않기를 원한다. 소문이 날수록 땅값은 올라가고, 인허가 진행 중 주민 민원으로 인한 인허가 리스크도 높아지기 때문이다. 인허가 완료는 짧게는 6개월에서 길게는 1~2년 후가 될 것이며, 인허가 완료 시점 이후 부동산개발은 시작될 것이고, 일반인들은 그제서야 그 지역이 개발되는 것을 인지하게 된다.

저자 지인의 대규모 시행사는 자신들의 막대한 자본력으로 그 지역을 홍보하고, 성공리에 분양을 완료하였으며, 그 인근 지역은 수혜를 입어 토지가는 높이 상승하였다. 대규모 시행사의 개발정보를 미리 입수했던 후발 개발 주자인 소규모 시행사는 그 지역 인근 토지를 미리 싼 가격에 매입을 하였고, 그 시행사는 아무것도 하지 않고 땅만 팔아도 수십억 원이 남는 반사이익을 받게 되었다. 하지만 개발로 인한 수익이 훨씬 컸기에 그 시행사는 부동산개발을 진행하였으며, 광고비를 크게 쓰지 않고도 분양에 성공하고 수백억의 수익을 가져갈 수 있었다.

저자도 이러한 정보를 이미 알았음에도 그때 그 인근 땅을 사지 못한 아쉬움이 컸다. 근처 땅을 샀다면 시세 차익이 얼마였을지….

일반인들은 이러한 정보를 모를 것이다. 일반인은 분양 시점이 되어서야 어느 지역에 무엇이 개발이 될 것인지 알 수 있으며, 그때는 이미 인근 부동산 가격이 올라갔을 때이다. 이러한 정보를 사전에 알 수 있다면 나는 어떻게 할 것인가? 고민할 필요가 있는 부분이다.

개인적 친분이 있는 디벨로퍼가 있고, 좋은 관계를 유지하고 있다면 이러한 좋은 고급(?) 정보를 얻을 수 있다. 디벨로퍼에게는 실제로 여러 경로를 통해 많은 부동산개발 정보와 부동산개발 사업부지 매입에 대한 정보가 접수되기 때문이다. 실제로 저자 지인 중에도 이러한 정보를 통해 많은 부를 축적한 이들도 있다.

지인 중에 정직한 디벨로퍼가 있다면 관계를 잘 만들어가라고 조언하고 싶다. 하지만 주의해야 할 것은 부동산개발을 빌미로 사기를 당하는 피해 사례가 정말 많기 때문에 잘 분별하여 사귀어야 할 것이다.

부동산개발이 가능한
사업부지는 얼마만큼 있는가

기업은 지속적으로 생겨나 기업에 투자할 수 있는 투자처는 늘어나고 있지만, 부동산은 지역적이며 한정적이기에 부동산 투자처는 점점 줄어들고 있는 것이 현실이다. 그렇기에 지역적 차이는 있겠으나 부동산의 희소성이 분명 존재하고, 부동산의 대세적 상승은 지속적으로 이뤄질 것으로 생각된다.

부동산개발회사(시행사)와 건설사는 계속 늘어나고 있으나, 부동산의 한정성으로 부동산개발사업은 점점 힘들어지고 있는 실정이다. 이러한 추세는 갈수록 증가할 것이고, 부동산개발 및 투자처도 극히 드물어질 것이다. 유망하고 희소성이 부각된 지역 그리고 수익성이 나는 지역은 그 정보를 공유하는 극히 소수들의 경쟁으로 이어지고 있는 것이 현실이다.

결론적으로, 부동산개발 사업부지는 많이 존재하나, 수익이 되는 사업지는 많지 않기에 수익이 가능한 개발 사업부지 발굴이 중요하다. 실제로 부동산개발을 검토해보면 수익성이 나오는 개발사업지는 100~200건 중에 1건이 나올까 말까 하는 수준이다.

저자 역시 부동산개발사업을 직접 하고 있지만, "땅 계약이 개발 사업의 99%이다"라고 이야기할 정도로 사업지 발굴이 매우 중요하다. 사업지 발굴에 대해서는 추후에 상세히 다시 설명하도록 하겠다.

3

부동산 가격 사이클과
부동산 개발의 시점

부동산 가격 상승기에 대해선 말할 것도 없을 듯하다. 부동산 가격 상승기에는 뭘 해도 잘 팔리기 때문이다. 반대로 저자에게 부동산 가격 하락 시기엔 어떻게 대응해야 되는지에 대한 질의가 굉장히 많았다. 그래서 누구나 고민하는 부동산 가격 하락에 대해 이야기하고자 한다.

1998년대 IMF, 2008년대 서브프라임모기지사태에 이어 2011년 저축은행 사태 등 부동산 가격 폭락 시기에 많은 언론과 전문가 등은 입을 맞춰 인구 감소, 노인인구 증가 등 지속적인 부동산 가격 하락세가 이루어질 것이라고 하였다. 하지만 지금 부동산 가격을 비교해 보면, 부동산 가격 하락 시점에 부동산을 매입하는 사람들은 큰돈을 버는 기회의 장이었으며, 오히려 부동산 가격 부정론을 주장했던 소위 부동산 전문가 집단이라고 외쳤던 언론, 부동산 관련 전문업자들은 매번 부동산 투자 기회를 놓쳐 후회했었던 기억들이 난다.

부동산 투자뿐만 아니라 부동산개발 역시 이러한 부동산 가격 상승과

하락 사이클 편승 시점이 매우 중요하다. 이는 주식 투자와도 유사할 수 있다. 하지만 투자금을 배팅했을 때를 기준으로, 주식은 경기 하락 시점 도래 시 단기적인 빠른 거래로 손절할 수 있으나, 부동산개발은 공사 중 중도 타절[1](계약 해지)이 어려워 준공[2]까지 장기적으로 사업을 끌고 갈 수밖에 없기 때문에 경기 하락 시점에서는 큰 손실로 이어질 수 있다. 부동산 가격 하락기에는 미분양 또는 분양 잔금 납부 미납 등의 사태로 시행사 손실 폭이 커질 수 있기 때문이다. 이에 부동산개발사업은 부동산 가격 하락 시기를 선제적으로 예상하여 적정 개발 시기를 결정해야 한다.

부동산 가격 하락 시기에 분양 또는 준공을 하게 된다면 최악의 시나리오겠지만, 반대편 입장에서는 꼭 나쁜 것만은 아니다.

하락 시기에 땅을 싸게 사서 상승 시기에 비싸게 분양 또는 매각할 수 있는 기회의 시기이기도 하기 때문이다. 그래서 부동산 가격 하락 시기는 현금을 확보하여 싸고 좋은 땅 매입을 준비하라고 말하고 싶다.

싸게 사서 비싸게 파는 것이 투자와 사업의 가장 기본이며, 부동산개발도 이와 같다. 특히 개발할 수 있는 부지는 많으나, 토지비 상승으로 수익성이 떨어져 개발이 불가했던 사업부지가 부동산 가격 하락 시기에는 토

---

1 중도 타절 (일본식 한자어) 공사를 하는 도중에 공사가 완료되지 않았음에도 불구하고 건축주 또는 공사업자의 잘못으로 인하여 공사가 중단되는 것. 타절의 법적 해석은 도급계약을 해제하는 것. 건축주와 공사업자가 서로 합의해서 도급계약을 해제하는 것도 가능.

2 준공 (사용승인) 준공은 말 그대로 공사가 끝났다는 의미. 공사가 완료된 건축물을 허가권자에게 검사를 받고 관련 서류들이 모두 통과되면 사용승인을 받을 수 있음.(건축법 제22조)

지비의 가격 하락으로 사업이 가능한 개발부지로 변할 수 있어 어떤 시행사에게는 기회의 장이자, 성공의 장이 될 수 있는 절호의 시기이기도 하다. 이때가 수백억~수천억의 부자들이 나올 수 있는 시기이다. 즉, 부동산 가격 하락 시기에 어떻게 준비하느냐에 따라 새로운 세대의 부자가 탄생할 수 있다는 것이다.

부동산 사이클은 보통 10년 주기설이 통설이며, 부동산 가격의 하락 시점을 기준으로 1998년대 IMF, 2008년대 서프라임모기지사태와 2011년 저축은행 사태 등 경험칙상으로도 거의 유사한 듯하다.

그리고 2022년부터 부동산 가격 하락 사이클에 접어들었고, 몇 년의 부동산 가격 하락 시점을 거쳐 오뚜기처럼 다시 부동산 가격 상승장으로 돌아설 것이다. 이는 곧, 부동산 가격 저점인 시점에서 개발사업을 시작한다면, 향후 몇 년은 돈을 벌 수 있는 기회의 장이 찾아온다는 이야기이다.

이에 부동산 가격 하락 시기는 모두가 어려운 시기임은 사실이지만, 그 시간에 절망하기보다는 부자가 될 수 있는 준비 기간이라는 생각으로 부동산개발 또는 부동산투자 공부에 더 집중하라고 조언하고 싶다.

4

부동산개발의 수익

연예인들의 꼬마빌딩 투자로 건물 매매에 대한 관심이 높아졌고, 실제로 많은 자산가들이 빌딩을 매입하고 있다. 오랜만에 만난 저자의 지인 역시 꼬마빌딩을 매입하였는데, 투자금 20억에 대출을 더하여 건물을 매입했다는 것이다. 그리고 건물 값이 올라서 기분이 좋다는 이야기를 하였다. 저자는 차라리 그 돈으로 건물 매입보다는 꼬마빌딩을 개발(시행)했으면 그게 더 큰돈이 됐을 텐데 아쉽다는 이야기를 무심코 했는데, 도리어 진작에 그런 방법을 알려주지 않았냐며 면박을 받았던 적이 있다. 사실, 일반인이 부동산개발에 대한 정보를 파악해 직접 개발하기에 어려움이 있는 것은 사실이다.

건물 매입은 유튜브, 관련 서적 등 다양한 경로를 통해 일반인들이 손쉽게 공부할 수 있고, 그 공부를 통해 건축물 임대 현황, 투자수익률 등 일반인 스스로 건물의 가치를 평가하여 건물 매입 의사결정을 할 수 있기 때문에 접근이 수월한 편이다.

하지만 부동산개발은 공부하기 위한 채널이 다양하지 않을뿐더러 토지 매입, 건축인허가, 공사, 금융, 분양 등 다양한 경험과 노하우 그리고 인맥이 축적되어 있어야 사업이 가능하기 때문에 배우는 단계에서부터 진입장벽이 높다. 저자 역시 10년이 넘어서야 부동산개발의 모든 분야에 대해 그나마 이야기할 수 있게 되었다. 그러나 부동산개발은 배워서 알면 쉽고 돈이 되는 사업인 것은 확실하다.

※ 주식, 건물 매입, 부동산개발 비교

구분	정보 취득성	투자 접근성	투자 수익성	투자 리스크
주식	上	上	小 또는 中	上
건물 매입	上	中	中	中
부동산개발	下	下	上	上

그렇다면, 부동산개발 할 때의 수익은 어떻게 될까? 부동산개발의 수익에 대한 이해를 쉽게 돕기 위하여 (1) 지어진 건축물인 꼬마빌딩을 매입한 경우의 수익성과 (2) 부동산개발사업 시의 수익성을 비교 분석해 보았다. 다음 페이지의 수익성 비교는 투자금 20억을 기준으로 개략적으로 시뮬레이션한 것이다.

건물 매입		부동산개발사업			비고
투자금(A)	20억 원	투자금(A)		20억 원	
대출	40억 원	대출		800억 원	
매입 건물가(B)	60억 원	수입(B)	분양 수입금	1,250억 원	
매각 건물가(C)	100억 원	지출(C)	사업비, 토지대 등	950억 원	
			대출이자	100억 원	
			합계	1,050억 원	
매각이익(C-B=D)	40억 원	사업이익 (C-B=D)		200억 원	4년 기준
투자수익률 (D/A×100%)	200%	투자수익률 (D/A×1100%)		1,000%	

* 상기 표는 이해를 돕기 위한 표이며, 여러 조건에 따라 변동이 있을 수 있음.

※ 투자 수익 요약

구분	건물 매입	부동산개발사업
투자비	20억 원	20억 원
투자수익	40억 원	200억 원
투자수익률	200%	1,000%

건물 매입과 부동산개발사업은 4년을 기준으로 비교해 보았다. 보통 부동산개발사업은 3~5년 정도의 기간이 소요되기에 중간값으로 4년을 기준으로 하였다.

건물 매입은 보통 건물 매입가의 70% 수준까지 담보대출을 받아 건물을 매입할 수 있으며, 건물 매입 투자가 잘된 경우를 가정하여, 투자금 대비 2~3배까지의 수익을 거둘 수 있다. 반면, 부동산개발의 대출 방식은 건물 매입 때와는 다르다. 부동산개발은 건축물이 완성됐을 때의 가치를 산정하여 그 프로젝트의 미래를 담보로 대출을 하는 "PF대출"이라는 방식을 쓴다. 즉, 건물 매입할 때와 같은 20억을 투자하여도 부동산개발사업은 투자금 대비 수십 배 또는 수백 배의 대출을 받아 사업을 할 수 있기에, 이를 에버리지 삼아 높은 수익률을 거둘 수 있는 것이다.

부동산개발의 위치, 상품, 사업 구조화에 따라 투자수익률은 천차만별이나, 사업이 양호하다고 가정하면, 보통 투자금 대비 5~12배 정도의 수익을 거둘 수 있다. 결론적으로, 부동산개발사업은 적은 투자 비용으로 대규모 대출을 일으켜 이익을 극대화시키는 사업이다.

부동산개발로 돈을 버는 방법

도대체 어떻게 하면 부동산개발로 돈을 벌 수 있을까?

이 질문은 저자가 부동산개발업을 하면서 가장 많이 듣는 질문이기도 하다. 부동산개발로 돈을 벌 수 있는 방법은 크게 두 가지다. 내 돈을 들여 부동산개발로 돈을 버는 방식과 돈이 없을 경우 내가 부동산개발PM을 하여 돈을 버는 방식이 있다.

우선, 앞으로 많이 언급될 "부동산개발PM"에 대해 알아보자. 부동산개발PM을 보통 "PM"이라고 부르는데, 시행사이긴 하나, 부동산개발 경험이 없거나 부족한 경우 PM사를 필요로 한다.

1) PM에 대하여

PM이란 "Project Management"라고 하여, 넓게는 시행사가 해야 할 업무인 부동산개발사업 기획부터 인허가, 사업관리, 수익 정산 등 전 과정에 관여하여 관리하는 업무를 말하며, 좁게는 인허가, 시공사나 금융기관 선정, 개발사업 구조화 셋팅 등 특정 업무에 한정하여 업무를 수행하는 경우도 있다. 이러한 회사를 "PM사"라고 하고, 때로는 "컨설팅회사"라고 부른다. 그리고 PM업무를 통해 받는 보수를 "PM수수료"라고 한다.

PM의 업무 범위는 시행사의 역량과 경험치에 따라 바뀔 수 있으며, 시행사를 대신하여 개발사업 업무를 수행하기에 회사의 경력을 면밀히 살펴야 한다. 또한 PM사를 선정하려면 그들의 노하우를 선제적으로 활용하는 것이 시간적, 경제적으로 유리하기에 사업 초기부터 함께 업무를 진행하는 것이 사업에 유리하다.

※ 시기별 PM의 종류와 업무 영역 구분

시기	구분	내용
사업 초기	사업성 검토PM	사업 초기에 시행사를 대신하여 사업제안서 작성, 사업수지, 용도 검토, 분양성 등을 검토함.
	인허가업체 선정 및 인허가PM	개발사업 진행을 위한 건축허가 등 각종 인허가, 영향평가 등의 업체를 선정하며, 설계계획(안)을 제시하고, 인허가에 따른 전반적인 행정업무 등을 수행함.
	토지매수 및 매각PM	보통 "지주작업자"라고 불리고, 매도자에게는 매각을, 매수자(시행사)에게는 사업지를 소개하며, 사업지 계약 조건을 협상함.
	금융PM	대출금융주관사를 선정하거나 대출금융기관 구성 및 대출조건 등을 협상함.
	건설시공PM	사업에 따른 공사 기간, 공사비, 시공조건 등을 협의하여 최적의 시공사를 선정함.
	업체소개PM (브로커PM)	시공사, 설계업체, 대출금융기관, 감리회사, 분양대행사, 광고대행사, 모델하우스(M/H) 건설업체, 철거업체, 입주대행업체, 공인중개사(지주작업자) 등 개발 사업에 필요한 업체를 시행사에게 소개시켜주고, 상기 소개한 업체가 선정되면 협의 조건에 따라 PM수수료를 받게 됨.
사업 중기~ 사업 정산 시	사업관리PM	분양관리, 사업비관리, 공정관리, 준공 및 정산 관리 등 사업비 대출 이후부터 사업 정산까지 관리 전반적인 업무를 총괄함.
사업 초기~ 사업 정산 시	시행대행PM	사업 초기 인허가부터 각종 업체 선정, 사업비 대출, 사업관리, 각종 계약검토 및 관리, 사업 정산까지 시행사의 모든 업무를 시행사를 대신하여 총괄함.

PM의 영역은 매우 방대하다. 시행사의 모든 업무를 대행할 수도 있으며, 계약 조건에 따라 시행사의 업무 일부를 맡을 수도 있다. 예전에는 PM과 CM을 나누었으나, 요즘은 PM과 함께 CM(Construction Management)의 별도 영역 구분 없이 아울러 "PM"이라고 부르는 경우도 많다.

※ PM과 CM의 세부 업무 범위

사업단계 / 업무내용	기획단계	설계단계	분양/시공단계	준공/입주단계
사업관리일반		* CM업무 설계, 공기, 원가관리, 고객과 시공사 사이의 이견 조정 등		건설사업의 공사비 절감, 품질향상, 공기단축을 목적으로 전문지식과 경험을 지닌 건설 사업관리자에게 발주자가 필요로 하는 건설사업관리업무의 전부 또는 일부를 위탁하여 관리
계약관리				
사업비관리				
분양관리	* PM업무 사업타당성 검토, 비용관리, 정보관리, 사업평가 및 결과보고 등 사업관리 고유영역			
공정, 품질, 원가				
정보/문서관리				
	개발사업업무를 총괄하여 효율적인 관리기법과 리스크 최소화, 사업투명성 확보 등을 통한 사업안정성 도모, 사업수익 극대화를 위한 체계적이고 통합적인 관리			

대부분의 PM사는 시행사의 모든 업무를 대행하기보다는 인허가 업무 진행, 토지 매각 대행, 시공사 선정, 대출금융기관 주선, 신탁사 선정, 사업 구조화 등 개발사업 초기 단계를 컨설팅하는 PM을 선호한다. 그 이유는 몇 년을 관리하는 사업관리 PM(분양관리, 공정관리, 준공 및 정산 관리 등)보다 사업 초기에 업무 수행을 완수하는 PM이 시간 대비 PM수익률과 효율

성이 매우 높기 때문이다.

그렇다면 PM은 왜 필요할까?

첫째, PM 노하우를 활용한 각종 업무 지원을 받을 수 있다.

부동산개발은 세무, 회계, 법률에 정통하여야 한다. 부동산개발은 큰돈이 오가는 사업이기에 법적 규제를 많이 받는 비즈니스이며, 세무, 회계처리에 있어서 문제가 없어야 한다. PM사는 이러한 노하우를 시행사에게 자문하고, 개발 관련 각종 용역업체 선정 및 계약 체결, 인허가 대관 업무, 분양성 검토, 분양에 적정한 설계 검토, 사업성 분석 등의 업무를 지원받을 수 있으며, 제반 문제점이 있는지를 사전에 예측하고 해결함으로써 원활하게 개발 사업을 진행하는 역할을 한다.

둘째, PM사는 기획, 설계, 시공 등 개발 사업 참여자 간의 커뮤니케이션 및 조정을 원활하게 만든다.

이를 통해 초기 단계의 계획 수립을 철저히 할 수 있어 협상 시간이 줄어들고, 공기 지연, 사업비 증대, 품질 저하 등 제반 문제가 발생되었을 경우, 신속한 대응 방안의 수립이 가능하다.

"부동산개발은 하루하루가 돈이다."라는 말이 있다. 이는 부동산개발의 대부분이 대출을 이용한 개발이며, 하루에 지불해야 되는 대출 이자만 해도 수백만 원에서 수천만 원인 경우가 많기 때문이다. 그래서 사업 초기 셋팅을 위한 시간이 부족하거나 공사 지연 등의 문제가 발생했을 경우 하루하루 시간을 줄여나가는 기술 또한 중요한데, PM사가 시행사를 대신하여 원활히 조정자의 역할을 하는 것이다.

셋째, 사업 비용의 절감이다.

부동산개발사업 시 시행사가 계약해야 할 용역업체는 매우 많다. 적게는 10여 군데에서 많게는 20여 군데 이상의 용역업체를 선정하는데, 이때 해당 업체의 계약 적정 단가를 파악하여 업체를 선정해야 한다. 업체 적정 단가를 파악하지 못할 경우, 용역 비용으로만 새어나가는 금액이 수억에서 수백억 원까지 되기도 한다. PM사는 이러한 누수 비용이 없도록 업체들의 비교 견적을 통해 가장 적정한 업체를 선정하고, 비용을 적절히 사용하는 통제자 역할을 한다.

저자의 경험상 대부분의 부동산개발사업은 공사 중에 설계비 또는 공사비 증액 등이 발생되는 사례가 많았으며, 이때 시행사는 비용 증액에 대한 방어 대응이 매우 중요한데, PM사는 시행사가 과다한 공사비 집행 등 추가 손실 비용이 없도록 최대한 억제하는 역할도 한다.

2) 부동산개발로 돈을 벌 수 있는 케이스(방식, 시나리오)

자본 투입 방식		요약 내용		수 익 률	난 이 도	리 스 크
내 돈 투입	1	내 땅을 가지고 개발하거나, 부동산 매입하여 개발	직접 개발	上	上	上
			부동산개발을 모를 경우, PM사에게 대행 개발	上	中	上
	2	시행사의 부동산개발사업에 내가 현금 투자 또는 부동산 출자	수익 지분(배당) 방식	上 or 中	中 or 下	中
			이자, 수수료 등 방식			
	3	리츠, 자산운용사 등 개발 펀드에 현금 투자	일정 수익률 배당	下	下	中 or 下
내 돈 투입 없이 가능 (PM 방식)	1	토지(건물)주를 알고 있을 때, 부동산개발을 하도록 유도 또는 매각 유도 방식	PM수수료 요구	上 or 中	上	-
	2	시행사를 알고 있을 때, 토지 중개 방식	중개수수료 요구	中	中 or 下	-
	3	투자자를 알고 있을 때, 부동산개발사업 유도 방식	중개수수료, PM수수료 2가지 요구 가능	上	上	-
	4	시행사가 진행 중인 부동산개발사업에 필요한 각종 업체를 소개하는 방식	PM수수료	中 or 下	下	-

이제 본격적으로 어떻게 부동산개발로 돈을 벌 수 있는지 알아보자.

부동산개발을 처음 접하는 이들에게는 막연하고 어려울 것이다. 이에 이해하기 쉽게 저자의 경험을 바탕으로 케이스별로 부동산개발로 돈 벌 수 있는 시나리오를 정리해 보았다. 부동산개발은 내 돈을 투입하여 돈을 벌 수 있는 방법뿐만 아니라, 내 돈 없이 벌 수 있는 방법도 있다.

먼저 부동산개발에 내 돈을 투입하여 돈을 벌 수 있는 방식은 크게 3가지가 있다. (1) 내 땅을 가지고 개발하거나, 부동산을 매입하여 개발, (2) 시행사 개발사업에 내가 현금 투자 또는 부동산 출자, (3) 금융기관을 통한 개발 펀드에 현금을 투자하는 방식이다.

첫째, 내 땅을 가지고 개발하거나, 내가 사업부지 매매계약 후 부동산을 개발하는 방식이다.

가장 일반적인 개발 방식이며, 내가 직접 시행사가 되어 부동산개발을 진행하기에 가장 많은 수익을 거둘 수 있다. 그러나 개발사업에 대한 이해도와 인맥이 아직까지 완성되지 않았다면 그만큼 리스크 역시 클 수 있다. 전에 설명했듯이 부동산개발 관련 회계, 세무, 법률 등 지적 수준, 개발에 필요한 금융기관, 시공사 등 인맥이 완성되어야 부동산 직접 개발이 가능하며, 이러한 복잡한 과정에서 발생되는 한 번의 실수가 사업 실패로 이어지는 경우도 많기 때문이다.

내가 직접 부동산개발을 했을 때 시행착오로 인한 타격은 매우 크다. 저자도 실패 이후의 안타까운 모습을 많이 지켜봐 왔다. 이에 부동산개발사업을 처음으로 직접 시행하고자 한다면 사업 리스크를 줄이기 위해 홀로 직접 부딪치기보다는 부동산개발PM사 등 부동산개발 전문가 등을 고용하여 간접 경험을 먼저 쌓는 것을 추천한다. 이때 PM사는 시행사의 눈을 가리지 않는 거짓 없고 능력 있는 정직한 업체여야 하고, 부동산개발상품 경험이 풍부한 업체로 선정해야 한다.

수익 측면에서는 본인이 직접 개발하는 것이 가장 유리하나, 능력 있는 PM사를 선정하면 각종 지출 감소(공사비 감소, 금융비용 절감) 등을 통해 오히려 사업 리스크를 줄이고, 수익이 더 날 수 있게끔 사업에 유리한 방향으로 이끌어 주는 경우도 있어서 PM사 선정이 꼭 나쁜 것만은 아니다.

둘째, 시행사가 개발하는 사업에 내가 현금을 투자하거나 부동산을 출자하는 방식이다.

이는 첫째 방식보다 현금 투자자 또는 부동산 출자자의 리스크가 덜 할 수 있다. 이 방식의 가장 큰 장점으로 투자자는 부동산개발사업에 발생되는 수백억~수천억 원의 대출금에 대한 채무보증[3]을 서지 않고, 투자 대비 매우 높은 수익을 누릴 수 있다는 것이다. 또한 시행사가 모든 업무를 주관하고, 투자자는 업무 보고를 받는 형식이기 때문에 투자자의 시간 소비를 줄일 수 있다는 장점이 있다. 이 구조는 대부분 잃을 것이 많은 고액 자산가들이 사용하는 방식이고, 증여의 한 가지 방법으로 사용되기도 한다.

하지만, 이러한 투자방식에 대한 정보는 일반인이 접하기에는 쉽지 않다는 단점은 있다. 참고로, 시행사가 개발하는 사업에 투자하는 것은 일반 개인(법인) 투자자 외에도 여러 가지 형태로 나타나고 있다. 대표적으로 부동산개발사업 관련 용역업체가 부동산개발사업에 투자하는 사례이다.

예를 들어, 시공사, 분양대행사, 광고대행사, 설계회사 등이 부동산개발에 따른 용역을 주는 대가와 함께 높은 수익을 배당 받을 수 있어 부동산개발사업 초기에 투자하는 것이다. 근래에는 증권사, 자산운용사 또는 일반 법인기업까지도 시행사의 부동산개발 투자 사례가 많아지고 있다. 이

---

3 채무보증 타인의 채무에 대하여 보증을 서는 것.

러한 투자 사례가 많아지는 이유는 결국 용역의 대가성만이 아닌, 부동산개발이 주는 투자 대비 고수익을 벌 수 있는 메리트 때문이 아닌가 싶다.

셋째, 금융기관을 통한 개발 펀드에 현금 투자하는 방식이다.

자산운용사나 리츠 등을 통한 방식을 말하며, 리스크가 작다는 장점이 있으나, 부동산개발 사업에 투자하여 기대하는 수익 기준에서는 수익률이 낮은 편에 속한다.

내 돈 들여 돈을 버는 것은 돈이 있으면 누구나 할 수 있는 일이나, 내 돈 없이 큰돈을 벌 수 있다는 건 부동산개발의 가장 큰 매력인 듯싶다. 부동산개발에서 내 돈 없이 큰돈을 벌 수 있는 방법이 바로 "PM"이다. "PM사"가 전문적인 부동산개발 지식이 있다면 다양한 용역을 통해 많은 돈을 벌 수도 있으나, 부동산개발에 대한 지식이 부족하더라도 부동산개발 관련 인맥만으로도 돈을 벌 수 있다.

부동산개발과 관련하여 돈 없이 돈을 벌 수 있는 4가지 방법이 있다. 이 4가지 모두 PM의 영역 중 일부에 해당되어 업계에선 보통 PM이라고 불린다.

※ **부동산개발에서 돈 없이 돈을 벌 수 있는 4가지 방법**
(1) 토지(건물)주를 알고 있을 때, 토지(건물)주가 부동산개발을 직접 하도록 유도하거나 매각을 유도하는 방식
(2) 시행사를 알고 있을 때, 토지를 중개하는 방식
(3) 투자자를 알고 있을 때, 투자자가 부동산개발사업을 하도록 유도하는 방식
(4) 시행사에게 부동산개발사업에 필요한 각종 업체를 소개하는 방식

첫 번째로, 토지(건물)주를 알고 있을 때, 토지(건물)주가 부동산개발을 직접 하도록 유도하거나 매각을 유도하는 방식이다.

주변 지인이 괜찮은 땅이나 건물을 가지고 있다면, 토지(건물)주를 설득하여 토지(건물)주가 부동산개발을 하도록 유도하고 본인은 PM을 하는 것이다. 하지만 설득하는 과정은 힘겨울 수 있다. 해당 토지(건물)를 무엇으로 개발할 것인지, 얼마나 많은 수익이 남는지, 리스크는 어떤지를 상세히 설명하는 과정이 필요하기 때문이다.

하지만 걱정할 건 없다. 본인이 토지(건물)주에게 설명하고 설득하는 전문지식이 없다면, 본인 대신 설득할 수 있는 PM사를 토지(건물)주에게 소개만 하고, 본인은 추후 실제 업무를 한 PM사와 PM수수료를 함께 나누면 되기 때문이다.

이를 업계에서도 장난스레 "숟가락 얹기"라고 말한다. 본인은 시행사나 토지주에게 PM사를 소개만 하여 살포시 숟가락만 얹고, 실무는 지정한 PM업체에게 시키고, PM수수료는 추후 함께 나눠 가지는 구조이기에 나온 이야기다. 하지만, 시행사나 토지주, 본인, PM사 서로 Win-Win 할 수 있는 구조라면 꼭 나쁜 것만은 아니다.

PM수수료는 부동산개발 시 발생될 매출액의 1~3% 정도이며, 난이도나 역할 등 협의에 따라 달라진다. 사업 구조에 따라 일시에 받거나 분할하여 받을 수 있으며, 때로는 PM수수료로 사업의 수익지분을 요구하는 경우도 종종 있다.

토지(건물)주를 알고 있을 때 돈을 벌 수 있는 또 한 가지는 토지주에게 매각을 유도하는 것이다. 이것은 토지(건물)주의 토지(건물)를 시행사에게 매각을 하는 것을 말하며,이는 위 두 번째의 시행사를 알고 있을 때 토지를 중개하는 방식과 일맥상통한다고도 말할 수 있다. 이 두 가지는 토지(건물)주와 시행사를 각각 설득하여 매각, 매입하게 유도하는 방식으로, 어찌 보면 부동산 중개와도 같다. 하지만 일반적인 중개 보수는 보통 부동산 매각 금액의 0.8% 이내를 수수료로 받지만, 부동산개발 사업부지를 중개하여 매각하였을 경우, 보통 부동산 매각 금액의 1~3%까지도 수수료를 받을 수 있다. 이는 부동산개발사업이 큰 수익을 안겨주기에 시행사 입장에서는 일반 부동산 중개수수료와는 다르게 큰 수수료 베팅이 가능한 것이다. 고급적인 표현으로 "부동산 컨설팅용역" 또는 "PM"이라고 포장하여 높은 수수료를 청구하는 것이다.

세 번째로, 투자자를 알고 있을 때, 투자자가 부동산개발사업을 하도록 유도하는 방식이다. PM사가 가장 많이 선호하는 방식이며, 투자자뿐만이 아닌 PM사 수익 또한 상당하다.

내가 투자자에게 부동산개발사업을 할 대상 토지(건물)를 소개시킨다면 중개수수료뿐만 아니라, 투자자가 부동산개발을 잘 모를 경우, 개발사업을 대행하는 PM까지 할 수 있어서 PM수수료 또한 상당하다.

그래서 PM사는 투자자에게 부동산개발 투자를 유도하는 경우, 직접 부동산개발이 어려운 고객을 대상으로 진행하는 것이 수익적인 측면에서는 좋을 수 있다. 하지만 사업 이익이 많이 남는 사업인지를 분석하는 수익성 분석부터 인허가, 분양 등 사업의 안정성이 확보되는지 리스크를 분석하여 투자자에게 투자에 적격한 부동산개발 프로젝트라는 신뢰감을 주어야 하기 때문에 기본적인 부동산개발 지식과 인맥들이 수반되어야 한다. 본인이 이러한 분석과 투자자 설득이 쉽지 않을 경우, 미리 PM사를 선정하여 이런 분석들을 PM사에게 준비시키면 된다. PM사와 함께 투자자를 설득한 후 사업이 성공적으로 마무리되면, 실무를 진행한 PM사와 함께 PM 수수료를 나눠 가지면 된다.

이때 투자자가 투자자 명의로 직접 시행을 하면 부동산개발에 발생되는 수백억~수천억의 대출 채무보증이 투자자에게 발생되며, 이에 대한 두려움으로 투자를 꺼리는 경우가 많은데, 그럴 때는 투자자의 채무보증 리스크를 줄이기 위해 투자자 대신 본인(PM사)이 직접 시행사가 되어 대 출 채무보증을 감당하고, 투자자는 투자로만 참여하여 채무 리스크 없이 수익배당만 받는 구조로 진행할 수도 있다.

이러한 형태는 부동산개발의 선수인 PM사에서 주로 사용하는 방식이기도 하다. 실제로 저자가 경험한 사례인데, 저자의 지인 중 지방에서 조그마한 도시형생활주택 개발사업 시행대행 PM을 하는 직원이 1~2명 되는 작은 업체였다. 어느 순간에 이러한 PM 경험을 바탕으로 일반인 투자자 10명에게 1억씩 약 10억 정도의 투자금을 모아 PM사가 직접 시행사가 되어 부동산개발에서 발생하는 채무 리스크는 PM사가 부담을 지고, 투자자는 개발 이익을 배당받는 구조로 진행하였다. 그 투자금으로 어느 지방에 아파트를 개발하여 성공리에 마무리하였으며, 이후 갑자기 PM사의 회사 규모는 급성장했고, 주위 사람들에게는 회장이라 불리기 시작했다.

이는 자기 돈 들이지 않고 PM을 하여 많은 돈을 벌 수 있는 대표적인 사례이며, 저자가 직접 옆에서 경험한 것이다. 자기 돈을 들이지 않고 자신의 노하우와 인맥을 통해 극한의 수익을 거둘 수 있는 비즈니스가 바로 부동산개발PM이며, 이 요소가 바로 부동산개발에 더 빠지게 되는 가장 큰 매력이 아닌가 싶다.

네 번째로, 시행사에게 진행 중인 부동산개발사업에 필요한 각종 업체를 소개하는 방식이다.

이는 시행사가 부동산개발 관련 인맥 일부가 부족하다는 전제하에서의 방식이다. 하지만 기회가 된다면 이 방식은 부동산개발에 대한 많은 지식이 없어도 부동산개발사업 관련 회사를 이어주는 역할만으로도 돈을 벌수 있다. 즉, 부동산개발사업을 위해 시행사가 필요한 업체들을 내가 연결해주고 브로커 수수료(Broker fee)를 받는 방식이다.

이것은 인맥만으로도 가능하기 때문에 상기 3가지 방법보다는 수월할수도 있으나, 내가 벌 수 있는 수익은 낮은편에 속한다. 하지만 수익이 낮다고 해도 이는 부동산개발에서 기대되는 수익을 기준으로 말한 것이며, 일반업종업체를 연결해주는 수수료보다는 대체적으로 높을 것이다. 부동산개발은 흔히 말하는 거래되는 돈 단위가 크다. 즉, 업체들을 연결해주는 수수료만으로도 수천만 원에서 수억 원까지 될 수 있으며, 어떤 업체인지 또는 어떤 조건인지에 따라 그 수수료는 천차만별이다.

그렇다면 이러한 고급 브로커(?)는 어떤 인맥을 필요로 하는 것일까? 어떤 부동산 상품을 개발하느냐에 따라 필요로 하는 업체(인맥)가 다르지만, 일반적으로는 부동산개발 시 계약하게 될 업체군으로 분류하면 약 20여 군데가 된다.

※ 부동산개발에 필요한 관련 업체(인맥)

시행사, 시공사, 설계업체(건축설계사무소, 지구단위 및 개발행위업체 등), 대출금융기관(브릿지대출, PF대출, 중도금대출, 잔금대출, 대출 주관 등을 진행하는 증권사, 은행, 저축은행, 캐피탈, 자산운용사 등), 감리회사, 분양대행사, 광고대행사, 모델하우스(M/H) 건설업체, 철거업체, 입주대행업체, 건물관리업체, 세무사, 회계사, 변호사, 법무사, 공인중개사(지주작업자), 감정평가사, PM사(부동산개발컨설팅회사) 등

* 대출금융기관의 세부적 분류는 "2장 7단계 사업구조화 결정 및 주요 파트너사 선정" 부분 참조.

본인이 PM을 하고자 할 경우, 상기 업체들을 시행사에 연결하여 부동산개발 참여에 확정되면 그에 따른 성공 보수로 수수료를 받을 수 있다. 업체 선정을 도와주는 것도 PM 영역 중 하나이며, 보통 업계에서는 "PM" 또는 "연결PM"이라고 말한다.

어떤 업체와의 계약인지, 개발 규모는 얼만지, 계약은 어떤 조건인지 등에 따라 수수료가 천차만별이기 때문에 수수료 비율은 딱히 정해진 것은 없다. 하지만 하나의 부동산개발 프로젝트를 진행한다고 가정할 경우, 그 하나의 사업에서 발생되는 연결 PM수수료의 외형 정도는 개략적으로나마 짐작할 수 있다. 아래의 PM수수료에 대한 예측은 저자의 경험칙과 통상적인 업계 수준을 토대로 시뮬레이션한 것이며, 사업의 규모(매출액 규모) 및 당사자 간의 계약 규모, 연결 난이도 등에 따라 많이 다를 수는 있다.

※시행사에게 업체(인맥) 연결 시 난이도 및 수수료

부동산개발 관련 필요 업체(회사)	PM수수료 외형가	연결 난이도	수수료 받는 곳
시공사	上 또는 中	上	시행사 또는 시공사
대출금융기관 (증권사, 은행, 저축은행, 캐피탈, 자산운용사 등)	上 또는 中	上 또는 中	시행사 또는 대출금융기관
PM사, 분양대행사, 광고대행사	上 또는 中	中	용역업체
설계업체(건축설계, 지구 단위 및 개발행위업체 등), 모델하우스 건설업체, 철거업체	中	中	
공인중개사(지주작업자)	中 또는 下	中 또는 下	
신탁사	下	中	
변호사, 법무사, 회계사, 세무사, 감정평가사, 입주 대행, 건물관리업체 등	下	下	

　상기 표는 시행사에게 연결 가능 업체를 대상으로 수수료 외형금액과 연결 난이도에 따라 분류해 보았다. 저자의 경험상 연결 난이도가 가장 어려운 것은 시공사를 연결하는 일이다. 그 이유는 시공사가 해당 개발사업에 참여하기 위해서는 시공사 내부 심의를 통과해야 되는 것도 있지만, 시행사가 원하는 공사비 조건과 대출금융기관이 원하는 신용조건이 충족되는 적정한 시공사를 찾는 것이 까다롭기 때문이다.

　참고로, PM 입장에서는 1군 시공사에게 PM수수료를 받는 것이 쉽지 않아 보통 중견 시공사를 연결하는 일이 많다. 중견 시공사라고 할지라도 PM 수수료를 받기 위한 협상을 해야 되는데, 이 부분 역시 까다롭다. 하지만 하나의 프로젝트에서 공사비가 차지하는 비중이 크다 보니 시공사와의 협상이 잘 이루어진다면 공사비의 1~2% 수준에서의 수수료를 받을 수 있다. 대부분은 시공사에게 PM수수료를 받지만, 상황에 따라서는 시공사에게 받지 않고, 시행사에게 수수료를 받는 경우도 있다.

인맥이 된다면 시공사보다는 대출금융기관 연결이 좀 더 수월할 수 있다. 그래서인지 부동산개발PM의 영역 중 대출금융기관을 연결하는 금융PM이 가장 많은 듯하다. 이는 부동산개발에 대한 대출금융 인프라가 잘 구성되어 있기 때문이다.

내가 시행사를 대신하여 대출금융기관을 연결하는 PM을 할 경우, 내가 인맥이 된다면 직접 대출금융기관을 섭외할 수 있으나, 내가 대출금융기관을 잘 모른다면 부동산개발 대출금융기관을 연결하는 증권사 등 대출금융주관사를 선정하여 협업하면 일을 훨씬 수월하게 처리할 수 있다. 추후 대출금융기관이 연결되어 PM수수료를 받게 되면 대출금융주관사와 함께 그 수수료를 나누면 된다.

시공사와 대출금융기관 외의 상기 필요 용역업체들을 연결할 때 역시 PM수수료를 받을 수 있으며, 주로 시행사보다는 용역업체에게 수수료를 받게 된다. 참고로, 시공사와 대출금융기관 외에도 분양대행사, 광고대행사, 설계업체를 연결해주는 PM이 수수료가 높은 편이며, 연결 난이도는 수월한 편이다.

저자의 경험으로는 브로커(PM)를 진행하는 이가 부동산개발 실무를 모르더라도 시행사에게 상기 용역업체들을 연결만 시켜주어도 용역계약이 진행되는 경우를 많이 보았다. 시공사, 대출금융기관 및 그 외 용역업체들은 오히려 수주를 위해 본인들이 시행사를 더 설득하는 경우도 많기 때문이다.

실제로 시행사에게 상기 용역업체들만 소개하는 PM 전문회사가 있으며, 개발사업 규모에 따라 수수료는 다르겠지만, 일반적으로 PM은 회사 운영에 큰돈을 들이지 않기에 1년에 1~2건의 딜(Deal)만 성사시켜도 회사 운영은 가능하다. 주의할 것은 상기 용역업체를 연결시켜준다고 모든 회사가 수수료를 주는 것은 아니기 때문에 수수료를 줄 수 있는 여건이 되는 회사인지를 미리 확인하고 시행사를 연결시켜주는 것이 좋다. 간혹, 연결 PM 딜(Deal)이 성사된 후 수수료를 주지 않거나 약속과는 다르게 매우 낮은 수수료만 주는 경우도 있으니 믿을 수 있는 회사를 연결해주는 것이 중요하다.

개발사업지가 사업성이 좋을 경우, 상기 용역업체들은 수주를 위해서 시행사를 상대로 본인들이 적극적으로 움직이기 때문에 PM 역할이 많이 줄어들고, 한결 수월하게 딜(Deal)을 성사시킬 수 있으나, 개발사업지의 사업성이 좋지 않을 경우, 상기 용역업체가 개발사업에 참여하도록 설득하는 작업도 필요하기 때문에 시간이 많이 소모되며 딜(Deal) 성공률도 많이 떨어진다.

그래서 이러한 업체를 연결하기 위해서는 부동산개발 프로젝트에 대한 사업성(분양성, 수익성 등)을 분석할 수 있는 기본적인 안목을 키우는 것이 중요하다. 이러한 안목이 PM사로서 개발사업에 참여를 해야 할지 말아야 할지 판단 기준이 될 수 있기 때문이다. 사업성이 없는 개발사업임에도 불구하고, PM사가 용역업체에게 개발사업 용역 참여를 독촉하거나 강요하게 되면 해당 업체와의 신뢰관계가 깨질 수도 있다.

사업성이 괜찮은 개발사업의 경우, 때로는 상기 업체들이 수주 목적과 함께 시행사에게 사업 초기 비용을 대주는 경우도 많다. 이것은 부동산개발사업을 하기 위해 자본금이 부족한 시행사가 선호하는 방식이기도 하다. 시행사 입장에서는 사업 초기에 적은 돈을 들여 부동산개발사업을 할 수 있을 뿐만 아니라, 그만큼 리스크를 줄일 수 있어 이득이다. 업체 입장에서는 사업에 참여하고, 가능하다면 사업 지분 또는 이자 등의 높은 투자 수익을 누릴 수 있어 상호 이득이 되는 구조이다.

실제로 근래에는 건설사, 금융기관(증권사, 자산운용사, 신탁사 등)을 포함하여 분양대행사, 광고대행사 등 부동산개발과 관련된 전반적인 업체들이 적극적으로 사업 초기 비용을 시행사에게 대주고 있다.

부동산개발사업에서 시행사에게 업체를 연결하는 PM을 하고자 하는 이는 자본금이 부족한 시행사를 타깃(Target)으로 초기 사업비를 지원할 수 있는 업체를 많이 셋팅할수록 딜(Deal)의 성공률도 높을 뿐만 아니라, 더 많은 PM수수료를 취할 수 있다. 상기 업체들을 시행사에게 소개시키기 위한 시점도 중요하다. 갈수록 부동산개발 사업지가 줄어들고 있고, 업체 수주 경쟁도 치열하기 때문에 가능하다면 시행사가 신규 사업을 하기 전이라도 미리 업체를 소개시켜주는 것이 좋다. 시행사 대표들은 개발사업 시작 전에 업체와의 친분 등에 따라 누구와 일할 것인지를 미리 머릿속으로 내정해놓는 경우가 많기 때문이다.

시행사가 언제 어떻게 개발을 시작할지 모르기에 하루라도 빨리 시행사와 업체를 소개시켜주어 조금이라도 더 안면을 트게 하고 지속적인 관계를 유지시켜 준다면 그만큼 업체 연결 성공률은 높아질 것이다.

부동산개발에 필요한 인맥과
업체별 용역 선정 시기

부동산개발사업을 하기 위해 필요한 업체는 앞서 살펴본 대로 아래와
같다.

> 시행사, 시공사, 설계업체(건축설계사무소, 지구단위 및 개발행위업체 등), 대출금융기
> 관(브릿지대출, PF대출, 중도금대출, 잔금대출, 대출주관 등을 진행하는 증권사, 은행, 저축
> 은행, 캐피탈, 자산운용사 등), 감리회사, 분양대행사, 광고대행사, 모델하우스(M/H) 건
> 설업체, 철거업체, 입주대행업체, 건물관리업체, 세무사, 회계사, 변호사, 법무사,
> 공인중개사(지주작업자), 감정평가사, PM사(부동산개발컨설팅회사) 등

시행사는 부동산개발사업을 위해 약 10~20개 이상 되는 부동산개발 관
련 업체들과 용역계약을 해야 되는데, 어느 시점에 업체를 선정해야 되는
지 궁금할 것이다. 부동산개발의 능수능란한 시행사라면 토지매매계약
시점부터 미리 용역업체를 선정하는 경우도 있으나, 업체 선정을 이해하
기 쉽게 부동산개발 시기별로 다음과 같이 간략히 정리해 보았다.

연번	시기	선정 업체
1	시행사 법인 설립 시	법무사, 세무사, 회계사, PM사
2	인허가 파악 및 사업성(분양, 수익) 분석	설계사무소, 분양대행사
3	사업부지 매매	공인중개사(지주작업자), 변호사, 법무사, 감정평가사, 대출금융기관
4	인허가 진행, 사업부지 잔금 납부(및 사업비 대출)	설계사무소, 시공사, 대출금융기관, 신탁사, 철거 업체
5	분양 시점	분양대행사, 광고대행사, 모델하우스건설업체
6	준공 시점	입주대행업체, 건물관리업체, 회계사, 세무사, 법무사

1) 부동산개발 시행 법인 설립 시

- 선정 업체: 법무사, 세무사, 회계사, PM사

개발사업을 위해서는 법인을 설립해야 하고, 이는 법무사를 통해 진행하면 된다. 법인 설립 자본금은 100만 원으로도 가능하지만, 보통은 부동산개발업 등록을 위하여 3억 이상으로 자본금을 설정하여 설립한다.

시행 법인은 특히 큰돈이 오가는 사업이기 때문에 회계 감사 및 세무 조사를 받을 확률이 매우 높다. 그래서 부동산개발 경험이 풍부한 세무, 회계 업체를 선정하여 처음부터 컨설팅을 받는 것이 좋다. 시행 경험이 부족하다면, PM사를 미리 선정하여 처음부터 그들의 노하우에 따른 컨설팅을 받는 것이 시간 절약과 함께 사업 리스크를 줄이는 데 큰 도움이 될 수 있다.

2) 인허가 파악 및 사업성(분양, 수익) 분석

- 선정 업체: 건축설계사무소, 분양대행사

법인을 설립하였다면 개발사업지를 대상으로 분양성과 적정 수익이 나는지 사업성 분석을 하여야 한다. 사업성 분석을 위해서는 인허가가 가능한 설계개요(가설계)가 있어야 하며, 이때 시행사는 설계사무소에게 가설계를 의뢰하게 되는데, 2~3군데 업체에서 가설계 제안을 받는 것이 좋다. 가설계 의뢰는 보통 본 설계를 주는 조건으로 의뢰하는 경우가 많다.

수익성 분석을 하기 전에 먼저 해당 지역에 분양 가능한 부동산 개발상품은 무엇이 있는지, 분양 가능한 적정 분양가는 얼마가 되는지를 파악할 필요가 있다. 시행사 자체적으로 검토는 할 수 있으나, 이를 크로스체크한다는 의미에서 2~3군데의 분양대행사 자문을 받는 것이 좋다.

이때 시행사는 분양대행사로부터 분양 가능한 적정 부동산개발상품 및 적정 분양가를 제안받게 되며, 보통 분양 용역을 주는 조건으로 분양시장 조사를 시키는 경우가 많다. 특히, 해당 지역의 분양 경험이 있는 분양대행사의 제안을 받아보는 것이 그 지역을 파악하는 데 좀 더 유리할 수 있다. 참고로, 대형 프로젝트 같은 경우는 주로 분양 시점에 경쟁 입찰을 통해 분양대행사를 선정하는 경우가 많다.

3) 사업부지 매매

- 선정 업체: 공인중개사(지주작업자), 변호사, 법무사, 감정평가사, 대출금융기관

사업성 분석을 완료하고, 사업을 진행하기로 결정했다면 개발사업 부지매매계약을 진행하게 된다. 이때 보통 공인중개사나 지주작업자를 고용하여 매각가와 매각 조건을 협상한다.

부지의 권리 관계, 계약 조건 등 법적 계약 난이도가 높을 경우, 변호사의 자문을 받아 부지매매계약 관련 세부조건을 계약서에 반영하여 체결하면 되고, 부동산 등기는 변호사 또는 법무사 통해 진행하면 된다. 토지 가격의 적정성 및 추후 대출에 대한 적정한 금액을 산출하기 위해서 미리 감정평가사를 통해 매각감정 또는 담보감정을 파악하는 것도 좋다.

또한 사업부지 매매대금 등 부동산개발사업을 하기 위한 초기 자금이 부족할 경우, 금융기관의 초기사업자금 대출을 통해 개발사업을 영위할 수 있기 때문에 금융기관과의 연대를 가져가는 것도 좋은 전략 중 하나이다.

4) 인허가 진행, 사업부지 잔금 납부(및 사업비 대출)
- 선정 업체: 건축설계사무소, 시공사, 대출금융기관, 신탁사, 철거업체

토지 매매계약 후 설계사무소를 선정하여 본격적으로 인허가를 위한 설계를 진행할 것이다. 인허가 진행중의 설계 도면은 가설계보다 정확도가 높아 시공사를 통한 정밀한 공사비 견적도 가능하다.

가설계 시의 수익성(수업수지) 검토는 개략적이었다면, 지금의 시점은 시공사를 통한 정확한 공사비 산출이 가능하기 때문에 수익성 검토가 완료되는 시점이기도 하다. 이를 기반으로 브릿지대출 또는 PF대출 규모 또한 확정시킬 수 있기에 대출금융기관 선정과 함께 신탁사 선정도 가능하여 사업 진행을 위한 전반적인 사업구조를 완성시킬 수 있는 시기이며, 부동산개발사업상 필수 계약인 대출금융기관, 시공사, 신탁사 등의 계약이 이루어지는 시점이기도 하다.

5) 분양 시점

- 선정 업체: 분양대행사, 광고대행사, 모델하우스건설업체

시행사는 분양대행사를 가설계 시점부터 바로 선정할 수는 있으나, 시행사 입장에서는 분양이 사업의 성패를 좌우하기 때문에 좀 더 신중을 고려하여 인허가 완료 이후에 선정하는 것이 유리하다.

분양대행사의 분양 전략에 따라 분양광고와 모델하우스의 컨셉, 위치, 규모, 유니트의 평면 등이 달라질 수 있기에 시행사는 분양 전략에 맞는 적격한 광고대행사, 모델하우스건설업체를 선정해야 한다.

분양대행사, 광고대행사, 모델하우스건설업체는 모두가 분양성과 직결되며, 사업 성패에 매우 중요한 요소이기 때문에 각각 능력 있는 업체 2~3군데로 경쟁 입찰하여 선정하는 것이 좋다. 또한 업체들 상호 간 융합과 소통이 잘되는 업체로 선정해야 분양 준비기간에 쓸데없는 시간 낭비를 줄일 수 있다.

6) 준공 시점

- 선정 업체: 입주대행업체, 건물관리업체, 회계사, 세무사, 법무사

시행사는 준공 3개월 전부터는 수분양자의 잔금 납부 및 잔금 대출 등을 위하여 수분양자에게 입주 통보를 하고, 수분양자 입주를 준비하여야 한다. 특히 세대수가 많을 경우, 시행사가 해당 업무를 직접 처리하기에는 번거로움이 있어 보통 입주대행업체를 선정한다. 이때 입주대행업체는 수분양자의 잔금이 미납될 경우, 잔금 독촉 등을 통해 잔금 납부 촉진 역할을 하며, 미분양이 발생할 경우, 입주대행업체가 재분양을 통해 미분양까지 해소하는 역할을 한다.

또한, 준공 건축물 관리를 위한 건물관리업체를 선정하여야 하는데, 이 역시 2~3군데 경쟁입찰로 선정하면 된다. 건물관리업체는 추후 수분양자가 만든 입주자협의회가 구성되면 변경될 수도 있다.

준공 및 입주 후, 개발이익에 대한 정산을 하게 되는데, 부동산개발사업은 준공 이후 세무조사가 들어오기 때문에 미리 회계사 및 세무사의 도움을 받는 것이 필요하다.

부동산개발을 통해 돈 없이 돈을 벌 수 있는 길은 있으나, 부동산개발에 대한 최소한의 지식을 갖추는 것이 좋다. 아무것도 모르고 돈을 벌고자 숟가락만 얹는 모습만 보인다면, 사업 파트너들의 신뢰를 잃어 사업 진행도 힘들어질 수 있기 때문이다.

부동산개발에 대해서는 최소한의 흐름 정도는 알고 있어야 PM을 하거나, 직접 부동산개발을 하는 데 불편함이 없을 것이다.

저자는 경험을 토대로 부동산개발의 흐름을 11단계로 나눠 보았는데, 이를 통해 부동산개발 흐름이 어떻게 이루어지는지 배우며, 부동산개발에 대한 안목을 갖췄으면 한다.

CHAPTER 2

부동산개발
1~7단계

부동산개발 흐름도

1 개발사업부지(정보) 접수

- 토지 접수처 발굴, 관리
- 토지 목록(토지조서) 작성
- 토지작업 여부 확인
- 토지이용계획확인서비스
- 토지면적 환산 방법

2 토지 분석

- 토지정보사이트
- 부동산 시세확인사이트
- 외부환경분석(임장 활동)
- 내부 분석(권리분석)

3 Concept 개발

- 네이버지도, 카카오맵 용도지역 확인
- 용도지역별 개발 가능 상품
- 부동산개발상품 비교

4 사업성 검토와 사업 초기 셋팅

1. 인허가 및 법적 검토
2. 분양성 검토
3. 수익성 검토
4. 사업 초기 계획 구상
   1) 사업의 파트너사 셋팅 구상
   2) 자금조달 계획 수립과 방법
   3) 사업 일정 검토 및 셋팅

5 부지 매입

1. 매매계약금 또는 중도금 지급
2. 잔금 이후 소유권 확보
3. 토지사용승낙서 발급
4. 실거래 신고
5. 기타 매매 관련 확인사항
   -국유지, 공유지 매입

6 인허가 진행(설계업체 선정)

1. 실제 설계 과정
2. 설계업체의 선정
3. 설계계약 체결
4. 인허가 진행 기간 파악
   4-1. 주택건설사업계획 절차
   4-2. 일반건축물건축허가 절차
5. 인허가 관련 주요 검토사항

7 사업구조화 결정 및 주요 파트너사 선정

1. 자금 조달과 부동산개발 사업의 구조화 결정
2. 부동산개발사업 구조화 결정을 위한 주요 파트너사 선정(PF대출기관, 신탁사, 시공사)

8 PF대출, 착공 및 분양 개시

1. 감리업체 선정
2. 분양 관련 업체 선정 및 모델하우스부지 선정
3. 분양 관련 관계자 연합회의
4. 착공 승인 및 분양 승인 신청
5. 중도금대출기관 확정
6. 분양 승인 및 분양 개시

9 분양 승인 및 분양 개시

1. 수분양자 관리
2. 공사 관리
3. 자금 관리
   1) 시행사 통장 계좌의 분별 관리
   2) 개발사업 관련 자금 관리

10 준공 및 입주

1. 6개월 전 주요 점검 사항
2. 3개월 전 확인
   - 입주대행사 지정
   - 건물관리업체 지정
3. 1개월 전 확인
   - 입주자 사전점검
4. 준공 후 확인

11 사업 정산 및 하자 보수

- 사업 정산
  개발 필수사업비 → PF대출 원금과 이자 →
  후순위도급 공사비 → 기타 사업 비용 →
  시행사의 사업 이익
- 하자기획 소송 대비

* ①~⑦번까지는 동시에 진행되는 경우가 많으나 상기 순서를 나눈 것은 이해를 돕기 위한 것임.

개발사업부지(정보) 접수

개발사업부지를 보통 "개발부지" 또는 "사업부지"라고 부르며, 개발부지 정보 입수는 매우 중요하다. 이는 부동산개발의 시작이며, 개발부지 정보가 있어야 개발 검토가 시작될 수 있기 때문이다.

수익이 되는 개발사업부지는 많지 않기 때문에 수많은 정보처를 가지고 있어야 한다. 실제로 개발할 수 있는 부지 100건을 검토하면 1건이 될까 말까 할 정도이기 때문이다. 그 정도로 사업성이 좋은 사업지를 찾는 것이 어렵기 때문에 누구에게 어떤 양질의 정보를 받느냐가 매우 중요하다. 일반적으로는 사업부지 정보를 공인중개사나 지주작업자에게 소개받지만, 때로는 시행사가 직접 부동산개발 지역과 세부 위치를 지정하여 중개업자나 지주작업자에게 지주작업을 지시하는 경우도 있다.

여기서 "지주(地主)작업"이 무엇인지 궁금할 수 있다. 지주작업이란 "토지작업"이라고도 불리며, 시행사가 사업부지 매매계약을 위한 일련의 작업이라고 생각하면 된다. 입지를 선택 할 수 있는 방법이 바로 지주작업이기 때문에 개발사업의 성패가 지주작업에 달려있다고 해도 과언은 아니다.

참고로, 업계에서는 지주작업을 하는 이들을 "중개업자", "지주작업자", "토지작업자"라고 부르는데, 모두 같은 의미이다.

토지작업은 토지 필지 수와 지주 수에 비례하여 난이도가 올라간다. 난이도는 시간과 비용을 결정하고 사업성에도 영향을 미친다. 시행사는 지주작업 난이도가 낮은 물건을 선호하지만, 난이도가 올라갈수록 사업성 (수익성)이 올라간다. (High Risk! High Return!)

참고로, 토지작업의 과정은 개발지역 및 위치 선정 목록 작성 → 지주 접촉 → 조건 협상 → 매매약정 체결 → 매매계약 체결 순으로 진행된다.

토지작업은 시행사가 직접 할 수도 있으나, 필지가 많거나 복잡한 경우 주로 지주작업자에게 외주를 준다. 시간과 비용이 걸려있기 때문에 토지 작업자 선정은 매우 중요하다. 사업기획처럼 지주작업도 담당자의 능력에 따라 성과 차이가 극명하게 갈리기 때문에 용역업체 선정은 신중해야 한다. 토지작업 용역비는 대략 토지비의 1~3% 내외로, 중개 난이도 및 토지 매입비 규모에 따라 조정된다.

개발사업부지 정보제공자들은 공인중개사, 지주작업자들, 토지(건물)주에게만 한정된 것은 아니다. 때로는 개인이 아는 지인의 우연찮은 소개로 계약이 이루어지는 경우도 있고, 부동산개발 관련 용역업체에서도 개발사업부지 정보를 제공하는 경우도 많은데, 부동산개발 관련 업체 중 건축설계사무소, 시공사, 대출금융기관, 신탁사, PM사, 분양대행사에게 특히 많은 부지 정보를 얻을 수 있다.

수많은 개발사업부지 정보를 입수하기 위해서는 어떻게 해야 할까?

시행사에게 개발사업부지 정보를 제공하는 목적은 결국 수수료이기에, 높은 수수료를 책정할수록 많고 좋은 물건(정보)들이 들어온다. 그리고 시행사에게 사업 초기 자본금이 많을수록 좋은 물건(정보)들이 들어올 확률이 높아진다. 그래서 때로는 초기 사업 자본금이 없음에도 불구하고 사업 자본금이 충분한 시행사인 척 위장하여 여러 경로를 통해 개발사업부지 정보를 제공받아 자본금이 탄탄한 시행사에게 정보를 넘기고 PM수수료를 받는 업체들도 많다. 이들은 중간 브로커 역할을 하여 실제 개발하고자 하는 시행사에게 매각을 주선하는 업체이다.

이러한 브로커 또는 PM업체들이 많다 보니 지주작업 시, 개발사업부지 정보를 제공하는 이가 토지주와 직접 관계가 있는지부터 우선 확인해야 한다. 중개인이 매도자(토지주)와 직접 관계가 없다면, 중간에 몇 명의 브로커가 걸쳐 있는지 파악하는 것도 중요하다. 중간 브로커들이 많을수록 해당 개발사업부지의 매각 정보가 오염되는 경우가 많아 이미 매각이 되었거나 매각 관련 거짓정보로 인해 시간을 낭비할 수 있기 때문이다.

저자 역시 실제로 개발사업부지 매매계약을 진행할 때, 중간 브로커(중개인)가 5개팀이 있었던 경험이 있었다. 중간 브로커들이 매각가나 매각 조건을 변경하거나 중개수수료를 부풀리는 등 그들 각각의 이익을 우선하기에 정작 매도자와의 매매 협상보다 브로커들의 이익과 관련한 협상에 더 많은 시간을 소비하여 매우 고생했던 기억이 있다.

저자의 경험상, 개발사업부지를 소개하는 중간 브로커가 많다는 건 그만큼 많은 시행사가 이미 검토를 했던 물건이거나, 사업성이 없거나, 사업성이 있다 하더라도 높은 가격에 사업 부지를 매입해야 되는 경우가 많기에 시행사의 사업리스크는 높아질 확률이 높다. 그래서 정말 좋은 사업지가 아니라면, 중간 브로커가 많이 걸쳐 있는 개발사업지 매입은 지양하는 것이 좋다.

정보제공자들을 평소에 잘 관리하는 것도 중요하다. 지속적인 인간관계를 유지시키는 것도 중요하지만, 접수된 정보에 대한 신속한 검토 후 빠른 의사결정을 해주어야 업무적으로도 상호 신뢰 관계를 유지할 수 있으며, 지속적으로 좋은 물건을 소개받을 수 있기 때문이다. 또한 지주작업 중 시행사가 원하는 조건이 성취될 경우 추가로 보너스를 지급하는 조건을 제시해주는 것도 정보제공자의 동기부여 및 관계 유지에 좋은 수단이 될 수 있다.

사업부지 정보는 무턱대고 받을 수는 없을 것이다. 최소한의 정보를 갖고 있어야 사업성 분석이 가능하기 때문이다. 다음과 같은 최소한의 정보를 받아 토지조서를 작성하고, 개략적인 수익 분석 후 사업성이 좋다고 판단되면 세부 정보를 받으면 된다.

※ 사업부지 약식 토지조서(샘플)

연번	지번	소유자	지목	㎡	평 (PY)	공시지가계 (천 원)	매매대금 (천 원)	기타 특이사항 (소송, 근저당 등)
1	369-1 단독 주택	김○○	대	115	35	200,000	1,000,000	- 근저당: 2억, ○○은행 - 주거임차인 전세: 1억
2	369-2 나대지	㈜○○	대	63	19	110,000	500,000	- 근저당1: 10억, ○○은행 - 근저당2: 5억, ○○신용협동조합
3	369-3 세차장	광○○	대	376	113	630,000	1,000,000	
4	369-5 세차장	이○○	대	234	70	390,000	900,000	
5	369-4 나대지	이○○	대	340	103	980,000	2,000,000	
합계				1,128	340	2,310,000	5,400,000	- 채권최고액 총 17억 - 주거임차인 전세: 1억

　토지조서란 토지목록을 작성하는 것을 말하며, 토지조서 작성 시 지번, 지목, 소유주, 면적, 매매 금액, 계약금(잔금) 조건뿐만 아니라 등기부등본에서 근저당 등의 기본 권리 관계를 파악하는 것이 좋다. 이에 더해 토지이용계획을 확인하여 사업부지에 대한 각종 규제에는 어떤 것들이 있는지 반드시 확인해야 한다.

　토지이용계획확인서비스(토지이음)는 2021년부터 토지이용규제, 행위제한 서비스와 도시계획, 고시이력정보서비스가 하나로 합쳐져서 토지이음(www.eum.go.kr)으로 변경되었으므로 부지정보 접수 시 해당 사이트에 들어가 사업부지에 대한 각종 규제들이 어떤 것이 있는지 확인 가능하며,

기재된 지역, 지구를 통해 부동산개발 가능상품을 파악할 수 있다.

※ 토지이용계획(샘플)

소재지	서울특별시 중구 명동2가 52-18번지		
지목	대 ❓	면적	121.6 ㎡
개별공시지가(㎡당)	168,000,000원 (2022/01) 연도별보기		
지역지구등 지정여부	「국토의 계획 및 이용에 관한 법률」에 따른 지역 · 지구등	중심상업지역 , 방화지구 , 제1종지구단위계획구역 , 도로(접합)	
	다른 법령 등에 따른 지역 · 지구등	가축사육제한구역<가축분뇨의 관리 및 이용에 관한 법률> , 대공방어협조구역(위탁고도:77-257m)< 군사기지 및 군사시설 보호법>, 과밀억제권역<수도권정비계획법>	
「토지이용규제 기본법 시행령」 제9조 제4항 각 호에 해당되는 사항	중점경관관리구역(2016-11-24),역사도심(4대문안)		
확인도면		범례 □ 역사도심 ■ 중심상업지역 □ 제1종지구단위계획구역 □ 도로구역 □ 방화지구 □ 도로 □ 시장 □ 법정동 ☐ 작은글씨확대 축척 1 / 1200 ⌄ 변경 도면크게보기	

참고로, 토지면적 환산 방법은 다음과 같다.

"평(py)과 ㎡는 상호 환산이 가능하며, 1평=3.3058㎡ 또는 1㎡=0.3025 평이다."

예를 들어, 국민주택규모 85㎡를 평으로 구하고 싶을 경우, 85㎡× 0.3025=25.7125평이 된다. 평은 py로 표기하는데, 이는 2007년 도량 형 규제 이후 모델하우스에서 평을 쓰지 못함에 따라 '평'의 영어 차음인 pyong에서 딴 것이다.

토지 분석

개발사업부지 정보를 받게 되면, 인터넷 검색만으로도 인근 실거래가, 경매가, 감정가 등의 토지 시세 확인이 가능하고, 토지이용계획확인서비스를 통해 용도 지역, 지구 및 그에 따른 제한 내용 파악이 가능하게 되었다. KB부동산 등 시세 확인 사이트를 통해 주변 분양가나 아파트 등 부동산 상품의 시세를 파악할 수 있고, 네이버지도나 카카오지도 등을 통해 위치, 지역, 지구를 확인할 수 있어 현장에 가지 않아도 사업부지 현황을 파악할 수 있다.

※ 토지 정보에 유용한 사이트

- 토지이음(www.eum.go.kr): 지역, 지구 등 지정 여부, 확인도면, 지적지구 등 안에서의 행위 제한 내용 등은 국토교통부에서 구축 운영 중인 토지이음 사이트를 이용하면 간단하게 무료로 찾아볼 수 있다.
- 감정가**4**확인(vos.land): 공간의 가치(프라임감정평가법인) 감정가 확인 가능
- 개별공시지가**5**(http://kras.seoul.go.kr): 시도별로 사이트 구축됨
- 한국임업진흥원 필지별 분석서비스(gis.kofpi.or.kr): 토지의 표고, 경사도 및 나무 정보 파악 가능
- 시리얼_LH공사(seereal.lh.or.kr): 부동산정보통합열람, 분양, 임대주택 정보 파악 가능
- 일사편리(부동산통합민원_국토교통부): 부동산종합증명서 발급(토지대장, 건축물대장, 개별공시지가, 토지이용계획확인서 등 18종의 증명서 통합)

※ 부동산 시세 확인 사이트

- 국토교통부실거래가공개(rt.molit.go.kr): 아파트, 단독, 오피스텔, 상업/업무용, 공장창고, 토지
- KB부동산(kbland.kr): 아파트, 오피스텔, 빌라 시세, 매물, KB시세에 연동한 대출 가능 금액 확인 가능
- 아실(asil.kr): 아파트 실거래가 중심, 최고가 아파트, 아파트공급 물량, 대지면적까지 확인 가능
- 호갱노노: 아파트 시세 중심, 보유세 확인 가능, 지도에서 용적률 확인 가능, 아파트별 커뮤니티 기능
- 직방(거래중개사이트): 아파트, 오피스텔, 빌라, 원룸 등 매물 및 시세 확인
- 디스코(www.disco.re): 토지, 건물 등 부동산의 실거래가, 매물, 경락가 확인 가능
- 밸류맵(www.valueupmap.com): 실거래가(토지, 단독, 상업, 토지), 경매, 매물
- 부동산플래닛(www.bdsplanet.com): 재개발 재건축 등에 유용한 건물 노후도 확인 가능
- 리치고(m.richgo.ai): 대량의 데이터를 AI로 분석하여 아파트 가격의 미래를 예측하는 사이트
- 땅야(https://ddangya.com): 토지 실거래가 조회

---

4 감정가 감정평가사에 의해 토지, 건물, 동산 등의 가치를 감정하여 매긴 금액. 대출, 경매 시 사용됨.

5 공시지가 땅의 가격을 국가에서 조사하여 공시한 것으로 표준지 공시지가를 조사한 후 표준지와의 위치 등을 감안하여 전국토지에 대한 개별공시지가를 공시하게 됨.

개발사업부지 정보 접수 시, 가장 많이 하는 실수가 토지이용계획을 통한 토지용도(개발용도) 규제를 확인하지 않는 것이다. 위치가 좋은 땅인 듯하나, 실제로 가치가 떨어지는 땅도 많다. 토지의 가치는 위치에서 결정되기도 하지만, 토지의 용도 역시 중요한 요소이다. 토지이용계획에서는 토지의 개발 가능 용도를 확인할 수 있어 토지의 미래 가치를 대략이나마 가늠할 수 있다. 토지 용도에 따라 가능한 부동산개발상품에 대해서는 "Concept 개발"에서 세부적으로 다루겠다.

부동산개발은 위치가 가장 중요한 요소임은 분명하나, 원하는 건축물을 지을 수 없는 용도라면 사실 좋은 위치라고 말하기 어려울 것이다.

실제 저자가 아는 지인은 부동산 분양대행으로 많은 돈을 벌었지만, 분양을 잘할 수 있다는 확신에만 심취하여 무엇이 개발 가능한지에 대한 확인 없이 사업부지의 위치만 보고 토지매매계약을 하였으나, 원하는 개발상품(주상복합)이 허가가 나지 않아 토지매매계약금 몰취를 당했던 사례도 있다. 부동산 상품을 파는 전문가이기에 상품을 잘 팔 수 있다는 자신감에 심취하였으며, 개발사업을 하고자 하는 급한 마음에 기본적인 용도를 체크하지도 않고 덜컥 토지매매계약을 체결해 버린 것이다. 실제로 저자도 많은 부동산개발을 검토하다 보면 사업지 위치는 매우 좋으나, 건축 관련 허가가 불가하여 개발조차 할 수 없는 땅도 많아 실망감을 가진 적도 많다. 그렇기 때문에 개발사업부지 정보를 받았을 경우, 가장 먼저 토지이용계획을 기계적으로 확인하는 습관을 꼭 가져야 한다.

인터넷 검색을 통한 사업지 검토도 중요하지만, 현장 답사(외부환경 분석) 및 내부 권리분석 또한 중요하다. 현장답사를 보통 외부환경 분석이라고도 한다.

현장 주변을 가게 되면 먼저 ① 진입로가 확보되는지, ② 개발부지 내 또는 인근에 묘지, 축사, 변전소, 교도소, 정신병원, 요양병원, 쓰레기장 등 지장물 및 혐오시설은 없는지, ③ 유치권이 있는 건물은 없는지 등을 파악하여야 한다. 그리고 지장물이나 유치권에 대해서는 소유주 및 유치권자가 누구인지를 최대한 빨리 파악하여야 한다. ④ 경사지에 있는 부지라면 제일 높은 지점까지는 올라가서 주위를 살펴보는 것도 좋다. ⑤ 현장에 갈 때와 올 때 주변을 차로 빙 둘러보는 것도 좋다. 현장에 가서 꼭 뭐가 필요하다기보다 주변을 둘러보다 보면 현장과 관련된 정보들을 얻을 수 있기 때문이다. 그리고 ⑥ 가까운 부동산중개업소를 방문하여 대상 부지의 상황, 주변상황, 인근 부동산가격 등 지역 특성에 대해서 자세히 문의해 보는 것도 필요하다. 또한 ⑦ 자료조사나 현장 조사 시 인허가 관청에 문의할 사항이 생길 경우는 해당 지자체를 방문하여 공무원에게 문의해 보아야 한다.

외부환경 분석을 위해서는 상기 내용 외에도 주의 깊게 챙겨야 할 요소들이 많다. 외부환경은 분양성과 사업 진행 결정에 매우 중요한 부분을 차지하기 때문이다. 외부환경에 대해 체크해야 될 주요 사항은 다음과 같다.

※ 외부환경 분석(현장 답사) 주요 내용

① 주변 환경 및 교통 여건: 부지 입지의 쾌적성 또는 접근의 편리성, 교통 진입로, 도로 정비 정도, 국도/고속도로까지 접근성, 지하철, 버스, 철도 등의 교통 편리성

② 교육, 문화, 편의시설 여건: 초, 중, 고 및 대학 등의 접근성(교육 환경), 백화점, 종합병원 등의 편의시설

③ 주변 인구 및 산업시설: 인구수 및 소득 수준, 주택보급률 및 주변 산업단지 시설 등

④ 부지 인근: 기피혐오시설 여부(화장터, 좋지 않은 냄새를 풍기는 공장, 도살장, 쓰레기장, 매립지, 분묘, 가스충전소, 주유소, 고압선, 축사, 정신병원 등), 사업에 영향을 끼치는 시설 여부(유적지, 문화재발굴지)

⑤ 부지 내부: 사업에 영향을 미칠 수 있는 사항 등을 빠짐없이 꼼꼼히 살펴보고 메모해 놓아야 한다. 다음 사항들 하나하나가 모두 사업성에 영향을 미칠 수 있는 요소들이다.

- 나대지[6]: 나대지이거나 야적장 또는 쓰레기장, 고물상 등으로 쓰이는지 확인해야 한다.
- 공장, 주유소 부지 등: 사업부지 명도에 상당한 시일이 걸릴 수 있으며, 지하폐기물 등이 발견될 가능성이 높기에 주의 요망. 폐기물 발견 시 공사비 증액 사유가 된다.
- 부지 내 건물이 있으면 몇 층짜리 몇 동이 있는지, 지하폐기물 관련 사항도 확인해야 한다.
- 컨테이너 존재 여부와 연락처를 확인(타인 소유 컨테이너를 동의 없이 철거나 이동 시 문제 발생 가능하므로 신중히 처리)해야 한다.
- 공사 차량 진입은 가능한지, 단지 진입로는 확보 가능한지, 공사 자재 적재 가능한지 확인 → 맹지이면 진입도로를 확보하든지(부지 매입비용 추가 발생), 인접부지의 임차 내지 점용 허가를 받아야 한다.
- 사업 시 민원 발생 소지가 있는지 확인한다.
- 야산인지 평지인지, 야산이라면 나무가 울창한지 어떤지, 경사도는 어느 정도인지, 돌이 많이 나오는 산인지 흙으로 된 산인지, 논인지 밭인지, 분묘는 몇 기나 있는지 확인한다. → 사업부지가 야산이라면 토목공사비가 추가됨은 물론 경사도 문제로 인허가가 불가능할 수도 있으며 야산에 암석이 있다면 더욱 많은 토목공사비가 소요된다. 특히, 토목이 암석일 경우 발파 등에 따른 민원, 공사 기간 지연 및 막대한 토목공사비 증가로 사업이 불가한 경우도 종종 있다. → 나무가 울창하다면 입목 본수에 따라 차이는 있겠지만, 사업이 불가능하거나 그 땅을 산지로 보존해야 할 경우도 있다.
- 사업부지가 논이나 유지(저수지) 또는 바닷가 인근이라면 파일 공사에 소요되는 비용이 늘어난다.

---

6 나대지 지상에 건축물이나 구축물 등이 전혀 없는 상태의 대지를 의미한다.

- 고압선이 지나간다면 사업을 포기하거나 한전에 문의하여 고압철탑 이설이 가능한지, 가능하다면 언제쯤 가능한지, 이설이나 지중화 비용은 어느 정도인지 등을 확인한 후 부지작업에 착수하여야 한다.

⑥ 땅에 대한 국가 또는 지지체 차원의 다양한 법적, 행정적 통제가 있는지 확인해야 한다.

⑦ 토지주 개인 간의 복잡한 이해 관계를 파악하고 이해해야 한다.

외부환경 분석과 함께 내부 분석도 필요하다. 내부 분석 같은 경우, 등기부등본을 통해 확인 가능하나, 보이지 않는 권리 분석까지 하여야 하기 때문에 주의 깊게 살펴야 한다. 소송 등 보이지 않는 권리를 파악하지 못하고 토지매매계약을 하였을 경우, 사업 진행 자체가 불가한 경우도 많이 발생하기 때문이다. 실제로 저자 지인 중에 토지주의 이중매매 계약으로 피해를 입어 또 다른 매수자와 소송 진행을 하였으나, 패소하여 결국 계약금을 날린 사례도 있었다. 또 다른 분은 소송 진행 중인 부지를 계약하였으나, 소송이 장기화되어 사업 진행이 불가하게 된 정말 억울한 피해를 입기도 했었다.

> ※ 내부 분석(권리 분석7) 주요 내용
> ① 일반적인 권리 분석: 근저당, 임차인, 소유권 분석 → 등기부등본 등으로 확인 가능
> ② 보이지 않는 권리 분석: 법적 소송, 유치권8, 법적지상권, 분묘권 등 → 현지답사 및 주변 탐문(이장, 부동산중개사 등)으로 확인 필요

---

7 권리 분석 토지매입 시 실소유권, 실면적 등 토지의 실체를 확인하는 작업.

8 유치권 타인의 물건 또는 유가증권을 점유하고 있는 자가 그 물건 또는 유가증권에 관하여 발생한 채권의 변제를 받을 때까지 그 물건 또는 유가증권을 유치할 수 있는 권리. (예: 공사대금을 못 받은 건설회사가 공사한 건물을 점거할 수 있는 권리)

Concept 개발

부동산 컨셉(Concept)개발이란 부동산을 어떤 상품으로 개발할 것인지를 추정해보는 단계이다.

부동산개발 컨셉은 ① 사업부지의 위치와 그에 따른 용도지역(법적 규제), ② 분양 니즈(분양성), ③ 수익성에 의해 최종적으로 결정된다.

사업부지 위치의 용도지역, 지구 등을 포함한 세부적인 법적 규제에 따라 개발 가능한 부동산 상품이 무엇인지를 파악하고, 시장 상황을 반영한 고객의 니즈에 맞는 개발상품의 분양성과 그 수익성 분석을 통해 최종적인 개발 컨셉을 확정하는 것이다.

분양성과 수익성에 대한 설명은 4단계 사업성 검토 파트에서 자세히 언급하기로 하고, 이번 단계에서는 일차적인 개발 컨셉을 정하기 위한 용도지역에 맞는 부동산개발상품에 대해 중점으로 설명하고자 한다.

부동산개발사업의 주요한 상품으로는 주거시설(아파트, 주상복합, 도시형생활주택), 상업시설(오피스텔, 오피스, 생활형숙박시설), 지식산업센터, 물류센터 등으로 분류할 수 있다. 그 외에도 리조트, 노인주택, 골프장 등 다양하나 개발 빈도가 낮은 상품에 대해서는 설명을 생략하고자 한다.

저자에게 다양한 위치의 토지를 보여주며 무엇을 개발할 수 있는지 묻는 경우가 매우 많다. 부동산개발을 알지 못하는 일반인들은 궁금할 수 있는데, 알아보는 방법은 의외로 어렵지 않다.

일단은 토지의 용도지역을 알면 무엇을 개발할 수 있는지 쉽게 알 수 있다. 용도지역은 앞서 설명했듯이 토지이음(www.eum.go.kr)을 통해 정확히 확인할 수 있으나, 네이버지도나 카카오지도상에서 개발사업지 주소를 찍으면 토지 용도를 쉽게 확인할 수 있고, 무엇을 개발할 수 있는지 추정하는 데 1분도 채 걸리지 않는다.

※ 네이버 지도로 용도지역 살펴보기

개발사업지 주소 명기 후, ① 지적편집도 버튼을 누르면 다음과 같이 지도가 변경되면서 용도지역이 색깔로 표시된다. ② "용도-더보기"(아래쪽)를 누르면 용도지역 전체 범례가 표시된다.

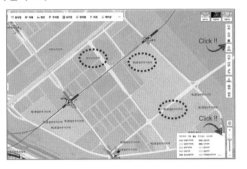

※ 카카오 지도로 용도지역 살펴보기

개발사업지 주소 명기 후, ① 지적편집도 버튼을 누르면 다음과 같이 지도가 변경되면서 용도지역이 색깔로 표시된다. ② "지적편집도-용도개발"(아래쪽)을 누르면 용도지역 전체 범례가 표시된다.

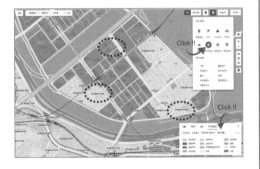

용도지역에 따라 어떤 부동산 상품으로 개발이 가능한지 간단히 정리해 보았다. 이 표를 통해 개발하고자 하는 개발 상품을 손쉽게 찾을 수 있을 것이다.

※ 용도지역[9]별 개발 가능 상품, 건폐율[10]과 용적률[11]

용도지역		건폐율(%)		용적률(%)		용도지역별 개발 가능 상품						
		법규	서울시 조례	법규	서울시 조례	아파트	주상복합	도시형 생활주택	오피스텔	생활형 숙박시설	지식산업센터	물류센터
주거지역	1종 전용	50	50	50~100	100							
	2종 전용	50	40	50~150	120	가능	가능	가능				
	1종 일반	60	60	100~200	150				가능		가능	가능
	2종 일반	60	60	100~250	200	가능	가능	가능	가능		가능	가능
	3종 일반	50	50	100~300	250	가능	가능	가능	가능		가능	가능
	준	70	60	200~500	400	가능	가능	가능	가능		가능	가능
상업지역	중심	90	60	200~1500	1000 (800)		가능	가능		가능 학교, 주거지역과 일정 거리 유지 가능		가능
	일반	80	60	200~1300	800 (600)		가능	가능			가능	가능
	근린	70	60	200~900	600 (500)		가능	가능			가능	가능
	유통	80	60	200~1100	600 (500)							가능

9 용도지역 토지의 이용 및 건축물의 용도, 건폐율, 용적률, 높이 등을 제한하는 지역.

10 건폐율 대지면적 대비 건축물을 시공할 수 있는 면적의 비율로서 건축물 간 밀도를 가늠한다.

11 용적률 대지면적 대비 건축물 총면적(지상층 각 층 면적의 총합)의 비율.

용도지역		건폐율(%)		용적률(%)		용도지역별 개발 가능 상품						
		법규	서울시 조례	법규	서울시 조례	아파트	주상 복합	도시형 생활 주택	오피 스텔	생활형 숙박 시설	지식 산업 센터	물류 센터
공업 지역	전용	70	60	150~300	200						가능	가능
	일반	70	60	150~350	200						가능	가능
	준	70	60	150~400	400	가능	가능	가능	가능		가능	가능
녹지 지역	보전	20	20	50~80	50							
	생산	20	20	50~100	50							부분 가능
	자연	20	20	50~100	50						가능	가능
보전관리지역		20		50~80								부분 가능
생산관리 지역		20		50~80								부분 가능
계획관리 지역12		40		50~100						조건부		가능
농림지역		20		50~80								
자연환경보전		20		50~80								

* 상기 자료 및 표는 법령이나 조례, 제도 변경 시 변동 가능/ 지역조례에 따라 상이하므로 반드시 지역조례를 찾아볼 것.

- 생활형숙박시설: 계획관리지역에서는 도로에서 50m를 벗어난 지역에 설치 가능함. 상업, 준주거지역은 학교, 주택밀집지역과 차단되거나 상당한 거리 밖에 건축 가능함.
- 지식산업센터: 준주거와 일반 공업지역에 대부분 분포하며, 소규모공

---

12 계획관리지역 도시지역으로 편입이 예상되는 지역 또는 자연환경을 고려하여 제한적인 이용, 개발을 하려는 지역.

장을 위해 주거지역과 상업지역에도 허용됨.

** 관련 법률들을 꼼꼼히 살펴보면 용적률인센티브[13]를 받을 수 있는 경우들도 꽤 있으므로 이는 건축설계사무소를 통하여 확인 가능함. 지자체마다 인센티브 적용이 다를 수 있어 간혹 건축설계사무소도 모르는 경우가 있기에 최초에는 여러 설계사무소의 제안을 받는 것이 중요함.

*** 지구단위계획구역[14] 내에 있는 사업부지는 지구단위계획지침에 건폐율, 용적률 (층수까지)이 지정되어 있는 경우도 있음.

상기 표의 용도 확인만으로도 아파트, 주상복합, 도시형생활주택, 오피스텔, 생활형숙박시설, 지식산업센터, 물류창고의 개발 가능 유무를 확인할 수 있어 좋은 참고 자료가 될 것이다.

> **※ 1분 안에 개발 가능 용도 확인하는 방법**
> 네이버지도 및 카카오지도에서 개발지역 주소 검색 → 지적편집도 클릭 시, 용도 확인 가능 → 상기 용도지역별 개발 가능 상품표 확인 → 개발 가능 상품 추정 가능

실제로 부동산개발 실무에서도 개발 가능 상품을 확인하기 위해 상기와 같은 방법을 많이 사용한다. 이러한 방법은 외부에 있을 때 핸드폰으로

---

13 용적률 인센티브 특정 조건을 충족하면 용적률을 추가로 높여주는 것.

14 지구단위계획구역 건축물 용도 제한이라든지 건폐율, 용적률 등이 정해져 있기 때문에 지구단위계획 내용에 대해 알아두어야 함.

도 확인이 가능하며, 이 방법이 익숙해지면 1분 안에 개발 가능 상품을 추정할 수도 있다. 저자 역시 이 방법을 많이 이용한다.

가끔 용도지역에 따라 상기 표의 개발상품이 불가능한 경우도 있다. 용도 자체로는 개발에 문제가 없으나, 개발지역 지자체의 개발 심의나 주민 민원 등에 따라 개발이 불가한 경우도 간혹 있으니 설계사무소를 통해 지역 내의 분위기도 파악하는 것이 좋다.

우리가 주로 접할 수 있는 부동산개발상품인 아파트, 주상복합, 도시형 생활주택, 오피스텔, 오피스, 생활형숙박시설, 지식산업센터, 물류창고에 대하여 간단히 요약하면 다음과 같다.

1) 아파트

아파트는 "공동주택"이라고도 한다. 용도지역상 주로 2~3종 일반주거지역, 준주거 지역에서 공급 가능하다. 개발 물량의 과반 이상을 차지할 정도로 많은 물량이 공급되는데, 아파트 가격 상승을 막기 위해 정부(LH공사 등)에서 공공택지개발 등을 통해서 개발 가능 용지를 지속으로 공급하는 것도 한 몫 하고 있다. 그리고 재건축, 재개발, 지역주택조합 등을 통해 기존 건물의 재건축으로도 아파트의 공급이 가능하다.

2) 주상복합과 도시형생활주택

주상복합과 도시형생활주택은 도심지역의 주거 용도를 충족하기 위해서 공급되고 있다. 주상복합은 초고층아파트와 상업시설을 복합용도로 공급한 상품으로, 도심부에 하이퀄리티 아파트와 상업시설이 혼합된 주거시설로 공급하게 된다. 도시형생활주택은 도심에 직장이 있는 1~2인 도시생활자들을 위해 작은 규모의 세대를 가진 공동주택으로, 도심에 위치하는 것을 감안하여 주차 대수 등이 완화되어 있다.

3) 오피스텔, 생활형숙박시설, 오피스

오피스텔은 최초에는 소규모 업무시설(+간이주거)로 시작되었던 상품인데, 주거용으로만 사용하는 경우가 늘어나서 최근에 아예 주거용도(전입 가능)로 쓰이고 있으며, 세금도 주거용에 맞춰서 납부하는 경우가 많아졌다. 도시형생활주택과 같은 취지로 도심에 직장이 있는 1~2인 도시생활자들을 위해 작은 규모의 주거시설로 많이 공급되었으나, 근래에는 주상복합과 동일한 주거시설인 아파트 평면(59㎡, 84㎡ 형태(3룸))으로 "아파텔"이라는 이름으로 분양하는 사례가 늘어나고 있다. 이러한 추세에 맞춰 2021년에는 오피스텔의 바닥 난방 전용면적 기준이 85㎡에서 120㎡까지 가능하도록 오피스텔 건축기준이 변경되었다.

> * 85㎡에서 120㎡로 확장 의미: 오피스텔 바닥 난방의 전용면적이 120㎡로 변경된 것은 아파트 전용 84㎡에 준하는 면적이며, 3~4인 가구의 주거수요를 고려한 배려이다. 단, 120㎡ 초과되는 호실의 경우 바닥 난방을 하지 못한다.

생활형숙박시설은 취사 기능이 없던 숙박시설에 취사 기능을 추가하여 장기간 숙박이 가능하게 한 시설이었다. 한동안 수분양자들에게 호텔 운영 수익 배당 등이 가능한 투자 상품으로 각광을 받았으나, 호텔 운영 실패와 수익 미배당 등의 사례가 많아지면서 인기가 점점 식어갔다. 이에 시행사들은 생활형숙박시설을 아파트 대체 상품으로 개발하여 주거가 가능한 상품으로 공급하기 시작하였다.

생활형숙박시설과 유사하게 오피스 역시 상품의 변화가 일어나고 있다. 오피스는 원래 사무용이 목적인 상품이었으나, 이 또한 주거 대체 상품으로 "라이브오피스"라는 이름으로 공급되고 있다.

사실, 도시 내 주거 개발 사업부지의 부족은 어제오늘의 일은 아니다. 주거형 상품으로 개발하게 된 생활형숙박시설이나 오피스가 인기를 끌었던 이유 역시 도시 내 주거용지 부족 때문일 것이다. 시행사가 상업지역을 매입하여 이러한 변형된 주거형태의 상품들을 건축할 수 있는 또 하나의 이유는 주차 대수나 학교시설 설치 같은 부담도 적었기 때문이다.

4) 지식산업센터

지식산업센터는 도시 내 준공업지역과 준주거지역, 산업단지 등에 개발이 가능한데, 도심형 공장이나 지식산업의 사무실로 사용할 수 있다. 일반 사무실보다는 층고가 높은 편이라 활용도가 높아 인기가 많으며, 적당한 가격으로 매매가 원활한 편이라 꾸준히 개발되고 있다. 또한 수분양자 입장에서 분양가 대비 90%까지도 대출을 받을 수 있어 투자에도 유리한 편이다. 대표적으로 서울 성수동, 가산동 같은 경우, 일반 오피스 빌딩과 다름없는 외관과 로비의 지식산업센터가 다수 들어서고 있다. 다만, 사무실 직원 대비 적은 주차 대수와 입주 가능 업종의 제한이 단점으로 꼽힌다.

5) 물류센터

물류센터는 물류산업의 발전과 인터넷쇼핑 등 비대면 쇼핑의 확대, 새벽 쇼핑의 시작으로 인해 최근 몇 년 사이 폭발적으로 공급이 늘어난 개발 상품으로, 직접쇼핑이 아닌 배송으로 상품을 구매함으로써 판매자와 소비자 사이에 물류센터의 공간이 급속히 필요하게 되었다. 물론 기존 유통사(이마트, 홈플러스 등)도 물류센터를 많이 확보했지만, 쿠팡을 앞세운 신흥 유통사들이 물류센터를 대거 매입 또는 임차함으로써 물류센터 개발붐이 일어나게 되었다. 물류센터는 착공 전이나 준공 후에 대개 자산운용사, 리츠 등이 매입해 가기에 시행사는 사업 종료 후 사업 수익을 거두고, 매입업체는 물류센터에서 나오는 임대료를 가져가는 구조를 이루어 시장에 안착하게 되었다. 주로 계획관리지역이나 공업지역에 많이 건립되고 있다.

위에서 설명한 부동산개발상품 중에서도 아파트, 주상복합, 도시형생활주택, 오피스텔, 생활형숙박시설은 주거가 가능한 상품이나, 정작 그 상품들의 차이점에 대해서 모르는 사람들이 많다. 이에 부동산개발 시 주거형 부동산 상품에 대해 상품별 관련 법령 등 비교표를 다음과 같이 정리해보았다.

※ 주거형 부동산개발상품 비교

구분	아파트	주상복합	도시형생활주택	오피스텔	생활형숙박시설
법적 용도	공동주택	공동주택, 상가	공동주택	업무시설	숙박업소
관계법	주택법	주택법, 건축법	주택법, 건축법	건축법	건축법 공중위생관리법
입지 조건	주거지역 (2, 3종, 준)	상업지역 준주거지역	주거(일반1~3종, 준) 상업(중심, 일반, 근린)	상업지역 3종 일반주거	상업(중심, 일반, 근린, 유통), 준주거 계획관리지역
허가/ 승인 대상	공동주택 30 세대 이상 사업계획 승인 필요	건축법상 건축 허가: 주택 300 세대 미만/ 주택 연면적 비율 90% 이하	30세대 이상 사업계획 승인/30세대 미만 또는 상업, 준주거지역일 경우, 300세대 미만은 건축허가(전용 85㎡ 이하)	건축법에 의한 건축허가	건축법에 의한 건축허가
목적	주거	주거&상가	주거&숙박	주거&업무&숙박	(주거)&숙박
발코니	○	○	○	×	○
부가세	85㎡ 초과: ○ 85㎡ 이하: ×	아파트: 좌동 상가: ○	×	○	○
주차장	-세대당 1대 이상 -세대당 0.7 대 이상(전용면적 60㎡ 이하) (주택건설기준등에 관한 규정)	-아파트 부분은 좌동 -나머지 상가 부분은 해당 기준에 따라 면적별로 합산하여 계산	면적 134㎡당 1대 (3실당 1대 수준) (서울시주차장조례)	1)단지형다세대 -아파트와 동일 2)원룸형 -세대당 0.6대 -전용 30㎡ 미만 0.5대(주택건설기준등에 관한 규정)	호실당 1대 이상 전용 60㎡ 미만 0.8대 전용 30㎡ 미만 0.5대 (서울시주차장조례)

구분	공동주택(아파트)	일반건축물
근거법	주택법, 주택공급에 관한 규칙	건축법, 건축물의 분양에 관한 법률
적용 대상	• 30세대 이상	• 3,000㎡ • 30실 이상 (300실 이상 O/T인터넷공개모집)
분양 시기	• 분양보증15 받은 경우 (착공과 동시 분양) • 2인 이상 건설업자의 연대보증을 받은 경우 (골조공사공정 2/3 경과 후)	• 신탁계약 또는 분양보증 (착공신고 후) • 2인 이상 건설업자의 연대보증을 받 은 경우 (골조공사공정 2/3 경과 후)
분양 방법	• 무주택자 등 우선공급 기준에 따라 분양	• 공개모집 후 공개추첨
분양 대금 납부	• 청약금 10% • 계약금 10% • 중도금 60%(4회 이상 납부) • 잔금 20%	• 계약금 20% 이하 • 중도금 70% 이하(2회 이상 납부) • 잔금 10%, • 모집공고16안 승인 시 검토

*상기 자료 및 표는 법령이나 조례, 제도 변경 시 변동 가능함

15 분양보증 분양사업자가 파산 등의 사유로 분양계약을 이행할 수 없는 경우 당해 건축물의 분양 이행 또는
납부한 분양대금 중 계약금 및 중도금의 환급을 책임지는 보증(주택도시보증공사).

16 (분양)모집공고 사업주체는 입주자를 모집하고자 할 때에는 입주자모집공고를 일간신문, 관할 시 · 군 · 자
치구의 인터넷 홈페이지에 게시하여야 한다.(자사홈페이지에도 보통 게재함) 공고내용은 사업주체명, 시
공업체명, 연대보증인, 감리회사명, 주택의 건설 위치 및 공급 세대수 등 분양에 관한 내용임.

사업성 검토와
사업 초기 셋팅

부동산개발사업의 진행을 결정하기 위해서는 반드시 사업성 검토 단계가 필요하며 이 단계에서는 중요한 내용이 많다. 복잡하고 생소한 내용일 수도 있겠지만, 부동산개발을 위해 필수적으로 알아야 하는 내용이기에 어렵더라고 반드시 짚고 넘어가야 할 부분이다.

사업성 검토란 계획된 프로젝트가 기술적 및 경제적으로 시행이 가능한가를 조사, 검토하는 일련의 과정을 말하며, "타당성 검토"라고도 한다. 사업성 검토는 프로젝트 발주자가 하지만 외부업체에 외주를 주는 경우도 있다. 일반적인 사업성 검토 항목은 크게 시장성 검토, 기술 검토, 경제성 검토로 나누며, 부동산개발로 바꿔 말하면, 시장성 검토는 분양성 검토, 기술 검토는 인허가(법적) 검토, 경제성 검토는 수익성 검토라고 생각하면 된다.

사업성 검토는 사업부지를 매입하기 위한 최종 검토 단계로서, 보통 인
허가 검토, 분양성 검토, 수익성 검토 순서로 진행된다.

추가적으로 사업 초기에 함께할 주요 파트너사 셋팅을 구상하고, 토지
매입비 등 자금조달은 어떻게 계획할 것인지, 인허가 일정이나 분양 오픈
은 어떻게 진행될 것인지 미리 구상해보는 것도 좋다. 이렇게 추가 검토를
해 보는 이유는 사업 초기에 발생할 수 있는 리스크를 더 디테일하게 사전
점검해보기 위함이다.

먼저, 개발이 가능한지 인허가 법적 검토가 선행되어야 설계 개요가 나
오고, 설계 개요를 통한 개발 상품의 적정 분양가를 확인하여야 수익성
분석을 진행할 수 있다. 최종적으로 수익성에 따라 사업 가능 유무가 결
정된다.

경험이 많은 시행사는 인허가, 분양성, 수익성 검토를 함께 진행하고,
보통 1~2주일 내에 사업 적정성을 판단하여 사업 진행 가부를 결정한다.
좋은 사업부지일수록 사업부지 매매 경쟁이 치열하여 빠른 의사결정을
해야 하기 때문에 검토 기간은 더 줄어들 수도 있다.

1) 인허가(법적) 검토(설계 개요 작성 등)

부동산개발은 설계의 개요에서 시작된다. 설계개요는 건축설계사무소에 의뢰하면 되는데, 관련 법령에 따라 무슨 상품이 개발 가능한지와 규모(면적)는 어떻게 되는지 등 허가 가능 사항을 파악하여 건축 개요를 작성한 후 시행사와 내용을 공유하게 된다.

시행사가 설계 기초 내용들을 알아야 그 상품의 분양성과 수익성 검토를 할 수 있기 때문에 설계(인허가) 검토는 사업성 검토의 시작이라고 말할 수 있다. 때로는 설계 의뢰 전에 개발 상품의 분양성 검토를 먼저 진행하는 경우도 있다. 분양 가능한 적정 상품을 분석하여 원하는 개발상품이 허가가 나는지를 먼저 확인하기 위해서이며, 검토 소요시간을 줄이기 위함이기도 하다.

설계 검토는 2~3개 정도의 업체에게 제안받는 것이 좋다. 참고로, 법적 인허가 가능 유무, 개발 규모를 검토하는 최초의 설계 단계를 가설계라고 부르며, 가설계는 소정의 비용을 지불하고 설계사무소에 의뢰를 하여야 하나, 사정에 따라 추후 본설계를 의뢰키로 하고 비용 없이 가설계를 의뢰하는 경우도 많다.

부동산개발 인허가는 크게 건축 인허가와 토지개발 인허가로 나뉜다. 건축 설계는 건축설계사무소에서 진행하면 되나, 토지개발이 수반될 경우, 토지개발 전문 인허가 업체를 선정해야 한다. 토지개발 인허가는 일반 건축설계보다 인허가상 변동성이 많아 특히 주의를 기울여야 한다. 사업성 검토 단계에서 기본적인 토지개발 인허가 사항을 검토는 하겠지만, 인허가 진행 중에 지자체 내부나 타 기관의 심의 등으로 인해 인허가가 부결되거나 중요한 내용들이 변경되는 경우가 상당히 많기 때문이다.

토지개발 인허가는 개발사업의 규모 및 대상에 따라 크게 도시개발사업, 지구단위계획과 개발행위허가로 나뉠 수 있다.

구분	사업구역의 규모 및 대상 (용도지역별 허가 가능 면적)	기타
도시 개발 사업	〈도시개발구역 지정 대상〉 ① 도시지역 　-주거·상업지역: 1만㎡ 이상 　-공업지역: 3만㎡ 이상 　-자연녹지지역: 1만㎡ 이상 　(광역·도시기본계획상 개발가능지역) ② 도시 외 지역 　-30만㎡ 이상	① 사업주체(민간): 민관공동법인, 토지소유자조합, 토목건축공사사업자 ② 주민제안요건: 토지 2/3 이상 소유자 동의 ③ 토지수용조건: 면적 2/3 이상, 소유자 수 1/2 이상 ④ 토지취득형태: 수용/사용, 환지, 혼용
지구 단위 계획	〈개발행위허가 면적 이상〉 ① 도시지역 　-주거, 상업, 자연녹지, 생산녹지: 1만㎡ 이상 　-공업지역: 3만㎡ 이상 　-보전녹지지역: 0.5만㎡ 이상 ② 관리지역: 3만㎡ 이상 ③ 농림지역: 3만㎡ 이상 ④ 자연환경보전지역: 0.5만㎡ 이상	① 계획수립주체: 국토교통부장관, 도지사, 시장, 군수, 주민(이해관계자) ② 주민제안요건: 사유지 2/3 이상 소유자 동의 ③ 토지수용조건: 토지확보 95% 이상 ④ 토지취득형태: 시가매수
개발 행위 허가	-주거, 상업, 자연녹지, 생산녹지: 1만㎡ 미만 -공업지역: 3만㎡ 미만 -보전녹지지역: 0.5만㎡ 미만 -관리지역: 3만㎡ 미만 -농림지역: 3만㎡ 미만 -자연환경보전지역: 0.5만㎡ 미만	

* 각 지자체별 관리, 개발하려는 목적에 따라 기준이 상이할 수 있음.

- **도시개발사업**

도시개발구역에서 주거, 상업, 산업, 유통, 정보통신, 생태, 문화, 보건 및 복지 등의 기능이 있는 단지 또는 시가지를 조성하기 위하여 시행하는 사업임.

- **지구단위계획**

도시·군관리계획 수립 대상 지역의 일부에 대하여 토지이용을 합리화하고, 그 기능을 증진시키며, 미관을 개선하고, 양호한 환경을 확보하며, 그 지역을 체계적·계획적으로 관리하기 위하여 수립하는 도시·군관리 계획임.

대규모의 토지개발이나, 도시의 일부 지역을 대상으로 토지이용계획과 건축물계획을 같이 고려하여 평면적인 토지이용계획과 입체적인 건축계획이 서로 조화를 이루도록 하는 데 중점을 두고 있다.

예시) - 건축물의 용도 제한, 건축물의 건폐율 또는 용적률, 건축물 높이의 최고한도 또는 최저한도
     - 건축물의 배치·형태·색채 또는 건축선에 관한 계획 등

- **개발행위허가**

난개발을 방지하기 위해 개발행위를 하려는 자에 대해 「국토의 계획 및 이용에 관한 법률」에 따라 특별시장·광역시장·특별자치시장·특별자치도지사·시장 또는 군수의 허가를 받도록 하는 것을 말함.

계획의 적정성, 기반시설의 확보 여부, 주변환경과의 조화 등을 고려하여 개발행위에 대한 허가 여부를 결정하며, 소규모의 토지개발을 위해 사업별로 허가를 취득해 진행하는 토지개발이다.

상기 토지개발 인허가를 진행하기 위해서는 용역업체 선정해야 한다. 용역업체들은 개발지역에 있는 지역 업체들을 선정하는 것이 허가를 받기에는 유리하나, 업무 역량이 부족할 경우는 수소문하여 대형사 위주로 선정하는 것이 좋다.

구분		업체 선정	인허가 기간	비 고
토지개발 인허가	도시개발사업 인허가	도시계획업체 + 건축설계사무소	5~10년	토목설계 별도 가능
	지구단위계획 인허가	도시계획업체 + 건축설계사무소	2~5년	
	개발행위허가	개발행위업체 + 건축설계사무소	6개월~2년	
건축 인허가		건축설계사무소	6~18개월	

* 도시개발과 지구단위계획 인허가는 도시계획업체에서 모두 진행이 가능하나, 개발행위용역은 많이 하지 않는다. 그래서 개발행위 인허가는 대부분 별도의 개발행위업체가 진행한다.
** 상기 인허가 기간은 지자체 및 사업지 현황에 따라 변동성이 클 수 있다.
***토지개발 인허가와 건축 인허가는 사안에 따라 동시 진행이 가능하다.

토지개발 인허가 사전 검토 시, 용역업체를 통해 인허가 가능 유무와 함께 인허가 기간을 꼭 체크하여야 한다. 인허가 가능 유무에 따라 사업 진행 여부가 결정되며, 인허가 기간은 사업부지 매입 시 잔금 납부 기간과도 밀접한 관계가 있기 때문이다. 토지개발 인허가는 변동성이 많기 때문에 인허가 예상기간을 넉넉히 잡아 사업부지 매입 시 잔금 납부에 문제가 없도록 해야 한다.

용역업체는 토지개발 인허가 사전 검토 중 관할 지자체뿐만 아니라, 지자체 외의 각종 인허가 기관들과도 사전협의를 진행하게 된다. 이때 전반적인 인허가 사항과 함께 특히 주의를 기울여야 하는 인허가 종목은 교통영향평가, 환경영향평가, 지하안전평가, 재해영향평가이다. 이들 중 하나라도 인허가상 부결 및 제한조건이 발생할 경우, 사업 진행이 불가하기 때문에 미리 꼭 짚어야 된다.

위 종목들은 인허가 제한사항이 많아 저자 역시 고생을 많이 한 경험이 있어 기본적인 내용이라도 공유하고자 하며, 세부 설명은 부록의 부동산 개발용어 사전을 통해 설명해 놓았으니 참고하면 된다.

참고로, 자연녹지나 계획관리지역에 개발되고 있는 물류창고가 토지개발 인허가의 대표적인 사례라 할 수 있다.

2) 분양성 검토

분양성 검토란 쉽게 말해 아파트, 오피스텔 등의 부동산개발상품(what)을 어떻게(how), 얼마(much)에 팔아야 잘 팔리냐를 검토하는 것이며, 요즘 인터넷 검색을 통해 인근 부동산 상품 및 시세를 간단히 파악할 수 있다. 그렇기 때문에 시행사 자체적으로도 분양성 검토는 쉽게 가능할 것이다. 하지만 인터넷으로 검색하는 이론과 실제 상품을 파는 것은 또 다를 수 있다.

부동산개발 상품을 파는 이들은 "분양대행사"이다. 그렇기 때문에 분양대행사 2~3군데를 통해 이들이 팔 수 있는 분양 가능한 상품과 예상 분양가를 받아보는 것이 객관적일 것이고, 현실적인 현상을 짚어 볼 수 있는 하나의 중요 절차라고 할 수 있다. 또한 사업지 인근 지역 공인중개사무소를 반드시 방문하여 해당 개발상품의 적정 분양가격 및 분양성이 양호한지를 별도로 크로스 체크해보는 것이 좋다. 특히, 비도시지역을 개발하고자 할 경우는 인근의 도시지역 공인중개사무소를 방문하여 지역 분위기를 자문 받을 필요가 있다.

때로는 이상하게 콩깍지가 씌어 뭐든 잘 팔 수 있을 것 같은 자신감과 착각에 빠지는 경우도 많고, 어떨 때는 개발사업부지 매매 경쟁이 치열하여 매입 타이밍을 놓치지 않기 위해 분양 검토 없이 본인의 감각에 의존하여 먼저 매매계약을 하다가 낭패를 보는 경우도 많다. 그렇기 때문에 본인의 감정은 접어두고 개발 사업지에 대한 객관적인 분양성 검토 절차는 반드시 필요하다. 분양성이 결국 사업의 승패와 직결되기 때문이다.

3) 수익성 검토 - 손익분석(사업수지표) 작성

결국 부동산개발을 하는 목적도 이익 창출 아니겠는가? 해당 개발사업이 얼마나 많은 돈을 버는지 수익성을 검토해 보아야 할 것이다.

분양성에 대한 적정성 검토 및 적정 분양가가 나왔다면 사업수지표를 작성하여 손익분석을 하여야 한다. 손익분석은 사업성 검토의 여러 단계 중에서 매출 및 원가로 손익을 계산하는 단계를 말한다.

분양 외형에 의한 매출을 계산하고, 투입되는 공사비, 사업비, 금융비용(이자) 등 원가들을 계산하여 매출이익을 산출할 수 있다. 사업수지표는 사업의 여러 단계에 걸친 수입, 지출 내용들을 한 시점으로 도출하여 직관적으로 한 번에 볼 수 있게 계산한 것이며, 사업성 검토 방법 중 사업의 진행 유무를 평가할 수 있는 비교적 정확한 방법이다.

사실, 개발사업의 구조화에 따라 사업수지표의 툴(산식) 역시 변동성이 많아 사업수지표에 대한 모든 설명이 복잡할 수 있어 일반적으로 알아야 할 수입과 지출에 대한 주요 항목을 다음과 같이 정리해 보았다.

※ 사업수지표 요약(샘플)

가. 수지분석의 전제조건

구분	내용		비고
분양가	아파트	평당 분양가 13,500천 원/평	(32.7평APT 분양가 : 약442백만 원) (33.0평APT 분양가 : 약445백만 원) (33.4평APT 분양가 : 약477백만 원) (35.6평APT 분양가 : 약480백만 원)
직접공사비	4,000천 원 / 3.3㎡		발코니 확장비 포함
연면적/세대수	21,635평, 427세대		착공일로부터 43개월
분양대행수수료	5,000천 원 / 세대		
PF대출이자	4.0% / 년		
시행사운영비	50,000천 원 / 월		
사업구조화	차입형토지신탁, 관리형토지신탁, 분양관리신탁 등		중도금 이자후불제 60% 적용

나. 수지분석표 요약

구분	항목	금액 (단위:백만 원)	매출대비	비고
수입	공동주택	198,043	99%	427세대
	근린생활시설	2,075	1%	
	합계	200,118	100%	
지출	토지비	39,825	23.5%	토지비, 취득세, 지주작업비(중개수수료), 법무비용
	공사비 등	91,301	53.9%	건축공사비(평당 400만 원), 인입공사비, 철거공사비, 미술장식품, 단지외공사비
	필수용역비	7,090	4.2%	설계비, 감리비, 인허가용역비(영향평가,경관,지구단위, 소방) 심의
	판매관리비	7,389	4.4%	광고홍보비, 분양대행수수료, 모델하우스비용, 분양촉진비용
	사업추진비	6,001	3.5%	시행사운영비, 신탁수수료, 기타용역비(세무 등), 입주관리비, 예비비
	금융비용	9,810	5.8%	대출이자(브릿지, PF대출), PF대출수수료, 대출이자(중도금), 금융자문(주관)수수료
	제세공과비	7,908	4.7%	보존등기비, 분양보증수수료, 재산세, 각종 부담금(상하수도원인자부담금, 광역교통시설부담금, 학교용지부담금 등)
	합계	169,324	100%	
	사업이익	30,794	15.4%	

* 상기 공사비, PF대출이자 등은 이해를 돕기 위한 자료로, 현재 수준과 다소 차이가 있음.

※ 수지분석 세부 항목 요약

구분		항목	비고
수입 (매출)		분양수입금(발코니 확장할 경우, 발코니 확장비 포함) 오피스텔, 상가 등 분양수입(부가가치세 포함)	
비용 (지출)	1 토지비	토지매입비, 취등록세(취득세, 농어촌특별세, 지방교육세), 지주작업비(중개수수료)	
	2 공사비	건축공사비(발코니 확장비 포함), 인입공사비, 철거공사비, 미술장식품비, 기타공사비(사업부지외-진입로, 단지 외 공원공사 등)	
	3 필수용역비	설계용역비, 감리용역비, 인허가용역비(각종 영향평가, 경관 심의, 지구 단위, 소방 심의 등)	
	4 판매관리비	광고홍보비, 분양대행수수료 모델하우스(건축비, 부지임차비, 운영비)	
	5 사업추진비	시행사운영비, 신탁수수료, 기타용역비(세무, 회계, 기장, 감평 등) 입주관리비, 민원처리비, 예비비	
	6 금융비	브릿지대출이자, PF대출이자(취급수수료 포함), 중도금대출이자, 금융주관 수수료	
	7 제세 공과비	소유권보존등기비 분양보증수수료, 재산세(종합부동산세) 각종 부담금(개발부담금, 기반시설부담금, 상하수도분담금, 학교용지부담금, 광역교통시설부담금, 과밀부담금, 농지보전부담금, 대체산림자원조성비 등)	

- 수입(매출) 관련 요소 해설

분양가 산정 및 예상분양률 추정은 수입에 매우 중요한 요소이다. 먼저, 분양대행업체에서 적정 평형, 적정 분양가, 마감 수준17, 각 Unit의 선호 평면 등을 잠정적으로 결정하고 그에 따라 주변 아파트 시세 조사,

---

17 마감 **수준** 각 평형별 도배, 바닥재, 샷시 등 구조 부분 외 마감 부분으로 아파트상품의 외적 요소를 결정하는 중요 요소.

실거래가18 조사, 주변 공인중개사 상담을 통해 기준 분양가를 책정한다. 다음으로, 시행사와 분양대행업체19가 주변 시세, 브랜드, 입지 특성, 향후 개발계획, 금융 비용(중도금 무이자 등) 조건, 단지 규모(대단지 등), 단지 사양(부대시설 수준) 등을 참고하여 수정 분양가를 산정한다. 마지막으로, 시행사, 시공사, 금융기관, 분양대행사와 협의를 거쳐 분양가 및 분양조건 등을 최종 결정한다. (상가 분양가는 낮게, 규모는 최대한 작게 결정하는 것이 분양에는 유리할 수 있음.)

간혹, 수입(매출) 항목에 자주 빠트리는 것이 있는데, 대표적으로, 발코니 확장비와 부가세 수입이다. 발코니 확장 비용이 도급공사비에 포함되어 있고, 수분양자와 발코니 확장 계약을 체결하여 발코니 확장 비용을 별도로 받게 된다면, 발코니 수입금액을 매출액으로 반영하여야 한다. 발코니 수입금의 일부 역시 시행사의 수입으로 귀속되기 때문이다.

부가세 수입은 어차피 지출되어야 하는 항목이기는 하나, 사업수지상으로는 부가세의 수입, 지출을 반영해야 한다. 부가세 중에서 가장 많이 하는 실수가 아파트 관련 부가세인데, 아파트 분양가 중 국민주택규모(전용 85㎡) 이하인 평형에서는 건축비 부가세가 면제이나, 국민주택규모(전용 85㎡) 초과인 경우에는 매출에 따른 부가세를 부과하기 때문에 수입에

---

18 실거래가 아파트 계약 후 시군구청에 신고한 계약서상 거래 가격.
19 분양대행업체 개발사업에 있어서 분양 단계에 투입되는 업체로 시행사의 지시를 받아 분양 단계의 많은
   업무를 진행함.

반영하여야 한다. 참고로, 분양가의 10% 모두를 부가가치세율을 적용하지 않는다. 또한 아파트 부가세를 납부한 수분양자는 부가세 환급을 받지 못한다.

분양가에 붙는 부가세는 다음과 같으며, 「조세특례제한법」106조에서는 수도권 및 비수도권 도시 지역은 전용면적 85㎡ 이하, 비수도권 읍면 지역은 전용면적 100㎡ 이하의 주택을 '국민주택'으로 정하여 공급 시 부가세를 면제하도록 하고 있다.

- 전용면적 85㎡ 초과인 경우에만 10% 납부 (통상 분양가에 포함)
- 전용면적 85㎡ 이하는 면제
- 공동주택은 토지 + 건물을 분양
- 부가세는 토지는 없고 건물에만 붙으므로, 분양가의 약 7% 수준이다.

예시) 면세 대상인 토지와 과세 대상인 건축물을 함께 공급하는 경우, 부가세율 추정법

부가세율은 총 **분양가 중 건물공급가액의 10%**이다.
 - 건물원가 250억/ 토지원가 100억 / 건물분양총액 450억인 경우
  250억×0.1/450억=5.5%(부가세율)

- 비용(지출) 관련 요소 해설

지출은 어떤 개발사업이냐에 따라 반영되는 항목이 다르고, 비용도 천차만별이어서 일반적인 중요 항목 위주로 간단히 살펴보고자 한다.

(1) 토지비

가. 토지비
토지비는 개발부지 매매대금을 말함.

나. 취득세 및 소유권이전등기비
소유권이전등기비는 법무사비 등을 포함하여 토지비의 4.9%를 계상한다. 토지 취득세액 세율 4.6%에, 법무사비는 통상 토지매입비의 0.3% 수준이다.

다. 지주작업비
개발부지 중개수수료이며, 보통 토지매매가액의 1~3% 수준이다.

(2) 공사비

가. 건축공사비
공사비는 시공사의 규모, 개발사업의 규모, 선호 브랜드, 개발상품 종류, 층고, 토지형질 등에 따라 매우 상이하다. 하지만, 공사비는 강남 등 주요 대도시 상업지역을 제외하고는 사업수지상 가장 큰 지출 비중을 차지하기에 매우 중요한 요소는 분명하다. 보통 연면적을 기준 평당가로 계약하는데, 평당 공사비를 어떻게 줄이느냐에 따라 수억에서 수백억 원을 줄일 수 있기 때문에 시행사의 수익성에 지대한 영향을 끼친다.

기본적인 사업성 검토시기에는 개략적인 추정 평당 공사비를 적용하여 사업수지표를 작성하며, 추후 설계에 따른 시공사의 공사 물량 산출 및 견적을 통해 최종 공사비를 확정한다. 시공사는 설계사로부터 물량 산출이 가능한 설계도면을 받아 견적팀으로 이관하며, 견적팀에서는 건축, 전기, 토목 등 주요 공정별로 물량을 산출한 후 취합하여 최종 공사비를 산출한다.

공사비는 공사를 시행한 공정률을 나타내는 월간공정확인서와 공사비 내역서인 기성청구내역서를 시공사가 작성하여 감리자가 해당 내역의 정당성을 검토한 후 시행사, PF대출융금기관의 동의를 얻어 신탁사를 통해 공사비를 받게 되며, 공사비는 보통 1~2달에 한 번씩 집행된다. 참고로, 공사 진행 중 시공사 부도 등이 예상될 경우, 시행사는 시공사의 하도급업체에게 공사대금을 직불로 지급하는 경우도 있다.

시공사의 개략적인 평당 공사비는 건축물 유형에 따라 다음과 같이 표기하였다. 사실, 사업 현장의 규모, 위치, 시공사 브랜드, 토목 형질, 공사자재비, 건축물의 층고, 인건비, 공사 기간 등 공사비 산정을 위한 변동 요소가 너무 많기 때문에 명확히 산정할 수는 없다. 아래의 표는 동일한 규모를 기준으로, 건축물별로 평당 공사비 수준이 어느 정도인지 개략적으로 가늠하기 위한 지표로 참고하면 될 듯하다.

※ 건물 유형별 평당 공사비

연번	구분	평당 공사비
1	오피스텔(소형), 도시형생활주택(소형)	650~850만 원
2	주상복합	600~800만 원
3	아파트	450~700만 원
4	지식산업센터	500~700만 원
5	물류센터	450~550만 원(상, 저온 혼합)

* 2023년 중순 기준, 도급 순위 100위권 시공사 개략 견적 기준으로 단순 참고 자료임.

나. 철거비

보통은 기존 건물 연면적 대비 평당 25~40만 원 수준으로, 20년부터 발효된 「건축물관리법」에 따라 꾸준하게 철거비 상승이 예상되고, 건축물 철거 시, 폐기물 발견 등 변동성이 많아서 철거업체로부터 정확한 견적서를 받는 것이 중요하다.

다. 각종 인입공사[20]비

전기, 가스, 수도 인입공사비: 평당 1만 5천~3만 원 수준

지역 기반시설(전기, 가스, 수도)에서 사업부지로 연결하기 위한 공사비로서, 사업

---

20 인입공사 전기, 수도, 가스의 경우 기설치되어 있는 메인 배관에서 건축물까지 안으로 끌어들이는 공사.

부지의 여건에 따라 인입관로의 위치나 용량에 따라 상이하며, 공사 진행 시 인입 설계 → 시설분담금 → 공사비 산정 및 납부의 절차로 진행한다.

라. 미술장식품비[21]

- 설치대상건축물: 공동주택(아파트), 주상복합, 1, 2종 근린시설, 판매, 업무, 숙박, 연면적 1만㎡ 이상 건축물(주차장, 기계실, 변전, 발전, 공조실은 연면적 산정 제외)
- 공동주택(아파트): 건축비용의 1/1,000~7,000 이하의 범위 안에서 지자체의 조례로 정하는 비율에 해당하는 금액

미술장식품은 건축허가 또는 착공 후 90일 이내 심의신청을 한다. 미술작품 심의위원회(시, 도 심의위원회)에서 채점체와 토론을 거쳐 결과를 통보하며 통과를 하지 못하면 다른 작품을 준비하여 다시 심의위원회에 회부하여야 한다. 요즘은 작가와 직접 접촉하기보다는 대행사에게 작품 제작과 인허가 업무를 맡기는 경우가 많다.

마. 기타공사비

개발단지 외 공사 부분을 가리킨다. 기반시설 및 사업부지가 명백히 분할된 택지지구, 지구단위계획구역 및 도시개발사업구역 내 택지가 아닌 경우 도로확장에 따른 포장공사, 진입로 공사에 따른 보행자도로(인도, 자전거도로), 신호등 설치, 안전난간 설치, 공원조성공사 등 사업부지 내 공사를 제외한 모든 공사를 말한다.

(3) 필수용역비

가. 설계비

보통 연면적 기준 평당으로 계약한다. 아파트는 평당 6~8만 원 수준이며, 주상복합, 오피스텔, 생활형숙박시설은 평당 8~12만 원 수준이다. 설계비도 설계사무소의 브랜드, 규모, 경험도에 따라 차이가 나며, 담당자의 역량에 따라 사업수지 및

---

21 미술장식품 일정 규모 이상의 건축물에 일정 규모 이상의 미술품을 설치해야 함.

인허가 일정에 상당한 영향을 주기도 하니 설계사 선정에 신중을 기해야 한다. 때로는 최저가 입찰경쟁보다는 실력 있는 설계사를 선정하는 것이 좋을 수 있다.

나. 감리비

감리자는 공동주택과 일반건축물로 분류하여 선정한다. 공동주택 공사는 개발사 업지 지역 지자체가 감리업체를 선정하며, 일반건축물 공사는 시행사가 감리업체를 선정한다. 감리비는 공사 기간과 감리 근무 인원에 따라 금액이 다르나, 일반적으로 개발 연면적 기준 평당 7~10만 원 수준이며, 일반건축물의 경우는 경쟁입찰을 통한 최저가 입찰로 업체를 선정하면 된다.

예시) 일반 건축물공사 감리비 산정 세부 내역

감리비는 '투입인원 일당×투입 일수'로 계산하며, 일당은 특급, 중급, 초급에 따라 차이가 있다.

〈공사비 총액 512억, 공기 15개월, 물류센터공사 감리비 샘플〉

구 분			물류센터 신축공사 감리비 내역			
			투입개월		금액	금액/월
			총개월	월별		
인건비 ①	단장	특급	15	1	114,980,000	7,665,856
	건축	중급	9	1	51,810,000	5,757,708
	토목	특급	6	1	45,990,000	7,665,856
	기계	특급	6	0.6	45,990,000	7,665,856
	전기	특급	4	0.4	30,660,000	7,665,856
	통신	특급	2	1	15,330,000	7,665,856
	소방	특급	10	1	76,650,000	7,665,856
	소방	초급	10	1	43,680,000	4,368,254
	기술지원	특급	3.1		23,760,000	7,665,856
인건비 계			65.1		448,850,000	
제경비②	인건비의 10%(실제5%)				22,440,000	
기술료③	(인건비+제경비)*3%				14,130,000	
직접경비 ④	현장주재비				42,310,000	
	현장운영경비				7,810,000	
					50,120,000	
합계 (①+②+③+④)					535,540,000	
제안금액(VAT별도)					535,000,000	

다. 인허가용역비

시행사는 건축허가 외 각종 영향평가, 경관 심의, 지구 단위, 소방 심의 등의 절차를 파악해야 하며, 분야별 용역업체를 선정하여 건축설계사무소와 함께 인허가를 진행해야 한다. 지자체에 따라 행정절차들이 상이할 수 있기에 인허가 접수 전 모든 절차를 파악하여 인허가비를 산출하는 것이 좋다.

일반적으로 인허가용역비는 10억 내외로 책정하는 것이 좋으며, 건축물의 용도, 규모, 지역에 따라 항목이 상이하다. 사업자가 직접 각 항목에 따른 용역 구분이나 용역사의 선정이 어려울 경우 설계사의 도움을 받아 진행하도록 한다.

(4) 판매관리비

가. 광고선전비
예산은 '매출액×1~2%'로 하고, 분양 전략에 따라 전파광고(TV, 라디오)와 인쇄광고(전단지 및 카탈로그), 인터넷광고, 현수막 등 적절히 계획을 세워 집행한다.

나. 분양대행수수료
분양수수료는 천차만별이다. 어느 지역에 어떤 상품인지, 상품 금액대는 얼마인지, 어떤 영업 인력을 운영하는지, 분양 난이도는 어떻게 되는지 등 변수가 너무 많다. 2~3군데 분양대행사에게 분양수수료 제안을 받으면 개략적으로나마 수수료는 가늠할 수 있다. 일반적으로 양호한 분양을 가정한다면, 아파트(주상복합)는 세대당 500만 원~분양가의 3%, 오피스텔, 생활형숙박시설, 지식산업센터는 분양가의 3~5%, 상가는 분양가의 5~8% 수준이며, 미분양이 발생할 경우 분양수수료가 분양가의 10% 이상이 되는 경우도 있다.

다. 모델하우스(건축비, 운영비)

구분	계산식	비고
모델하우스 건립비	연면적×300~800만 원(변동 단가)	M/H 유니트 수, 인테리어 등에 따라 차이가 많이 난다.
모델하우스 운영비	25백만 원/월×운영 개월 수	분양률에 따라 유동적이며, M/H 규모에 따라 달라진다.
토지임차료	보증금+(월단가×운영 기간)	지역에 따라 차이가 매우 크다.

모델하우스 건립비는 분양 전략에 따라 새로운 모델하우스를 건립할 수 있고, 기존 모델하우스에 인테리어만 하거나 오피스 및 상가에 홍보관을 설치할 수도 있다. 새로운 모델하우스를 건립하는 경우는 보통 공사비가 평당 600~800만 원 수준이며, 기존 모델하우스 인테리어 및 홍보관 설치의 경우는 인테리어 수준에 따

라 상이할 수는 있으나 평당 300~500만 원 수준이다. 토지 임차료는 보통 보증금과 월세 형태가 주를 이루지만, 1년 치를 한꺼번에 내는 깔세의 경우도 많다. 그리고 지역에 따라 임차료의 편차는 매우 크다.

(5) 사업추진비

가. 시행사 운영비(업무대행비)

시행사의 회사 운영을 위해 지급하는 비용이다. 보통 월 2천~1억 원 수준이며, 시행사 운영비 항목은 사실상 사업이익을 미리 배당한 것으로 본다.(선배당)

나. 신탁수수료

구분		보수 산정 방법
차입형 토지신탁	일반 차입형 토지신탁	분양예정금액총액(추정)×4% 이내
	하이브리드 차입형 토지신탁	분양예정금액총액(추정)×3% 이내
관리형 토지신탁	일반 관리형 토지신탁	분양예정금액총액(추정)×0.5% 이내
	책임준공 관리형 토지신탁	분양예정금액총액(추정)×2% 이내
담보신탁 보수		우선수익한도금액의 0.5% 이내
대리사무 보수		수탁사업 분양가액의 0.3~1.5%

* 상기 신탁 보수는 신탁사 내부규정 및 사업별 조건에 따라 상이할 수 있으며, 신탁에 대해서는 추후 세부적으로 설명하기로 함.

다. 입주관리비

입주 전 입주자 사전점검 행사를 진행하고, 미입주 세대의 입주 독려를 위한 일련의 작업 비용이다. 세대당 20~100만 원 수준이며, 미분양분에 대해서 분양을 진행했을 경우, 별도 협의하여 수수료를 지급하게 된다.

라. 민원처리비

사업상 민원 발생 가능성에 대비하기 위해 민원 해결 비용을 산정한다.

마. 예비비

보통 매출액의 1~1.5% 수준을 잡는다. 예상치 못한 각종 세금, 분양촉진비, 사업 승인 조건을 위한 추가 공사비 등의 여유 비용을 계상한다.

(6) 금융비

금융비용은 보통 브릿지대출이자, PF대출이자, 중도금대출이자로 나뉜다. 브릿지 대출이자, PF대출이자는 시행사가 부담하고, 시행사나 수분양자 중 누가 이자를 부담하느냐에 따라 중도금 무이자와 중도금 후불제로 나뉜다. 그리고 위의 세 가지 대출을 주관하는 대출주관사는 별도의 수수료를 받게 된다.

가. 브릿지대출이자

건물을 짓기 전, 토지를 매입하기 위한 비용과 여러 가지 사업 초기 운영 비용을 조달하기 위한 초기 대출을 말한다. 부동산개발사업의 PF대출을 받기 위해서는 까다로운 심사 절차를 거쳐야 하는데, 이 단계에서 자금이 부족할 때 브릿지대출 을 받게 된다. 결론적으로, 브릿지대출은 PF대출을 받기까지 시간을 이어주는 대 출이며, 케이스마다 대출이자 조건이 매우 다르다. 사업 토지비의 50~115% 수 준까지 대출을 받는 경우도 있다. 대출이자는 6~25% 수준이며, 대출 기간은 보 통 6개월~1년으로 한다. 참고로, 금융주관사 수수료는[22] 보통 브릿지대출 금액의 1~2% 수준이다.

나. PF대출이자

PF대출은 보통 금융주관사를 통해 금융을 모집하게 된다. 금융주관사란 부동산개 발사업 관련 대출금융기관 협의를 주관하는 금융기관을 말한다.

금융주관사는 대출 전에 시행사와 협의를 통해 사업성 검토 후 타당성이 나온다고

---

22 주관사 수수료 대출과 상환까지의 기간 동안 대주단을 대신하여 각종 업무를 진행하기에 주관사가 따로 수수료를 받는다.

판단되면 트랜치[23] A, B, C 등으로 대주단을 구성하고, IM자료[24]를 만들어 여러 기관들을 섭외하게 된다. 그리고 PF대출이 조성되면 그 자금으로 토지비, 공사비와 사업비를 인출하게 된다. 이때 대주단은 A, B, C (1, 2, 3순위)로 구성되는데, 1순위는 선순위라 하고 이자 및 수수료를 포함하여 보통 5~10% 수준, 2순위는 중순위라고 하며 보통 10~18% 수준, 3순위는 후순위라고 하며 18~25% 수준이다. 프로젝트의 난이도에 따라 변동성은 존재한다.

금융주관사 수수료는 보통 PF대출 금액의 1~2% 수준이다.

참고로, 브릿지대출이나 PF대출을 위해서는 감정평가와 함께 사업성 평가보고서를 받게 된다. 감정평가란 토지 등의 경제적 가치를 판정하여 결과를 가액으로 표시하는 것을 말하며, 감정평가는 크게 탁상감정(평가) 및 담보감정(평가)으로 나뉜다.

탁상감정은 감정평가법인에서 정식 감정 이전에 주변 시세 등을 참고하여 책상에 앉아서 대략 감정을 하는 것으로, 정식 감정을 의뢰하면 수수료가 과다하게 지출되므로 개략 감정가를 알아보기 위해서 하는 것이다. 담보감정은 담보물(사업부지)의 가치를 평가하는 것으로 시가 대비 80~90%로 평가하는 것이 일반적이다.

사업성 평가보고서는 PF대출 시 개발사업에 대해 회계법인 또는 감정평가법인에서 제출하는 보고서를 말하는데, 대출금융기관에서는 PF대출을 위한 사업의 적정성을 판단하기 위한 하나의 수단으로 사업성 평가보고서 제출을 요청한다.

다. 중도금대출이자

중도금대출은 분양대금 이자를 누가 부담하느냐에 따라 중도금 무이자, 중도금 후불제로 나뉜다. 시행사가 중도금대출이자를 부담하면 중도금 무이자라고 하며, 수분양자가 중도금대출이자를 부담하면 중도금 후불제라고 한다.

중도금대출은 보통 분양금의 60% 수준이다. 분양이 어려울 경우에는 분양을 촉진하기 위한 수단으로 수분양자에게 중도금 무이자 방식을 사용하며, 분양이 양호할 경우는 중도금 후불제 방식을 주로 쓴다. 시행사 입장에서는 중도금 후불제 방식이 시행 수익에 유리하다.

중도금대출은 분양이 될 경우, 상대적으로 낮은 금리의 중도금대출로 금리가 높은

---

23 트랜치(tranche, 불어로 조각) 상환 순서에 따른 채권자 그룹 or 대출

24 IM자료 Information Memorandum의 약자로 대출 시 금융권의 검토를 위한 보고서를 말한다.

PF대출 원리금을 상환하는 재원으로 사용되기 때문에 시행사 수익에도 도움을 주는 역할을 한다.

금융주관사 수수료는 보통 중도금대출 금액의 0.5~1% 수준이다.

※ 시기별 대출 기관 및 금리

대출	대출 기관	금리 수준
브릿지대출	캐피탈, 저축은행, 증권사, 법인(개인)투자자 등	6~25%
PF대출	은행, 저축은행, 보험사, 연기금, 증권사 등	5~25%
중도금대출	은행, 저축은행, 캐피탈 등	4~8%

(7) 제세공과금

가. 보존등기비[25]

신축부동산에 대하여 처음 행해지는 소유권에 관한 등기를 보존등기라 한다.

- 보존등기비용=취득세, 농어촌특별세, 교육세
- 취득세의 과세표준[26]은 전체 공사원가와 그 부대비용이다.
- 소유권보존등기비용은 과세표준의 3.2%이며, 납부기한은 취득일(신축건물의 경우 사용 승인일)로부터 30일 이내이다.

* 과세표준을 산정함에 있어서 각종 인입공사비(부지 내)와 토지매입 전후의 사업비와 사업 진행 중의 각종 사업비가 과세표준으로 잡히기 때문에 사전에 충분한 지식을 숙지하고 인허가관청의 지방세 담당자와 협의를 진행하여 과세표준을 최소화하여야 한다.

---

25 **보존등기** 부동산은 보존등기 이후 매매 및 과세가 가능해짐.

26 **과세표준** 세금을 부과하는 데 있어서 기준이 되는 것. 과세표준에 세율을 곱하면 세액이 결정된다. 예) 소득세-소득액

나. 분양보증수수료

- 분양보증수수료는 보증금액(주거매출액)×보증요율×보증 기간/365
보증요율은 신탁사의 신용에 따라 다르기에, 보증수수료 역시 신탁사의 신용에 따라 상이하다.

다. 각종 전용부담금

전용부담금은 개발부지 매매계약 전 미리 파악해야 한다. 인허가 마지막 단계에서 전용부담금이 납부되어야 건축허가 또는 사업승인을 득할 수 있기 때문에 전용부담금은 시행사가 필요한 초기자금(에쿼티)에 꼭 포함되어야 한다.

> **농지전용허가(농지보전부담금)**
> 개발 과정에서 농지를 타 용도로 전용하는 자(농지전용허가)에게 농지의 보전관리 및 조성에 소요되는 비용을 부담하게 하여 농지관리기금의 재원으로 활용하게 된다. 해당 관리청은 한국농어촌공사이다. (산출식: 허가면적(㎡)×전용농지의 개발공시지가(원/㎡)×30%, 단 50,000원/㎡ 상한)
>
> **산지전용허가(대체산림자원조성비)**
> 산지를 개발하려는 자, 즉 산지전용허가, 산지일시사용허가를 받으려는 자가 산지의 보전·관리 및 조성을 위해 납부하는 비용을 말하며, 관할 행정청에서 관리한다.
> (산출식: 허가면적(㎡)×(고시조성비+개별공시지가 1%)
>
> 그 외 개발행위허가 이행보증금, 산지복구비예치금 등이 있으나, 보증보험으로 대체 가능하여 실제 투입금액은 소액이다. '산지복구비예치금 8억→보증보험료 6백만 원 수준'이며, 개발행위허가 이행보증금은 산출식이 '토목공사비×0.2-산지복구비'이기에 부과 안 될 수도 있다.

라. 재산세

재산세의 납부 대상자는 매년 6월 1일 기준으로 토지와 주택, 건축물을 보유한 자이다.

구분	납부 시기		과세표준	세액
	7월	9월		
주택분	50%	50%	주택공시가격의 60%	과세표준× 과세표준별 세율
건물분	100%		지자체장이 여러 지수 등을 고려하여 결정한 가격의 60%	
토지분	-	100%	개별공시지가의 70%	

마. 종합부동산세

종합부동산세는 기준금액 이상의 재산세를 내는 납부대상자에게 추가로 재산에 대한 세금을 내도록 하는 것을 말하며, 매년 6월 1일 토지와 주택, 건축물을 보유한 자가 납부한다. (납부기한 12월 15일)

바. 개발부담금

「개발이익 환수에 관한 법률」에 의거하여 부과되는 것으로, 각종 사업 시행 또는 토지의 이용계획 변경, 기타 사회경제적 요인에 따라 토지 가격 상승 시 부과한다.
- 산출식(개략): (종료 시점 토지가액-개시 시점 토지가액-부과 기간의 정상 지가 상승분-개발 비용)×25%

사. 상하수처리부담금

- 상수도부담금: 수도시설의 신설 및 증설에 부과한다. 산출방법은 150~400만 원/세대(지자체마다 상이)
- 하수처리부담금: 하수종말처리시설 원인자 부담금+하수관거 원인자 부담금(지자체마다 상이하며 조례로 정해짐)

아. 학교용지부담금

100세대 규모 이상의 공동주택(아파트, 오피스텔)을 건설하는 사업에 학교용지를 확보하기 위해 부과하는 부담금이며, 공동주택 가구별 분양가의 0.8%(VAT 별도) 수준이다.
- 오피스텔은 전용 입식 부엌, 전용 수세식 화장실, 목욕 시설, 난방 시설을 갖춘 전용면적이 40㎡ 이상 120㎡ 이하일 경우 학교용지법을 적용받음.

- 300세대 이상의 공동주택(아파트, 오피스텔)을 건설할 경우, 학교용지부담금 대상이며, 교육청과 협의하여 교육청의 승인이 있어야 분양 가능하다.

자. 광역교통시설부담금

대도시권의 택지개발 등의 대규모 개발사업으로 인한 광역교통시설 부족 문제에 효율적으로 대처하기 위해 택지개발 및 주택건설 등 개발사업의 시행자가 광역교통시설 설치 비용의 일부를 부담하도록 부과하는 부담금이다. (산출식: 표준건축비/ m2*부과율×건축연면적-공제액)

차. 과밀부담금

서울시에 한해 과밀부담금을 부과(수도권정비계획법)하며, 부과 대상은 대형 업무용, 판매용, 복합 건축물의 신증축이다.

카. 지역난방부담금

- 산출식: 열 공급이 되는 면적×14,040원/㎡

  (*변경 가능)

타. 기반시설부담금

인구가 급격히 증가하거나, 개발이 급격히 진행되어 그 지역의 기반시설(도로, 수도, 전기, 통신, 공원, 학교, 공공청사 등)의 증설이 필요한 지역에 건물을 짓고자 할 경우에 부과하는 비용이다. 해당 여부는 토지이용계획 확인원에서 확인 가능하며, 기반시설부담구역에 해당할 경우에만 부과된다. 또한, 200㎡ 이상인 건축물의 신축, 증축에만 부과된다.

위와 같이 매출(수입)과 지출(비용)에 대한 중요 항목들을 간단히 요약해 보았다. 매출과 지출 항목을 알아보는 것은 결국 손익을 분석하기 위함이다. 사업수지분석은 반드시 필요하므로 사업수지분석을 위한 매출, 지출에 대한 항목산식은 기본적으로 암기하고 있어야 하며, 사업수지표는 주로 엑셀을 이용한다.

시행사가 부동산개발사업 진행을 결정하기 위해서는 적정한 수익률이 나와야 한다. 적정 수익률이란 부동산개발사업이 진행 가능한 개발 수익률을 말한다. 시행사의 개발 수익률이 적정하여야 시공사, 금융기관, 신탁사 등 사업관계자들이 해당 프로젝트에 참여할 것이기 때문이다.

개발 수익률이 너무 적을 경우, 높은 사업 리스크로 인해 사업관계자들의 참여가 어려울 수 있어 사업 진행이 불가할 수 있으며, 반대로 개발 수

※ 부동산개발상품별 매출, 지출 및 사업이익 내역[단위: %]

■ 공동주택 (아파트)

매출액	매출합계 100%				
지출액	토지비 20~30%	공사비 50~60%	사업경비 10%	기타 10%	사업이익 8~15%
	지출합계 100%				매출-지출

■ 주상복합 / 오피스텔 / 생활형숙박시설

매출액	매출합계 100%				
지출액	토지비 30~40%	공사비 40~50%	사업경비 10%	기타 10%	사업이익 12~18%
	지출합계 100%				매출-지출

■ 지식산업센터

매출액	매출합계 100%				
지출액	토지비 20~25%	공사비 52~57%	사업경비 13%	기타 10%	사업이익 12~18%
	지출합계 100%				매출-지출

■ 복합상가

매출액	매출합계 100%				
지출액	토지비 20~25%	공사비 46~51%	사업경비 19%	기타 10%	사업이익 18~25%
	지출합계 100%				매출-지출

■ 물류센터

매출액	매출합계 100%				
지출액	토지비 15~20%	공사비 52~57%	사업경비 13%	기타 10%	사업이익 16~20%
	지출합계 100%				매출-지출

익률이 너무 높을 경우, 사업관계자들이 분양성 제고 등을 이유로 분양가를 낮추거나 각종 수수료를 더 요구해서 적정 수익률로 회귀되는 경우도 많다. 저자의 경험을 토대로 부동산개발상품별 매출, 지출 및 적정 사업이익(수익률)을 앞선 표와 같이 간단히 정리해 보았다. 개발상품별 비교를 통해 각 개발상품의 적정 수익률에 대한 흐름을 개략적이나마 파악할 수 있는 좋은 참고 자료가 될 것이다.

상기 토지비, 공사비 등 지출에 대한 비율은 일반적인 개발사업의 사례를 반영한 것이나, 토지비의 변동성은 사업지의 위치에 따라 크게 다를 수 있다. 극단적인 예로, 강남의 토지비와 지방의 토지비는 크게 다를 것이고, 이에 따른 공사비 비중도 연동되어 크게 달라질 수 있기 때문이다. 하지만 토지비, 공사비 등 지출 변동성이 있을 수는 있으나, 매출액 대비 개발상품별 적정 개발 수익률(사업이익)은 상기 수준과 거의 유사하다고 보면 된다. 즉, 각 상품별 매출액을 알게 된다면 시행사의 적정 이익 수준을 어느 정도는 추정할 수도 있다.

예를 들어, 아파트개발 매출액이 1,000억 원일 경우, 시행이익은 보통 80~130억 수준이라고 예측할 수 있고, 물류센터개발 매출액이 1,000억 원일 경우, 시행이익은 보통 160~200억 수준으로 예측할 수 있다.

시행사는 사업수지표를 작성할 때, 상기 표의 사입이익(수익률) 수준에서 사업이익이 나오는지를 확인해 보아야 한다. 상기 수익률보다 높으면 사업을 진행하면 되고, 사업수익률이 상기 수익률보다 떨어질 경우는 사업을 포기하는 것이 옳은 선택이다.

4) 사업 초기 계획 구상

사업 부지의 개발 규모가 결정되고, 분양성과 수익성이 어느 정도 확인되면 향후 사업 추진을 위한 초기 사업 계획을 세워야 한다. 초기 사업 계획은 대출금융기관, 시공사, 신탁사는 누구를 참여시킬 것인지 구상하고, 토지비와 개발사업비 등 투자금 및 대출자금은 어떻게 조달할 것이며, 사업 일정은 어떻게 되는지를 계획해 보는 것이다.

(1) 주요 파트너사 셋팅 구상(시공사, 대출금융기관, 신탁사)

개발사업부지의 분양성과 수익성 검토를 완료하였다면, 개발사업부지의 개략적인 급지를 판단할 수 있을 것이다. 개발사업부지에서 "급지"란 사업지의 등급을 말하는 것으로, 특별한 기준은 없으나 실무에서는 S급지, A급지, B급지, C급지로 나누며, 보통 분양성과 수익성이 양호할수록 S급지에 가깝다. 우수한 급지일수록 시행사는 개발사업을 한결 수월하게 풀어나갈 수 있으며, 부동산개발을 위한 파트너사의 선정 역시 수월하다.

시행사가 부동산개발을 할 때 꼭 필요한 첫 번째 필수 요소가 시공사이다. 시공사가 없으면 공사를 할 수 없어 부동산개발도 불가하기 때문이다. 두 번째 필수 요소가 대출금융기관이다. 부동산개발을 하기 위해서는 토지비, 공사비 등 사업비가 필요하고, 대부분의 부동산개발사업은 자금 조달, 즉 대출을 통한 개발사업이기 때문이다. 시행사, 시공사, 대출금융기관은 보통 부동산개발을 이루기 위한 필수 요소이다. 여기에 더해 부동산개발 시 시행사의 자금 유용 등을 방지하기 위해 공신력 있는 신탁사를 선정하기도 한다.

이처럼 시행사, 시공사, 대출금융기관, (신탁사)는 부동산개발을 진행하기 위한 필수 요소이며, 이 파트너사의 참여 방식에 따라 다양한 사업구조를 만들 수 있다. 그리고 누구를 먼저 파트너사로 선정하느냐에 따라 사업구조화 역시 달라질 수 있어 여러 파트너사와의 사전 협상을 가져보는 것이 사업을 풀어나가는 데 좋은 전략이 될 수 있다.

만약 개발사업부지의 급지가 우수할 경우 대출금융기관, 시공사, 신탁사 등 서로 그 사업에 참여하고자 하기 때문에 힘의 축은 시행사에 있으며, 시행사는 업체 선정 및 계약 조건 등의 협상이 한결 수월해진다. 하지만 개발사업부지의 급지가 좋지 않을 경우 대출금융기관, 시공사, 신탁사 모두 선정이 어렵기 때문에 3개 파트너사 중 참여 가능한 업체를 빨리 선정하여 그 업체의 전략적 도움을 받아 그 외의 파트너사 섭외를 도모하는 것이 좋다. 상기 파트너사들은 기업 간의 상호 신뢰 관계와 공신력을 이미 갖추고 있기 때문에 시행사의 백 마디 말보다 때론 그들의 한 마디 말이 개발사업 참여에 설득력을 가질 수 있기 때문이다.

시행사 입장에서는 요즘 부동산개발사업이 편리해진 면도 있다. 시행사가 사업수지 분석 전에라도 개발사업부지 위치, 면적과 매매 금액을 알려주면, 금융기관, 신탁사, 시공사의 개략적인 반응만으로도 개발사업 진행 가능성의 감도를 짐작할 수 있으며, 그들이 분양성 및 수익성을 검토해주거나, 적정 파트너사를 추천해주는 경우도 종종 있기 때문이다. 또한, 시행사가 직접 사업계획을 짜지 않아도 파트너사와 함께 한다는 조건으로, 파트너사가 그들의 전문화된 노하우로 전반적인 부동산개발계획을 컨설팅해 주기 때문이다. 개발사업을 할 때 이러한 팁도 잘 이용하면 시간 단축 및 리스크 헷징에 많은 도움이 된다. 하지만, 때로는 시행사의 개발이익과 개발사업의 리스크 헷징보다 파트너사에게 유리한 사업구조를 제안하는 경우도 많다.

예를 들어, 금융기관(PF대출기관, 신탁사)을 파트너사로 먼저 선정하는 경우, PF대출이자 등 금융비용 또는 자신의 수수료를 높게 책정하는 구조로 짤 수도 있고, 시공사를 파트너사로 먼저 선정하는 경우, 공사비를 높게 책정하여 제안할 수도 있는데, 이는 개발사업상 개발이익에 악영향을 미칠 수도 있다.

시행사가 언뜻 보기엔 좋은 사업구조인 듯하나, 득(得)보다는 실(失)이 많은 구조도 많기 때문에 숨겨진 의도를 잘 파악하여야 한다. 이를 파악하기 위해서 인맥이 된다면 타 금융기관, 타 신탁사, 타 시공사에게 크로스체크를 해 보는 것이 좋다. 특히, 파트너사가 파트너십을 무기로 시행사에게 미리 계약을 요구하거나 높은 수수료를 요구하는 경우도 있는데, 이 역시 신중을 기해야 한다. 자칫 시행사는 좋은 기회의 폭이 줄어들 수 있기 때문이다.

저자의 지인 시행사는 개발사업 초기에 큰 부담감 없이 파트너사를 믿고 용역계약을 체결하였는데, 해당 업체가 능력이 부족하여 사업 진행이 불가해지자, 제3의 용역업체와 다시 계약하여 사업이 순조롭게 진행되었다. 하지만, 최초 계약했던 업체가 과거의 용역계약을 근거로 시행사에게 용역비 청구 소송을 하였고, 결국 시행사가 패소하여 최초 용역업체와 이후에 계약한 용역업체 2군데 모두에게 용역 수수료를 지급해야 했던 경우도 있었다.

(2) 자금조달 계획 수립과 방법

어느 비즈니스나 그러겠지만, 부동산개발사업 역시 가장 중요한 요소가 바로 투자금 및 자금조달이다. 그래서 부동산개발사업 계획은 "금융"에서 시작된다는 말이 있다. 투자 및 자금조달(금융) 계획에 따라 파트너사가 선별되기도 하기 때문이다.

부동산개발사업 구도에서 가장 어려운 문제는 대규모의 자금을 어디서 어떤 방법으로 조달할 것인가(?)이다. 부동산개발사업은 특성상 대규모 자금이 필요하기에 다른 사업에 비해 상대적으로 리스크가 클 수 있다. 또한, 경기나 정책에 민감하게 영향을 받기에 무엇보다 중요한 요소 중의 하나가 자금조달 부분이라고 볼 수 있다.

부동산개발에 사용되는 자본은 자기자본(자본금, 자기금융, 회사채), 타인자본, 영업자본(분양금, 임대보증금)으로 구분할 수 있다.

시행사에게 있어 타인자본의 조달은 매우 중요하다. 왜냐하면 시행사는 타인자본 조달을 통해 투자의 위험을 분산시키고, 세금을 절감할 뿐만 아니라 레버리지(지렛대) 효과를 극대화할 수 있기 때문이다.

부동산개발사업을 위한 일반적인 자금조달 방법은 다음과 같다.

순번	자금조달처 및 조달 방법		세부 설명
1	시행사 자체 조달		자기자금, 자체 소유토지 사업부지로 사용, 사업부지외 시행사 소유토지 담보대출
2	시공사	시공사 조달 (시공사의 대여금 활용)	시공사 자금 대여, 공사비ABL 활용(신용도 높은 시공사) → 미래에 받게 될 공사비를 유동화하여 현금화하는 것을 말하며, 이를 시행사에 조달하는 것을 말함.
3	금융 기관	책임준공보증을 통한 일반 PF대출	시공사 신용도가 높을 경우 가능하며, 시공사의 책임준공 또는 시공사의 신용보강을 통한 PF대출을 말함.
4		책임준공형 관리형토지신탁의 PF대출	시공사의 신용도가 낮을 경우, 신탁사가 시공사 책임준공의 신용을 보강하여 자금을 조달하는 구조 (시공사와 신탁사가 함께 책임준공보증)
5	신탁사	차입형 토지신탁을 통한 자금조달	신탁회사가 토지를 수탁받아 모든 개발업무를 수행한 뒤 수익금을 토지주(시행사)에게 돌려주는 것으로, 토지비를 제외한 개발사업 비용은 신탁사가 조달함.
6	기타 제3자 조달 또는 투자		보통 사업 초기에 사업부지 매매계약금 및 인허가비용 등이 부족할 경우, 개인, 법인 또는 금융기관들이 사업성에 근거하여 자금을 조달하는 구조로 높은 금리나 투자에 대한 수익지분을 받음.

시행사의 자금조달은 상기의 내용과 같이 다양한 방법으로 가능하며, 상기 자금조달에 따른 사업 구조화는 "7단계의 사업구조화 결정 및 파트너사 선정"에서 다시 설명하도록 하겠다.

시행사 입장에서 무엇보다 중요한 것은 사업 초기자금을 누구에게서 어떻게 조달받느냐(?)일 것이다. 개발사업 규모에 맞는 사업 초기자금이 마련되어야 개발사업의 진행이 가능하기 때문이다.

※ 사업 초기자금 조달처 및 투입 계획(토지계약~PF대출 이전)

순번	사업 초기 필요 자금	자금 조달처	기타
1	토지 계약금		
2	토지계약금 외 초기 사업비	1. 시행사 자체 자금 2. 대출금융기관 3. 시공사 4. 개인 또는 일반법인	설계비 등 인허가 비용, 토지작업비, 각종 인허가 관련 세금, 시행사 운영비 등
3	토지비 중도금 및 잔금		브릿지대출

　　PF대출 전에 지출되는 비용을 보통 사업 초기자금이라고 하며, 사업 초기자금은 보통 토지계약금, 토지계약금 외 초기사업비로 이루어지나, 때에 따라선 토지비 중도금 및 잔금이 포함되기도 한다. 그리고 개발부지를 계약한 시점부터 PF대출 전까지 토지비 중 잔금 및 사업 초기 비용을 대출로 활용하였다면 그것을 "브릿지대출"이라고 부르며, 대부분 대출금융기관을 통해 조달한다.

> **※ 브릿지대출의 의미**
> PF대출 이전에 부동산개발사업에 투입되는 금융을 말한다. 과거에는 주로 토지 잔금을 마련하는 단계의 토지 잔금 대출을 의미하였으나, 현재는 사업 초기단계에서 토지계약금이나 사업비용 마련을 위한 용도로 쓰이고 있다.
> 특히, 토지계약금 외의 초기 사업비는 사업 초기에 사업을 어떻게 끌고 가느냐에 따라 금액이 천차만별인데, 설계비 등 인허가 관련 비용, 지주작업비(중개수수료), 각종 인허가 관련 세금, 시행사 운영비가 대표적이다. 때에 따라서는 철거비, 지질조사비, 토지소유권이전비용, M/H부지 임차료 및 M/H 건립비, 초기광고비 등이 투입될 수도 있다.

사업 초기자금의 조달은 시행사 자체 자금으로 하거나, 대출금융기관, 시공사, 개인 또는 일반법인에서 가능하다.

대출금융기관, 시공사, 개인 또는 일반법인이 시행사에게 초기 사업비를 조달해주는 이유는 결국 돈을 벌기 위함이다. 이들은 사업 초기 비용을 조달하는 조건으로 높은 이자수익률 또는 수익지분(공동사업)을 요구할 것이다. 때에 따라서는 대출금융기관 같은 경우, 대출을 주관하는 대출 주관권을, 시공사는 공사도급 참여를, 개인이나 일반법인들은 자신 또는 지인의 업체가 개발사업 용역에 참여할 것을 요구할 수도 있다. 하지만 위의 조건에도 불구하고, 시행사 자체자금 외에 사업 초기 자금 조달처를 발굴하는 것은 시행사의 중요한 능력 중 하나임은 분명하다.

시행사 자체자금이란 자기자본 또는 에쿼티(Equity)라고도 말한다. 시행사가 부동산개발을 하기 위해 알아야 할 중요한 개념이다. 에쿼티는 PF 대출과의 연관성도 매우 깊다. 부동산개발사업에서 개발을 위한 사업비의 확보는 결국 자기자본(에쿼티)과 타인자본(대출과 외상공사)으로 이루어지며, 전체 사업비 중 자기자본의 투입 비율을 자기자본비율 또는 에쿼티 비율이라고 하며, 대출을 해주는 금융기관도 적정선 이상의 자기자본이 투입되어야 비로소 대출을 승인하게 된다. 금융기관의 입장에서 사업주가 투입한 자기자본비율이 높을수록 사업에 대한 책임감도 높은 것으로 판단하기 때문이다. 또한 에쿼티 비율이 너무 낮을 경우 사업비 중에서 대출의 비율(LTV)이 너무 높아지거나, 시공사가 부담하여야 하는 외상의 비율이 너무 높아져서 준공 이후 대출 상환에 문제가 발생하거나, 시공사가 공사를 마무리하지 못하는 경우도 발생할 수 있다.

그렇다면, 적정 에쿼티 비율은 어떻게 될까? 사실, 적정 에쿼티 비율을 측정하기에는 사업 구조가 너무 다양하여 설명이 난해하다. 하지만 일반적으로는 토지비의 10%와 초기 인허가 등의 비용을 포함하여 전체 토지비의 15% 수준으로 보면 된다.

때로는 개발상품의 분양성이 좋은 경우, 토지비의 5% 수준으로 에쿼티 비율이 낮아도 대출이 가능한 경우가 있다. 반대로 분양성이 매우 열악할 경우, 토지비의 50% 이상의 에쿼티를 투입하여도 대출이 불가한 사업지도 많다.

시행사 입장에서는 에쿼티 비율이 낮을수록 유리한 것은 분명하다. 그리고 에쿼티의 적절한 비율은 결국 분양성으로 결정될 가능성이 매우 높다. 분양성이 좋으면 사업 리스크가 적기 때문에 시행사에게 유리한 조건으로 우량건설사와 대출금융기관의 참여를 이끌어 낼 수 있기 때문이다.

(3)사업 일정 검토 및 셋팅

사업 초기자금 셋팅과 함께 검토해야 할 것이 개발사업 일정 검토이다. 사업 일정 검토는 사업의 적정 스케줄을 검토하는 단계로, 개발부지 계약시부터 준공(정산)까지의 기간을 검토하는 것이다. 하지만 지금은 매매계약 전의 검토 단계로 분양 시점까지의 사업 초기 세부 일정을 디테일하게 검토하여 사업 초기에 소요되는 기간을 파악하는 것이 중요하다.

그렇다면 왜 사업 일정을 검토해야 하는 것인가? 부동산개발사업은 긴 시간과의 싸움이라고 말할 수 있다. 많은 시간과 인내를 요구하는 사업이기 때문이다. 그만큼 사업 기간을 줄이는 기술 또한 매우 중요한 덕목인 비즈니스이다.

사업 일정 검토를 통해 사업의 전반적인 소요 기간을 파악할 수 있으며, 사업 일정 스케줄대로 사업을 진행하여 사업 기간이 지체되지 않도록 하는 사업 지연 방지 효과도 누릴 수 있다. 특히, 개발사업 초기에는 여러 파트너사(대출금융기관, 시공사, 신탁사 등)와의 기나긴 협상과 오랜 인허가 기간이 소요되기 때문에 어느 하나의 계획과 일정이라도 착오가 생기면 사업에 중대한 문제가 생길 수 있다. 그렇기 때문에 전략적으로 사업일정 표를 작성하여 계획에 차질이 생기지 않도록 매일 수시 체크하여야 한다.

그리고 사업 일정은 타이트하게 진행하되, 최소한 1~2달 이상의 일정 지연 리스크를 감안한 대책 수립도 미리 준비해 놓는 것이 사업 리스크를 줄이는 하나의 전략이 될 수도 있다. 한순간 방심하여 하나의 일정을 놓치는 순간, 순식간에 1~2달의 시간을 낭비하는 사례가 매우 많기 때문이다.

시행사에게 사업 초기의 일정은 생존과 직결된 매우 중요한 요소이다. 개발사업 초기 일정을 검토해야 되는 중요한 항목으로는 토지, 인허가, 파트너사(시공사, 금융기관, 신탁사), 분양이 있다. 이 4가지 항목은 초기 사업 일정에서 중요하지 않은 것이 없으며, 하나를 놓치는 순간, 사업 진행 자체가 불가하거나 사업에 심각한 손해가 발생할 수도 있어 한시도 긴장을 놓을 수가 없다. 기나긴 시간과 인내를 요구하는 사업이라는 것이 어쩌면 여기에서 나온 말인 듯하다.

개발부지 잔금 납부의 시기뿐만이 아니라, 파트너사의 참여 시기가 초기 사업 진행 일정에 매우 중요한 요소임은 확실하지만, 인허가는 사실상 진행을 해 봐야 알 수 있기 때문에 초기 사업 일정상 많은 변동성과 시간을 필요로 한다.

※ 사업일정표 샘플

구분		월	1				2					3				4				5			비 고
		주	1	2	3	4	1	2	3	4	5	1	2	3	4	1	2	3	4	1	2	3	
토지	토지계약		■												잔금지급								토지비 외 용역비 지급
인허가	사업계획승인(건축허가)접수						■																지자체 관계자 협의
	사업계획승인(건축허가) 완료														■								
	감리업체 선정, 착공 신청															■							사업계획승인 이후 진행
	분양 승인																	■	■				분양승인(입주자모집공고) 공급계약서 확정
시공사	시공사협의 및 심의						■																
	공사도급계약															■							시공사⇔시행사(신탁사)
	공사개시(착공)																	■					공사기간 26개월
금융기관	대출협의 및 심의						■																
	대출약정 체결								■														
	신탁사협의 및 계약												■										
	대출금 집행															■							토지비 및 사업비 대출
신탁사	업무협약체결					■																	
	수주심의, 신탁계약								■														
그외	분양, 광고대행사 선정												■										모델하우스건축업체 선정포함
	모델하우스건립													■	■								
	모델하우스 OPEN															■							Grand Open
	분양개시																						

개발사업의 초기 일정은 인허가 기간에 따라 좌우된다고 해도 과언이 아니다. 어떤 개발상품은 6개월 만에 인허가가 완료되기도 하지만, 지구단위계획과 같은 경우 2년 이상 걸리기도 하고, 도시개발계획 같은 경우 10년 이상 걸리는 경우도 있는 등 초기 사업 일정 셋팅은 인허가 기간에 따라 많은 변동성을 가지게 된다. 그리고 인허가의 가능성과 인허가 기간은 가능하면 빨리 파악하는 것이 중요하다. 이 두 가지가 어느 정도는 확정이 되어야 파트너사와 실질적인 협상을 진행할 수 있으며, 참여 가능성도 점칠 수 있기 때문이다.

상기의 설명대로 인허가 기간의 차이는 천차만별이지만, 인허가 기간을 편의상 짧게 가정하여 사업일정표 샘플을 이해하기 쉽게 정리해보았다. 왼쪽 페이지 사업일정표 샘플을 통해 초기 개발사업 일정의 흐름을 개략적으로나마 짐작해보기 바란다.

개발사업의 초기 흐름(개발부지 매입~분양 시점까지)을 살펴보자. 상기 사업 초기 일정표는 개발 흐름을 간단히 설명하기 위한 자료로, 실제 인허가 기간보다 짧게 표시되어 있으나 대부분의 개발사업이 상기의 흐름과 유사하게 진행된다.

먼저 시행사는 ① 개발부지를 계약한 후, ② 인허가 접수를 진행하고, ③ 인허가가 진행되는 동안 시공사, 금융기관, 신탁사와 각각의 조건 협의 (Deal)를 진행한다. ④ 사업승인 또는 건축 허가 시점에 시공사와는 공사도급계약을 체결, 대출금융기관과는 PF대출약정을 체결, 신탁사와는 신탁계약을 체결하며, 보통은 PF대출약정 시점에 동시에 계약을 진행하는 경우가 많다. ⑤ 최초 PF대출금 집행 시 토지 잔금과 사업 초기 비용을 치르게 되며, PF대출 시점에 ⑥ 감리자, 분양대행사, 광고대행사, 모델하우스 건설업체를 함께 선정하고, ⑦ 시공사가 착공 준비를 할 때 시행사는 분양 대행사, 광고대행사와 함께 분양 승인 및 분양광고를 준비하고, 모델하우스 건설업체는 모델하우스 건축을 진행하게 된다. ⑧ 모델하우스 건축이 완료되고, ⑨ 모델하우스 품평회 완료 및 ⑩ 분양 승인이 완료되면 ⑪ 분양을 개시하게 된다.

(4) 시행 법인 설립에 대하여

시행사는 초기 자금조달에 대한 셋팅과 인허가 기간 등 사업 초기 구도가 정리되면, 다음 단계로 부동산개발을 위한 시행 법인 설립을 진행해야 한다.

일반적으로 시행사는 주로 SPC법인(Special Purpose Company)을 설립한다. SPC법인이라는 게 말은 어려워 보이지만, 사실 일반 법인과 같으며, 설립 절차도 같다. 보통 하나의 프로젝트에 하나의 법인을 설립하는 경우가 많아 페이퍼 컴퍼니, 즉 SPC법인이라고 표현하는 것이다.

기존의 법인을 두고 새롭게 법인을 설립하는 이유는 시행 법인의 신뢰도를 높이려는 것으로, 시행사에게 추후 발생할 수 있는 우발 부채 리스크를 줄이기 위한 PF대출 금융기관의 니즈로 설립된 것이라 보면 된다.

또한 부동산개발사업은 SPC법인 설립 외에 PFV법인(Project Financing Vehicle) 방식으로도 자주 이용된다. PFV법인 역시 페이퍼 컴퍼니이다.

PFV 구조의 법인을 이용한 사업은 주로 대규모 부동산개발사업에서 사용된다. 보통 시행사, 시공사, 금융기관이 자금을 각각 출자하여 공동으로 설립하는데, 이익과 위험 부담을 공유한다. 최소자본금은 50억 원(50억 중 5%인 2.5억은 금융기관의 자본금)이며, 해당 법인은 법인세 등의 세제 감면 혜택이 있어 수익성도 상대적으로 높은 편이다.

	SPC법인 (Special Purpose Company)	PFV법인 (Project Financing Vehicle)
특징	특수목적을 위해 설립된 회사	프로젝트파이낸싱을 위한 특수목적회사
최소자본금	제한 없음	자본금 50억 원
차이점	법인세 있음	법인세 없음 (감면 조건: 배당가능이익의 90% 이상 배당 시)
	자본금 없음	최소자본금 50억 원, 자본금 중 5% 이상은 금융기관이 지분출자, 최소 2년 이상 운영

부동산개발사업의 한 가지 팁으로, 시행사 법인명 선정이 때로는 중요할 수 있다. 특히, 지역색이 강한 지역주민이나 인허가 공무원을 만난 경우, 타 지역 시행사가 개발하여 수익을 거두는 것에 반감이 있어 사업 진행에 방해가 되는 경우가 종종 있다. 이때 해당 지역주민 및 공무원의 우호적인 호응과 반응을 이끌어 내기 위해 법인명을 지역명으로 쓰는 경우도 있다. 또한, 지역색을 담아 분양성 제고를 위한 전략적 수단으로 쓰이기도 한다. 예를 들어, (주)안성도시개발, (주)부산최고피에프브이, (주)광주사랑개발 등 지역 이름을 넣어 지역 분양에 대한 광고 효과도 누릴 수 있다.

부지 매입

사업성 검토를 통해 개발사업을 진행하기로 의사결정이 되었다면 본격적인 사업부지 매입 단계에 돌입해야 된다. 사업부지 매입과 관련하여 부동산개발 업계에선 오직 1등만이 존재한다고들 한다. 그 이유는 개발사업부지는 오직 하나만 존재하기 때문이다. 그렇다고 덜컥 계약을 해야 한다는 말은 아니다. 매매계약의 조건 등 다양한 리스크를 신중히 검토한 후, 매입 결정을 해야 한다. 아무리 사업성이 좋을지라도, 사업부지 매매계약 조건 등 부지 매입 단계부터 문제가 발생된다면 그 리스크는 온전히 시행사가 감당해야 하기 때문이다.

먼저, 사업부지 매매계약 전에 매매부동산의 표시를 다시 한번 확인하는 것이 중요하다. 토지인 경우 소재지, 지번, 지목, 면적, 제한사항 등은 등기부등본 또는 토지대장의 내용을 확인한 후 정확히 기재해야 한다. 건물인 경우, 대상 건물의 소재지, 건물번호, 구조, 면적 등을 등기부등본 또는 건축물 대장을 확인한 후 정확히 기재해야 한다. 사업부지 중 건물 매매가 포함된 경우, 매매가액에 부가세가 추가되기 때문에 실제 거래금액 중 건물분 부가세를 포함한 매매금액에 대한 정확한 파악이 중요하다.

그리고 계약 당일과 계약 후에도 반드시 등기부등본에 추가로 설정된 제한사항이 있는지 재차 확인해야 하며, 대출 담보로 잡혀 있던 기록이 있는 경우, 담보권설정이 해소되었더라도 대출이 상환되었는지 확인해야 한다.

개발부지 매매계약 시 알아야 할 주요사항은 다음과 같다.

1) 매매대금 계약금 또는 중도금 지급

계약금은 거래 관행상 총 매매대금의 10%를 지급하는 것이 일반적이나, 토지주의 계약 중도 해지 가능성이 높거나 변덕성이 심할 경우, 최소한의 중도금 약 5% 정도 수준이라도 지급하는 것이 좋다. 매수인이 중도금을 지급하게 되면 매도인은 계약금과 위약금을 지급하여도 계약을 해제할 수 없기 때문이다.

2) 잔금 납부

잔금 지급은 소유권이전등기서류를 받아 소유권이전등기 신청과 동시에 지급하는 것이 일반적이나, 개발부지 매매 잔금 납부 조건은 특히 중요하다. 매매 잔금 납부 조건은 잔금기간을 지정한 잔금 납부와 인허가를 득하거나 PF대출 시를 조건으로 하는 조건부 잔금 납부 두 가지로 나뉜다.

일반적인 매매계약의 경우 잔금 납부 기간을 지정하는 계약이겠지만,

시행사가 선호하는 방식은 인허가를 득하거나 PF대출 시를 조건으로 하는 조건부 잔금 납부 계약이다. 그 이유는 예기치 않은 사정으로 인허가가 나지 않거나 지연되는 등의 경우를 대비해 안전하게 계약하기 위함이다.

개발사업의 대부분 잔금은 대출을 통한 잔금 납부로, 인허가를 득한 이후가 돼서야 대출이 한결 수월해지기 때문에 시행사 입장에서는 인허가를 득한 조건으로 한 잔금 납부가 유리하다.

만약, 인허가 전에 기간을 지정한 잔금 납부가 도래하였다면, 어쩔 수 없이 (잔금) 브릿지대출 등을 통하여 잔금 납부를 치러야 할 텐데 이 시점에서의 브릿지대출은 난이도가 매우 높아 어려움을 겪을 수 있다. 하지만, 인허가를 득하는 조건부로 잔금을 지불하는 계약을 하게 된다면, (잔금)브릿지대출은 인허가 전보다는 좀 더 수월하게 진행될 수 있고, 브릿지대출을 통한 잔금 납부 절차 없이 바로 PF대출 단계로 진행할 수도 있다. 매매 잔금과 사업비를 포함한 PF대출 단계로 바로 넘어간다면, 브릿지대출이라는 한 단계를 거치지 않기에 시간적, 비용적인 효과를 거둘 수 있다.

여기서 한 가지 팁으로, 잔금 납부 시기를 인허가 완료 시기로 하기보다는 인허가 완료 후 3개월이라는 조건으로 계약을 하면 더 좋다. 그 이유는 대출금융기관은 보통 인허가를 완료한 후에야 적극적인 검토를 진행하고, 대출 검토 및 대출금 집행까지는 보통 2~3개월 정도 소요되기 때문이다.

인허가를 득하는 조건부 잔금 납부가 불가할 경우, 인허가 기간 완료 시점을 감안하여 잔금 납부 기간을 넉넉히 협상하는 것이 중요하며, 특히 인허가 기간을 감안하여 잔금 납부 기간의 연장 조항을 포함하는 것이 좋다.

부득이하게 인허가 전에 잔금 납부를 해야 되는 경우(잔금 납부 기간이 짧을 경우)는 브릿지대출(담보대출)을 진행해야 되기에, 매매계약 전에 담보감정(탁상감정) 및 금융기관을 통한 담보대출 가능 금액을 미리 파악하는 것이 좋다.

3) 잔금 이후 부동산의 권리(소유권) 확보

시행사는 부동산매매 계약 후 계획대로 잔금을 치르고 소유권이전을 받고자 하나, 그렇지 못한 경우도 있다. 대표적으로, 계약 후 주변 토지 가격이 상승하여 매매금액을 올려달라고 하는 경우, 세입자나 점유자가 명도를 거부하는 명분으로 추가 금액을 요구하는 경우 등이 있다.

위의 같은 사례가 발생할 경우, 매수자인 시행사는 토지주(매도자)에게 어쩔 수 없이 끌려가는 상황이 되어 상호 협상을 거쳐 금액을 증액하는 경우가 많다. 악질인 토지주 같은 경우는 잔금 납부를 받지 않기 위해 매매계약상 적기한 입금계좌를 없애버리는 경우도 있다. 저자 지인의 시행사 같은 경우는 잔금을 납부하려 할 때 토지주가 갑자기 토지비 증액을 요구하였고, 이로 인해 사업 진행이 불가하여 손해배상 소송을 진행했던 적도 있다. 저자 역시 어쩔 수 없이 토지비를 증액하였던 경험도 있다.

상기와 같은 문제가 발생해 상호 협상이 불가하다면 소유권이전등기소송 등을 통해 소유권을 가져오거나 손해배상청구(계약금 배액배상 및 손해배상)를 하는 것이 정석이다. 참고로, 다음과 같은 조치도 취할 수 있다.

가. 근저당권 설정

중도금 지불 후 근저당권을 토지에 설정하여 잔금 수령 거부 시 즉시 경매를 의뢰하여 토지를 경락받는다든가, 경락 대금에서 자신이 지급한 계약금과 중도금 및 이자를 배당받으면 된다. 물론 근저당권으로도 소유권 확보의 절차가 복잡하고 시간이 소요되지만, 적어도 기지급된 원금 및 이자를 보전할 수 있고 소유권까지도 확보할 수 있기에 꼭 필요한 조치이다.

나. 소유권이전등기 청구권 가등기[27]

통상 부동산 매수인이 매도인에게 중도금까지 지급한 후 또는 중도금 지급과 동시에 매수인 명의로의 소유권이전등기 경료 시까지 발생할지도 모를 매매 목적 부동산상의 권리변동으로 인하여 매매계약상 잔금 지급일에 잔금을 지급하더라도 깨끗한 소유권을 취득할 수 없는 위험을 사전에 차단하기 위하여 매도인과 매수인의 합의에 의해 소유권이전등기 청구권 가등기를 하게 된다. 매매계약서에 중도금 지급과 동시에 매도인은 매수인에게 가등기를 설정해주기로 한다는 등의 계약 문구를 삽입하는 것이 좋다.

4) 토지사용승낙(개발동의)서 발급

매수자인 시행사는 개발을 위한 인허가를 진행하여야 한다. 소유권이 매수자에게 이전되기 전이라면, 현재 토지 소유자인 매도자에게 개발에 동의한다는 토지사용승낙(개발동의)서를 받아야 한다. 만약에 토지의 소유권이 잔금 이전에 타인에게 이전될 경우, 새로운 소유주에게 다시 사용승낙을 받아야 한다.

---

27 가등기 장래에 행해질 본등기에 대비해 미리 그 순위 보전을 위해 하는 예비적 등기

5) 실거래신고

공인중개사를 통하지 않는 매매계약이라면 실거래신고를 직접 해야 한다. 실거래신고는 계약일 30일 이내에 하여야 하고, 잔금 이전에 매매대금이나 잔금일이 변경될 경우, 변경계약서 작성 후 변경신고를 해야 한다. 실거래신고는 이중계약을 방지하는 역할도 하기 때문에 큰 비용을 들여 매매계약을 하는 시행사에게는 필히 잊지 않고 해야 할 것이다. 참고로, 실거래신고필증이 있어야 토지소유권이전등기가 가능하다.

6) 기타 매매 관련 확인사항

가. 국유지, 공유지 매입 (한국자산관리공사)

개발사업을 하다 보면 국공유지 매입을 해야 되는 경우가 빈번히 발생한다. 국유지는 국가, 공유지는 지자체 소유이지만 국공유지의 관리는 지자체에서 보통 이루어지며, 국공유지의 매각 및 대부는 한국자산관리공사(캠코)에서 업무를 처리한다. 국공유지를 개발사업지로 변경하기 위해서는 기존의 용도를 폐지해야 되는데, 이때 토목설계사무소를 통해서 업무를 진행하면 용이하다. 왜냐하면 용도폐지 토지를 확인하기 위해서는 현장 답사를 나가는데 이때 토목설계사무소 직원과 동행해서 나가기 때문이다. 용도폐지 업무는 지자체에서 진행되며, 용도폐지 후에는 캠가를 통해 매각가를 설정하고, 심의를 통과하면 매수자(시행사)에게 매각하여 매매계약을 체결한다. 다만, 매입대상 국공유지에 접하는 타인 소유의 토지가 있을 경우, 경쟁입찰 또는 매각 동의를 받아야 한다. 주의할 점은 캠코에서 매각하는 총량이 연도별로 정해져 있어서 면적이 큰 경우는 1~2년 이상이 걸릴 수도 있어 매입 가능 기한을 체크하는 것이 중요하다.

나. 종중 등과의 매매계약

종중, 종교재단, 학교재단 등이 소유한 재산에 대해 매매계약 협상을 할 때에는 협상하는 대표가 대표권이 있는지, 규약 및 의사회결의 등 매각에 대한 적법절차를 거쳐 승인을 받았는지 확인이 필요하다.

종중 등 각 규약에 따른 매각 절차를 밟아야 하므로 그 규약을 사전에 검토하여 규약에 따른 절차가 적법하게 이행되었는지를 점검하여야 한다. 규약이 없는 경우, 총회를 개최하여 적법한 동의를 받아야 한다. 종중 등은 각 규약 등에 따른 절차 이행이 중요하므로 절차에 따른 하자가 있어서는 안 되며, 이를 위하여 전문변호사의 검수를 통한 매매계약서 작성 및 각종 필요구비서류를 빠짐없이 준비하는 것이 매우 중요하다.

7) 매매계약 시 반영해야 되는 기타 주요 내용

가. 거래저해요소 처리

잔금 지급일 전까지는 반드시 매매부동산에 설정된 지상권, 임차권, 근저당, 가처분 등의 권리에 대한 해제를 명기해야 한다. 또한 매매부동산에 있는 세입자나 무단점유물, 기타 저당물에 대한 것도 처리할 것을 명기해야 한다.

나. 명도소송 가능성 타진

주택이나 상가에 일반 세입자가 있는 경우, 매도자에게 명도 의지가 있어도 주택 또는 상가임대차보호법 등에 따라 명도가 불가한 경우도 있다. 이에 임차 기간 및 강제 명도 가능성을 반드시 파악한 후 계약서에도 명도 내용을 명기하여야 한다.

다. 지장물 처리

지하에 묻힌 지장물(폐기물, 쓰레기 등)의 처리 주체(매도인) 및 비용 부담 여부도 명시하여야 한다.

라. 토지사용승낙(개발동의)서 발급 협조

매매계약 후 부동산개발을 위한 인허가를 진행해야 되며, 매도자의 토지사용승낙서를 필요로 하기 때문에 수시 발급이 가능하도록 협조 문구도 반영하여야 한다.

마. 서명날인

계약서에는 반드시 매도인과 매수인 본인이 직접 서명 날인해야 한다.

인허가 진행
(설계업체 선정)

개발부지 매입을 완료하였다면, 본격적인 부동산개발을 위한 인허가를 진행하여야 하고, 인허가를 진행하기 위한 설계업체를 선정해야 한다.

인허가란 무엇일까? 인허가는 국가의 대표적인 행정규제로, 인가 및 허가를 합쳐놓은 단어이다. 부동산개발에서의 인허가는 건축 또는 부동산개발을 인정한다는 의미이자, 건축 또는 부동산개발 행위 자체를 허용하겠다는 의미이다. 시행사는 부동산개발의 인가 및 허가를 국가나 지자체를 통해 받아야 한다. 부동산개발 인허가를 진행하기 위해서는 어떻게 개발 또는 건축을 하겠다는 설계가 필요하다.

이번 단계에서는 설계에 대한 기본적인 이해와 함께 어떠한 설계업체를 선정해야 하며, 인허가는 어떻게 진행되는지 알아보자.

1) 부동산개발에서의 설계 과정

설계 단계는 가설계(기획설계), 계획설계, 기본설계, 실시설계 4단계로 이루어진다. 가설계(기획설계)와 기획설계는 보통 사업성 검토를 위해 진행되고, 기본설계는 실제 인허가 진행을 위한 세부설계이며, 실시설계는 인허가 후 실제 공사를 진행하기 위한 설계이다.

(1) 가설계(기획설계): 개괄적인 규모의 산정

가설계란 부동산개발을 위해 기본적인 건축 법규 및 규모 검토를 실시하는 임시 설계이다. 본설계를 진행하기 전에 간략하게 설계해보는 것으로, 주로 개발부지를 매입하기 전에 부지 매입의 적정성을 판단하기 위해 진행된다. 시행사는 가설계를 통해 개발사업의 법적, 수익성을 개략적으로 분석할 수 있고, 개발부지를 매수할지 판단을 내릴 수 있다. 보통 2~3군데의 설계업체에게 가설계를 의뢰해보는 것이 좋다.

(2) 계획설계: 가설계+컨셉

시행사의 요구와 시공도면의 작성에 필요한 중요사항을 결정한다. 이 단계에서는 분양성에 맞는 상품개발과 시행사의 수익성을 고려하여 좀 더 정밀한 설계를 위해 때로는 많은 설계변경의 과정을 거치게 된다.

(3) 기본설계: 인허가를 진행하기 위한 설계

기획설계에 근거하여 인허가 조건에 맞는 세부적인 설계도서를 작성하게 된다. 시행사는 보통 기획설계 또는 기본설계 단계에서 설계업체를 선정하게 되며, 기본설계 단계에서는 시공사의 공사비 개략 견적이 가능하다.

(4) 실시설계 : 공사를 위한 설계

건축물을 정확하게 시공하기 위하여 모든 건축요소를 결정하는 도면이다. 실제 공사를 위한 구조, 토목, 기계, 전기, 소방계획 등의 모든 계획을 도면에 반영한다. 도면으로 표현하기 어려운 내용과 필요한 내용을 구체적으로 제시한 시방서, 구조계산서 등이 작성되며, 시공사의 공사비 세부견적이 가능하다.

(5) 설계 변경

공사 중 시공의 어려움, 누락사항 등이 있을 경우, 설계는 수시로 변경된다. 경미한 사항의 변경은 준공(사용 승인) 시에 일괄 처리한다. 설계변경허가 또는 신고대상은 따로 허가 또는 신고한다.

※ 건축설계 진행과정 (Design Work Process)

기획설계 Predesign Service	계획설계 Schematic Design	기본설계 Design Development	실시설계 Construction Document
- 규모 검토 - 법규 검토	- 대지 분석 - 계획방향 - MASS 계획 - 평면 계획 - 입면 계획 - 담면 계획 - 구조 계획 - 동선 및 주차계획 - 조경 계획	- 배치 계획 - 평면 계획 - 입면 계획 - 담면 계획 - 구조 계획 - 토목 계획 - 기계설비 계획 - 소방설비 계획 - 전기설비 계획 - 조경 계획	- 공사용 도서 작성 - 상세도면 작성 - 각과 도면 작성 - 시방서 작성 - 견적서 작성

2) 설계업체의 선정

설계업체는 인허가 가능 유무, 인허가 기간, 개발사업의 수익 등 부동산 개발사업에 지대한 영향을 끼치기는 요소가 많기 때문에 업체 선정에 특히 주의를 기울여야 한다.

설계업체를 선정하기 위해서는 먼저, 설계업체의 역량 파악이 중요하다. 첫째, 인허가를 시행사가 원하는 일정 안에 끝낼 수 있는지, 둘째, 분양에 적합한 설계를 제안하는 능력이 되는지, 셋째, 시행사에게 최대한의 수익을 안겨줄 수 있는 설계를 도출할 수 있는지를 확인하기 위한 것이며, 이러한 능력에 대해서는 여러 방면을 통해 확인해야 한다.

시행사는 다음과 같은 역량(능력) 확인이 필요하다.

1. 설계업체의 매출 규모, 설계 수주실적 및 직원 수 파악
2. 인허가를 풀기 위한 개발지역의 인맥, 해당 지자체 공무원들과의 원활한 소통 능력
3. 건축허가(사업 승인)를 얻어내기 위해 꼭 필요한 각종 법령 파악
4. 상황별 대처 능력, 민원처리능력
5. 설계업체의 하도급설계업체 통제 가능 여부 파악
6. 설계업체의 성향 파악
7. 분양 및 사업성(수익성)에 유리한 설계도서 작성 능력

인허가청과의 인허가 업무 대부분은 설계업체에서 대행하기 때문에 인허가를 완료하는 기간과 인허가 가능 유무가 설계업체의 역량에 달렸다고 해도 과언이 아니다.

가장 쉽고 객관적으로 판단할 수 있는 방법은 해당 설계업체의 매출액 규모와 과거의 수주실적, 직원 수를 파악해 보는 것이다. 이는 설계사무소에 지명원(회사소개서)을 요청하여 받아 보면 되는데, 지명원에는 보통 재무제표, 수주실적, 직원현황 등이 명기되어 있어 그 회사에 대해 개략적이나마 알아볼 수 있을 것이다. 재무제표(손익계산서)를 통해 회사의 실제 매출 규모를 파악할 수 있고, 수주실적을 통해 설계 경험의 깊이를 예측할 수 있으며, 직원 수를 파악하면 업무 처리의 신속성을 확인해 볼 수 있다.

특히, 수주실적을 파악하는 이유는 설계업체마다 각각의 부동산개발상품(아파트, 오피스텔, 물류창고 등)에 대한 특화된 경험과 노하우가 다를 수 있기 때문에 내가 개발하고자 하는 부동산상품에 대한 이해도를 가늠해보기 위함이다. 참고로, 규모가 큰 설계사무소의 경우 홈페이지에 설계 수주실적을 올려놓는 경우가 많으므로 이것을 참고하는 것도 좋다.

부동산개발 인허가를 풀기 위해서는 지역적 인맥이 매우 중요하다. 그래서 설계업체가 개발지역에 어떠한 인맥이 있는지, 공무원들과는 원활한 소통이 가능한지를 파악해야 한다. 만약 설계업체가 개발지역의 공무원 등 인맥이 없다면, 개발지역의 다양한 인맥을 제공할 수 있는 설계업체를 하도급으로 섭외하여 인허가를 원활하게 풀 수 있는지도 체크해 보아야 한다.

설계업체가 건축허가(사업 승인)를 받기 위해 개발상품과 관련된 꼭 필요한 각종 법령을 잘 파악하고 있는지 체크해 보아야 하며, 이는 수주실적을 통해 간접적으로 확인해 볼 수 있다.

또한 인허가 진행 중에는 인허가와 관련된 각종 문제와 많은 민원들이 발생하게 되는데, 이때 어떠한 상황에서도 절대 포기하지 않고 유연하게 처리하는 능력을 잘 갖추었는지도 확인해야 한다.

인허가 중 가장 골치 아픈 경우는 설계업체가 설계하도급업체를 통제하지 못해 인허가 기간이 지연되는 사례이다. 이러한 사례가 의외로 빈번히 발생된다. 그래서 설계업체가 어떠한 설계하도급업체를 선정하는지, 확실한 통제가 가능한지에 대해서도 미리 파악하면 좋다. 저자도 인허가 중 이러한 경험을 겪었고, 인허가가 지연되어 마음고생이 심했던 경험이 있다.

설계업체의 성향 파악도 설계업체 선택에 중요한 요소이다. 설계업체의 성향은 오랜 시간 알지 않고서는 파악하기 쉽지 않기에, 타 업체를 통해 평판을 들어보는 것도 좋은 방법이다.

설계업체가 때로는 수주를 목적으로 시행사에게 수익이 잘 나오도록 포장하는 과도한 설계를 제안하거나 인허가를 득하는 데 어려움이 있음에도 불구하고, 쉽게 풀 수 있다고 시행사를 설득하여 사업을 진행하게 하는 경우가 종종 있는데, 시행사는 좋은 수익성 또는 인허가의 가능성을 믿고 설계업체와 계약하여 사업을 진행하였으나, 막상 인허가가 불가하거나 수익성이 나오지 않는 인허가(설계)로 인해 사업에 실패하는 경우도 빈번히 발생한다. 파트너를 믿고 사업을 진행하는 건 중요하지만, 부동산개발사업은 한 번의 실수가 곧 사업 실패로 이어지는 경우가 많고, 이는 곧 생존과 직결되는 문제이기에 매번 의심하고 다시 한번 맞는지 되짚어야 한다.

또 하나의 예로 분양성, 수익성 등 시행사의 입장을 반영해야 하는 설계사가 시행사를 배려하지 않고, 건축기술자로서의 자기 원칙만 고집하는 경우도 간혹 있다. 설계사가 이러한 스탠스를 갖고 시행사를 흔들게 되면 시행사는 정말 오도 가도 못하는 처지가 될 수 있다. 설계계약 전에는 모든 것을 들어줄 듯하다가 계약 후에는 설계사 통제가 되지 않는 것이다. 이러한 경우 자칫 사업이 지연되거나 심하면 사업이 불가한 경우가 생길 수도 있다.

위의 사례들처럼 설계업체로 인해 사업시작부터 사업이 좌초되는 위험이 있을 수 있으니 설계업체 선정 시 설계업체의 성향을 면밀히 파악해야 할 것이다.

설계는 단순히 법적 수준에 맞춰 그림을 그리는 것이 아니다. 설계업체는 분양성과 시행사의 사업이익을 최대한 반영한 적정 설계를 제안해야 한다. 개발지역에 맞는 선호 상품, 평면, 평형, 단지 배치 등 분양성을 고려한 전체적인 설계 가이드라인은 시행사가 정해주지만, 시행사가 간과하거나 짚지 못해 넘어갈 수 있는 부분들은 설계업체가 적극적으로 제안할 수 있어야 한다.

예를 들어, 아파트 같은 경우, 단지 배치 또는 전망, 타워형 또는 판상형, 3BAY 또는 4BAY 등에 따라 분양 선호도가 달라질 수 있는데, 수분양자(고객) 니즈를 잘 반영한 설계를 하게 되면, 분양도 수월하고 분양가 역시 높게 받을 수 있어 수익성 개선 효과를 누릴 수 있는 것이다.

실제로 저자가 관리했던 개발사업 중에 초기 분양을 실패하였으나, 공사 진행 중임에도 불구하고, 고객의 니즈에 맞는 설계로 다시 변경하여 재분양에 성공했던 사례가 있었다. 그만큼 설계는 분양과 사업 성공에 밀접한 관계가 있다. 하지만 실무적으로는 공사 중에 개발상품 또는 평면을 변경한다는 것은 그리 단순하지만은 않다. PF대출기관, 시공사, 신탁사 등의 동의와 함께 인허가청의 설계 변경 가능 여부 등 넘어야 할 산이 많기 때문이다. 그렇기 때문에 초기 설계 시부터 분양 가능한 상품을 철저히 분석하여 설계에 반영하는 것이 매우 중요하다.

참고로, 시행사가 어쩔 수 없이 분양성을 고려하지 않는 숫자만 보여주기 위한 설계로 사업을 진행하는 경우도 많다.

대표적으로 땅 값이 높은 상업지역에 개발되는 주상복합, 오피스텔, 생활형숙박시설 상품이며, 이 개발상품들은 필연적으로 상가를 포함시키게 된다. 개발사업을 진행하기 위해서는 PF대출을 받아야 한다. PF대출을 받기 위해서는 매출액 및 개발이익의 적정 비율을 맞춰야 하는데, 이 상품들은 PF대출금융기관들이 요구하는 개발이익 수익률이 높기 때문에 매출액을 부풀릴 수밖에 없는 상황이 발생되어 분양이 되지도 않을 분양가 높은 상가 비중을 늘릴 수밖에 없게 되는 것이며, 이러한 사례는 매우 많다. 나중에 PF대출이 진행되어 개발사업 진행은 되겠으나, 아파트, 오피스텔, 생활형숙박시설이 모두 팔렸어도 상가 미분양으로 개발수익을 하나도 못 가져가는 시행사가 실제로도 매우 많다.

시행사는 개발수익의 극대화를 고민하는 설계업체를 선정해야 할 것이다. 대표적으로 두 가지를 설명하고자 한다.

첫 번째로, 설계업체가 개발 가능 용적률을 얼마만큼 찾아 먹느냐이다. 용적률은 대지면적에 대한 (지하층을 제외한) 지상 연면적의 비율을 말하는 것이다. 설계업체가 기준용적률(조례로 정해지는 용적률)에 허용용적률(용적률 완화 지침을 따라 제공되는 인센티브)을 더한 상한용적률을 잘 찾는다면 시행사는 사업수익의 증대 효과를 누릴 수 있다.

즉, 설계업체는 개발부지에서 개발 가능한 최대한의 용적률을 찾고, 죽어 있는 공간이 없게끔 설계하는 것이 중요하다. 개발 건축물 한 평 한 평이 돈이며, 그 평당가는 결국 분양가에 포함되고, 그것이 곧 수익으로 이어지기 때문이다. 보통 개발 용적률을 다 찾아 먹지 못하는 사업지는 개발 수익이 나지 않는 경우가 대부분이며, 실제로 인허가를 진행하다 보면 이러한 땅이 의외로 많다. 고도 제한, 층고 제한 등이 대표적이다.

특히, 주의 깊게 보아야 할 대표적인 지역이 제주도를 포함한 공항 인근 지역이다. 제주도 같은 경우, 용적률이 아무리 높은 상업지역일지라도 많은 지역이 고도 제한으로 묶여 있기에 개발수익성이 없어 개발이 어려운 곳이 많다. 이처럼 시행사는 개발 가능 용적률을 정확히 확인한 후, 사업성을 검토하여 수익이 적정하면 사업을 진행해야 할 것이다.

두 번째로, 같은 토지에 어떻게 설계하느냐에 따라 수익성이 달라질 수 있다. 예를 들어, 상업지역 같은 토지에서는 대부분 주상복합, 오피스텔, 생활형숙박시설을 지을 수 있다. 각 상품의 분양성이 동일하다고 가정하더라도 사업수익성은 개발상품마다 다르다. 시행사는 결국 사업수익이 높은 상품으로 개발을 진행하게 될 가능성이 높다.

또한, 같은 토지에 같은 개발상품을 어떻게 설계하느냐에 따라 다른 분양가를 받아 수익성이 달라질 수 있다. 대표적인 예가 하이엔드 상품이다. 같은 위치에 같은 평형의 오피스텔 상품이어도 시공사는 어디인지, 브랜드는 무엇인지, 설계 내·외부 자재는 어떤 것을 썼는지, 주차 대수는 어떻게 반영했는지, 편의시설은 어떻게 구성했는지 등에 따라 분양가가 다르게 반영되기 때문이다. 예를 들어, 강남의 오피스텔 상품 같은 경우, 일반 오피스텔 분양가가 평당 3,000만 원 수준이라면, 하이엔드 오피스텔 상품의 분양가는 평당 6,000~8,000만 원 이상 받을 수 있다.

※ 하이엔드 주거시설

하이엔드란 비슷한 기능을 가진 제품군 중에서 기능이 가장 뛰어나거나 가격이 제일 비싼 제품을 의미하며, 하이엔드 주거시설이란 기능이 가장 뛰어나고 가격이 비싼 주거시설을 일컫는다.

① 시작: 2010년 전후 대단지 아파트에 호텔식 서비스를 접목한 단지로부터 시작되었다. (커뮤니티시설+부대시설+컨시어지 서비스). 현재는 주로 오피스텔과 도시형생활주택으로 공급된다.

② 하이엔드 상품의 현재 트렌드
  - 특화사항: 해외 유명브랜드의 자재 및 가구, 복층 층고, 6m의 높은 층고, 국내외 유명디자이너가 건축 설계
  - 대형단지는 커뮤니티 시설, 즉 스포츠시설, 주민공동시설 등의 부각
  - 50~200세대의 중대형 오피스텔 또는 도시형생활주택의 경우, 작은 평형대에도 위와 같은 서비스를 가미하는 추세이며, 1~2인 가구가 점점 늘어나는 근래에는 세컨하우스의 매력과 주거의 매력을 함께 가져가고 있다.
  - 주요서비스: 호텔식 조식, 클럽하우스, 호텔식 룸클린, 임대상가(골프장, 피트니스, 수영장), 어반스파

- 컨시어지서비스: 발레파킹, 방문 세차, 하우스키핑, 세탁 및 드라이클리닝, 케이터링, 펫 케어서비스, 호텔식 WIP를 위한 비서 서비스
③ 고급 주거의 성패는 겉으로 보이는 높은 집값이 아니라, 더 나은 라이프 스타일을 영위할 수 있는 주거문화를 얼마나 잘 만드는지다.
④ 부동산 상승기에는 높은 평당가를 다양한 커뮤니티 기능과 시설로 어필했지만, 불경기에는 사람들이 부동산의 본질적인 기능과 주거공간의 면적을 따지기 시작해 향후 추이를 지켜봐야 할 것임.

설계업체의 역량 점검 없이 촉박한 인허가 일정에 이끌려 급하게 설계업체를 선정하지는 말아야 한다. 자칫 능력이 부족한 설계업체를 선정하게 되면, 인허가 일정을 줄이려다 오히려 인허가 일정이 지연되는 낭패를 볼 수 있기 때문이다. 저자 역시 이러한 경험이 몇 차례 있으며, 이러한 상황은 시행사 입장에서는 속이 뒤집힐 일이다. 따라서 위 사항을 점검한 후 설계업체를 선정하는 것이 지금 당장 며칠 일정이 늦어지더라도 몇 달이 지연될 수 있는 가능성과 피해를 막는 지름길이 될 수 있을 것이다.

3) 설계계약 체결

(1) 설계비 지급

시행사는 설계비 최초 계약금을 총 계약금의 10~20% 수준으로 지급하며, 건축허가 완료 시에는 보통 40~50% 수준으로 지급한다. 시행사 입장에서는 건축허가 완료시점에 40~50% 수준의 설계비를 지급하게 되면 사

업 초기 비용이 증가하는 부담이 있기 때문에 가능한 한 건축허가 완료와 함께 PF대출 시에 지급하는 동시이행 조건으로 계약하는 것이 유리하다.

대부분의 설계업체는 건축허가 완료 시에 설계비의 90% 수준까지 받기를 원하는데, 대부분의 설계비를 지급하게 된다면 실시설계도서 납품이 지연되는 등 설계업체 통제가 힘들어지기에 실시설계도서 납품까지는 일정 수준의 금액을 유보하는 것이 설계업체 통제에 용이하다. 그리고 잔금 납부는 일반적으로 준공이나 사용 승인 시 10% 수준을 지급한다.

※ 설계비 지급 시기 예시

지불 시기	비율(%)	지불 금액	비고
계약 시	20	₩ 200,000,000	
건축허가 완료 시	50	₩ 500,000,000	PF대출 시 지급
실시설계도서 제출 시	20	₩ 200,000,000	
준공사용승인 시	10	₩ 100,000,000	준공도서 납품 포함
합계	100	₩ 1,000,000,000	부가가치세 별도

(2) 기타 확인사항

경험칙상 대부분의 부동산개발사업은 설계 변경을 진행할 수밖에 없는 상황이 오게 되는데, 이때 경미한 건의 설계 변경에 대해서는 추가 설계비가 없는 것으로 계약해야 한다. 또한 준공을 위해서는 설계업체가 준공도서 납품을 해야 되는데, 준공도서 납품이 업무 범위에서 빠지는 경우, 추가 비용을 요구하는 경우도 있기 때문에 설계계약 시 준공도서 납품을 업무 범위에 포함시켜야 추후 추가 비용 논란이 없다.

4) 인허가 절차 및 진행기간 파악

부동산개발사업 중 초기에 가장 많은 시간을 차지하는 것이 인허가이다. 또한 인허가 기간에 따라 개발부지의 잔금 납부 시기가 정해지고, 사업의 전체 일정 또한 변동될 수 있기 때문에 인허가 절차와 그 기간을 파악하는 것이 부동산개발에서 매우 중요한 과제임은 확실하다. 이에 인허가의 절차와 인허가 기간에 대해 간단히 알아보자.

(1) 주택건설 사업계획승인 절차 (공동주택 등)

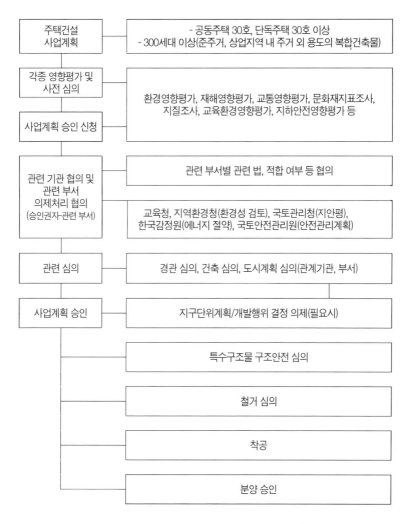

```
주택건설          - 공동주택 30호, 단독주택 30호 이상
사업계획          - 300세대 이상(준주거, 상업지역 내 주거 외 용도의 복합건축물)
```

```
각종 영향평가 및
사전 심의         환경영향평가, 재해영향평가, 교통영향평가, 문화재지표조사,
                 지질조사, 교육환경영향평가, 지하안전영향평가 등
사업계획 승인 신청
```

```
관련 기관 협의 및         관련 부서별 관련 법, 적합 여부 등 협의
관련 부서
의제처리 협의        교육청, 지역환경청(환경성 검토), 국토관리청(지안평),
(승인권자-관련 부서)   한국감정원(에너지 절약), 국토안전관리원(안전관리계획)
```

```
관련 심의          경관 심의, 건축 심의, 도시계획 심의(관계기관, 부서)
```

```
사업계획 승인      지구단위계획/개발행위 결정 의제(필요시)
```

```
                 특수구조물 구조안전 심의
```

```
                 철거 심의
```

```
                 착공
```

```
                 분양 승인
```

과거 공동주택의 사업계획승인(지구단위계획이 없을 경우)은 보통 6~7개월 정도 소요되었으나, 최근 교통영향평가, 환경영향평가, 지하안전평가, 교육환경영향평가, 소방심의 등 각종 영향평가의 절차 및 협의 등으로 인해 10~12개월까지 증가하고 있으며, 길게는 12개월 이상까지 인허가 일정이 소요되기도 한다. 또한, 각 기관과 지자체별로 각종 영향평가 및 심의에 대한 절차가 상이하므로 반드시 사전 협의를 통해 해당 사업의 인허가 절차 및 인허가 기간을 파악하여 사업 일정이 지연되지 않도록 해야 한다.

(2) 일반건축물 건축허가 절차(도시형생활주택, 오피스텔, 생활형숙박시설 등)

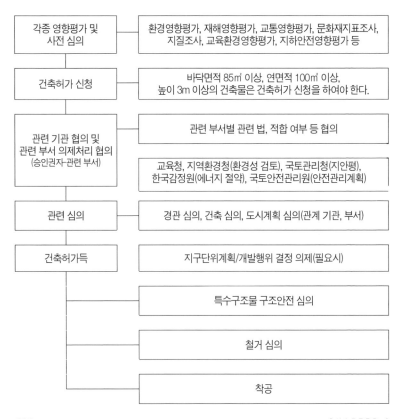

일반건축물의 건축허가는 관련 법규(건축법)가 달라지면서 지자체별 관련 협의처 일부가 달라질 뿐, 공동주택의 사업계획 승인과 절차상의 큰 차이는 없고, 인허가 기간 또한 비슷하다. 따라서 건축허가도 공동주택과 같이 각종 영향평가의 절차 및 협의 등으로 인해 최근 인허가 일정이 길어지고 있는 실정이다. 각 지자체별 각종 영향평가 및 심의에 대한 절차가 상이하므로, 반드시 사전 협의를 통해 해당 사업의 인허가 절차 및 기간을 파악해야 한다.

상기 사업계획승인 및 건축허가 프로세스는 일반적인 인허가 절차의 이해를 돕기 위해 만든 참고자료이며, 부동산개발의 기본적인 인허가 절차에 대해서는 숙지하는 것이 좋다.

5) 인허가 관련 주요 검토사항

시기	인허가 주요 검토사항
건축허가 전	① 환경영향평가, 재해영향평가, 지하안전평가, 교통영향평가 : 부록 참조 ② 지질조사 및 굴착행위 신고: 지질조사는 지반을 구성하는 지층이나 토층의 층서, 지하수의 상태, 각 층의 강도나 변형 특성 및 물리적 성질 등을 밝혀 구조물의 설계, 시공의 기초적인 자료를 구하는 조사임. 조사 전 굴착행위 신고를 해야 함. ③ 건축물 안전영향평가: 초고층건축물(층수가 50층 이상, 높이가 200m 이상), 단일건물 연면적이 10만m² 이상인 건축물이 16층일 때 ④ 성능위주설계: 건축물의 화재예방을 위해 설계이며, 대상은 연면적 20만제곱미터 이상, 건축물의 높이가 100 미터 이상,지하층을 포함한 층수가 30층 이상인 특정 소방대상물(공동주택은 제외), 대규모창고(연면적 10만m² 이상 / 지하층 2개 층 이상으로 지하층 바닥면적의 합계가 3만m² 이상)로써, 관할소방서에서 보통 건축심의 전, 인허가 및 사업승인 시 심의를 2회 진행한다. ⑤ 경관 심의: 건축물이나 시설물이 주위와 조화롭고 아름답게 조성되도록 사전에 디자인이나 건축물의 배치, 스카이라인 등을 검토하는 제도. 사업지가 중점경관 관리구역 및 경관지구, 미관지구에 해당되는지 또는 신축건물의 규모가 경관 심의 대상에 포함되는지를 확인한다. ⑥ 문화재 지표 조사: 부지 면적 30,000m² 이상(풍납동의 경우, 지자체 문화조례 참조) ⑦ 지방건축위원회 건축 심의 대상 - 다중이용건축물(5천m² 이상, 16층 이상) - 분양 대상 건축물 중 조례로 정한 건축물 ⑧ 교육환경평가서 승인 (일조권, 소음 문제): 교육환경보호구역 내에서 일정 규모의 건축물은 인허가 시 평가서를 제출해 "교육환경평가"를 받아야 한다. - 교육환경보호구역: 학교 경계 또는 학교 설립 예정지 경계로부터 직선거리 200m의 범위 안
건축허가 후	⑨ 안전관리계획 승인: 안전관리계획서를 발주청이나 인허가기관에서 국토안전관리원의검토의견을 참고해서승인여부를결정한다. - 수립 대상: 16층 이상 공동주택, 21층 이상 또는 연면적 5만 m² 이상 건축물 ⑩ 구조안전심의: 다중이용 건축물 및 특수구조 건축물의 구조 안전에 관한 사항을 심의 - 특수구조 건축물의 예: 기둥과 기둥 사이의 거리가 20미터 이상인 건축물 (물류센터)

사업구조화 결정 및 주요 파트너사 선정

개발부지 계약 후, 인허가 진행 중 시행사는 대출금융기관, 시공사, 신탁사를 선정해야 한다. 대출금융기관, 시공사, 신탁사 선정은 시행사에게 부동산개발사업을 하기 위한 필수 요소이자, 매우 중요한 핵심 과제이다. 그리고 이러한 주요 파트너사들을 어떤 구조로 사업에 참여시킬 것인지 알아볼 필요가 있다.

1) 자금조달과 부동산개발 사업 구조화 결정

부동산개발사업 구조화의 핵심은 "금융", 즉 자금조달이라 말할 수 있다. 토지비 및 공사비 등의 자금이 조달되어야 부동산개발사업의 진행이 가능하기 때문이며, 타인 자본을 적극 활용하여야 개발사업의 수익성을 극대화시킬 수 있기 때문이다. 시행사의 자기 자본만으로 부동산개발사업을 한다는 것은 시공사나 시행사 모두에게 안정되고 편한 일이긴 하지만, 수익성 면에서 결코 바람직한 일은 아니다.

부동산개발은 어떻게 자금조달(투자)이 되었는지에 따라 주요 파트너사들의 참여 방식이 달라지며, 그 방식이 곧 부동산개발사업의 구조화이다. 부동산개발사업의 구조화를 알기 위해서는 먼저, 자금조달이 어떻게 이루어지는지를 살펴볼 필요가 있다.

먼저, 부동산개발사업의 일반적인 자금조달 시기는 다음과 같다.

부동산개발사업의 자금조달 시기

부동산개발을 위한 자금조달은 사업 단계별(시기별)로 크게 3단계로 나눠볼 수 있다.

1단계로는 토지비 잔금 및 사업 초기비(운영비) 확보를 위한 브릿지대출이다. 2단계는 사업의 착공, 분양, 준공을 위한 사업비 필요 자금을 조달하기 위한 단계로, 크게 대출금융기관의 PF대출과 개발신탁인 신탁사 대출 2가지와 사업비 상환 및 분양 촉진을 위한 중도금대출로 나뉜다. 3단계는 준공 후 준공건축물 대출을 위한 미분양담보대출이다.

부동산개발 자금조달 2단계 중 중도금대출에 대해서는 사업성 검토 단계에서 이미 설명하였고, 3단계는 준공건축물에 대한 일반 담보대출이기에 별도 설명은 생략하기로 한다. 부동산개발사업 구조화는 보통 1, 2단계에서 완성되기 때문에 중요도가 높은 1, 2 단계에 대해 간단히 알아보도록 하겠다.

(1) 자금조달 1단계
사업 초기 자금조달: 사업부지 소유권 확보와 사업 초기 비용 확보를 위한 브릿지대출

브릿지대출에 대해서는 앞서 언급하였기에 간단히 설명하고자 한다. 부동산개발사업을 하기 위해서는 무엇보다 사업부지의 소유권 확보가 관건이며, 사업부지 확보를 위해서는 많은 자금이 소요된다. 1990년대까지는 시공사가 시행사에게 자금을 빌려주는 대여금 방식이 많이 쓰였지만, 토지비 단가가 점점 상승하여 대여금으로는 토지비를 감당하기 어려워져이러한 구조는 많이 사라졌고, 현재는 주로 금융기관의 브릿지대출을 통해 사업부지의 소유권을 확보할 뿐만 아니라, 사업 진행을 위한 사업 초기 비용까지 확보할 수 있게 되었다.

브릿지대출은 사업부지 잔금 납부가 도래되어 PF대출 전에 소유권을 확보하기 위해 주로 이용되기도 하지만, 때로는 분양 시점이 좋지 않을 경우, 적정 시간을 벌기 위한 용도로 이용되기도 한다. 이때, 브릿지대출로 인해 금융 비용이 더 늘어나긴 하지만 분양 가능한 적정한 타이밍에 PF대출을 실행한다면, 사업의 안정성이 보장되기에 브릿지대출을 통한 금융 비용이 꼭 나쁜 것만은 아니다.

참고로, 부동산개발의 초기 금융 단계인 브릿지대출은 사업 여건에 따라 진행될 수도 있고, 브릿지대출 없이 바로 PF대출 단계인 2단계로 넘어갈 수도 있다. 시행사 입장에서는 브릿지대출 없이 바로 PF대출을 진행하는 것이 비용적인 측면에서는 유리하다.

(2) 자금조달 2단계
사업비 조달 : 대출금융기관이 조달하는 PF대출 방식 또는 신탁사가 조달하는 개발신탁 방식

한국의 전통적인 부동산개발의 사업비 조달은 크게 PF대출금융기관의 PF대출과 개발신탁인 신탁사 대출로 나뉜다. 증권사 등 PF대출금융기관에서 사업비를 조달하는 경우 "관리형토지신탁"형 구조를 띠며, 신탁사에서 사업비를 조달하는 경우 "차입형토지신탁(개발신탁)"형의 구조를 띤다. 그리고 그 신탁 구조를 완성하기 위해서는 주요 파트너사(PF대출금융기관, 신탁사 및 시공사) 참여가 확정되어야 한다.

순번	구분	PF대출 구조	개발신탁 구조
		※ 한국의 전형적인 부동산개발사업 금융구조 비교	
1	토지계약금/초기사업비	시행사 부담	시행사 부담
2	토지비 중도금, 잔금	금융사 PF대출 자금	금융사 PF대출 자금
3	공사비 등 사업비	PF대출 자금 또는 시공사 부담	신탁사 자금 또는 시공사 부담

위 표는 일반적인 부동산개발사업 금융 구도를 설명하는 것으로, 위의 두 방식을 결합한 사업구조도 존재하며, 그 외에도 다양하고 복잡한 사업 구조가 많다.

주요파트너사 선정과 함께 사업비 자금 조달 2단계 계획이 완료되면 신탁 구조가 결정되며, 주요 파트너사 선정, 사업비(자금) 조달 구조 완성, 신탁 구조 결정이 곧, "부동산개발사업의 구조화"라고 볼 수 있다. 즉, 자금조달 2단계 시점에 개발사업의 구조화가 완성되는 것이다.

> ### ※ 부동산개발사업의 구조화 결정을 위한 일반 순서
> 주요 파트너사 선정(PF대출금융기관, 신탁사 및 시공사) → 2단계 자금조달(금융) 구조 선택 (대출금융기관의 사업비 조달 또는 신탁사의 사업비 조달 구조 중 선택) → 신탁구조 결정 → 부동산개발사업 구조화 완성

부동산개발사업은 보통 상기의 순서대로 진행되나, 개발사업의 여건에 따라 사업성 분석 단계부터 미리 자금조달 2단계인 사업비 조달(금융) 구

조를 먼저 정하고, 그 금융 구조에 맞는 주요 파트너사를 선정하는 경우도 많다. 시행사가 금융 구조화에 대한 경험이 부족하다면, 2단계 금융 경험이 많은 파트너사를 먼저 선정하여 금융 컨설팅을 받아 보는 것이 좋다. 위의 순서도 중요하겠지만, 부동산개발사업의 구조화를 이루는 중요 요소가 자금조달(금융), 주요 파트너사 선정, 신탁구조라는 것은 꼭 숙지하자.

(3) 부동산신탁 구조

대부분의 부동산개발사업이 부동산신탁 구조를 필요로 하기에 이에 대해서 알아야 할 필요성은 있다. 부동산개발 자금조달(금융)기법이 부동산신탁 구조 속에 녹아 있기 때문이며, 부동산신탁 구조만 알아도 자금조달(금융)기법을 추론할 수 있다.

신탁이라는 개념을 처음 접한 이에게는 매우 어려울 수 있으나, 부동산신탁 상품과 구조를 이해하게 되면, 부동산개발의 사업구조를 이해하는데 큰 도움이 된다. 부동산개발사업 구조는 부동산신탁 구조와 일맥상통하기 때문이다.

신탁이란 믿을 신(信), 맡길 탁(託)으로 "믿고 맡긴다."는 뜻으로, 신탁사(수탁자)가 전문지식 등을 바탕으로 재산을 신탁 목적에 따라 또는 신탁행위로 정한 자의 이익을 위하여 개발·관리·처분하며, 그로 인한 수익 발생 시 이를 수익자에게 지급하는 제도를 말한다. 부동산신탁에서의 위탁자는 보통 "부동산소유자(시행사)"를 말하며, 수탁자는 "신탁사", 수익자는

"부동산소유자(시행사) 또는 위탁자의 지정자"를 말한다.

부동산신탁의 종류는 차입형토지신탁, 관리형토지신탁, 담보신탁, 관리신탁(갑종, 을종), 처분신탁, 분양관리신탁, 대리사무로 나뉜다.

부동산 신탁의 기본구조 및 종류

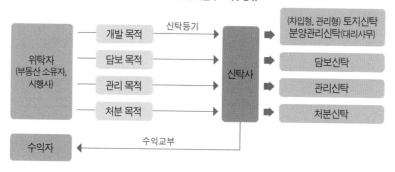

부동산개발을 위한 신탁상품은 크게 차입형토지신탁, 관리형토지신탁, 분양관리신탁(자금관리대리사무 포함)으로 총 3가지 상품이 있으며, 그 외 비개발형 상품으로는 담보신탁, 관리신탁, 처분신탁이 있다. 차입형토지신탁과 관리형토지신탁을 묶어서 편의상 "토지신탁"이라고 부른다.

대부분의 부동산개발사업이 부동산개발형 신탁 3가지 상품으로 부동산개발사업 구조화를 이루고 있다. 다음의 표를 보면 신탁상품에 따라 파트너사의 역할(참여 조건)을 개략이나마 예측할 수 있다.

순번	구분		사업 주체	자금조달처	시공사
1	차입형 토지 신탁	일반 차입형	신탁사 (수탁자)	토지비 조달: 시공사 또는 PF대출금융기관 사업비 조달: 신탁사	책임준공의무 또는 대출연대보증
		하이브리드 차입형		토지비 조달: 시공사 또는 PF대출금융기관 사업비 조달: PF대출금융기관 +신탁사	
2	관리형 토지 신탁	일반 관리형	신탁사(수탁자): 신탁사는 시공사의 책임준공 의무를 연대하여 책임	토지비 및 사업비 조달: 시공사 또는 PF대출금융기관	
		책임 준공형			
3	분양관리신탁 (자금관리대리사무 포함)		시행사(위탁자)		

* 신탁 구조상 시행사를 "위탁자"로, 신탁사를 "수탁자"라고 표현함.
* 상기 일반 부동산개발 신탁구조 외에도 주택도시보증공사 허그(HUG)신탁, PFV사업, 리츠 등 다양한 부동산개발사업 구조가 있으나, 이러한 구조는 이용 빈도가 낮은 편이라 해당 설명은 생략하고자 한다.

위의 3가지 부동산개발형 신탁구조와 그 외 신탁상품에 대해 좀 더 자세히 알아보자.

(가) 차입형토지신탁

차입형토지신탁은 자금조달 유형에 따라 크게 일반 차입형토지신탁과 하이브리드 차입형토지신탁으로 나뉜다.

차입형토지신탁은 "개발신탁"이라고도 부르며, 토지 소유자(시행사)의 의견과 신탁사의 인적 인프라 및 전문지식을 결합하여 신탁사가 사업비(건설자금)를 조달하여 수탁한 사업부지를 개발, 분양(임대) 후 수익

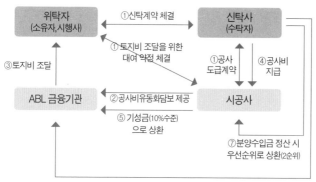

※ 일반 차입형토지신탁 구조

금을 토지소유자(시행사)에게 배당해주는 상품이다. 신탁사가 자체자금 (신탁계정대)으로 조달하기 때문에 리스크에 대한 Fee로 신탁보수는 높은 편이다.

일반 차입형토지신탁의 구조가 변형되어 하이브리드 차입형토지신탁 (혼합형 개발신탁[28])구조 상품이 나오게 된다. "혼합형 개발신탁" 또는 "하이브리드형 개발신탁"이라고 불리는 이 상품은 토지비를 시공사 또는 금융기관 자금으로 조달하는 것은 일반 차입형토지신탁과 동일하나, 신탁사만 조달했던 공사비 등의 사업비를 금융기관의 PF대출과 함께 혼합하여 조달한다는 의미에서 "혼합형 개발신탁"이라고 부르는 것이다.

신탁업법상 신탁사는 토지비를 조달할 수 없다. 그래서 일반 차입형토

---

28 개발신탁 부동산신탁회사가 자금을 차입하여 직접 개발사업을 시행하는 것.

지신탁에서의 토지비 조달은 보통 시공사가 공사비의 10~20% 정도를 조기 유동화(ABL)하여 현금화한 금액을 시행사가 시공사에게 빌려 토지비 부족분을 충당하는 방식이었다. 즉, 일반 차입형토지신탁은 토지비 잔금이 ABL금액보다 적어야 했기에 토지비가 낮은 지방 사업장을 위주로 진행되었다. 그러나 수도권 등 땅값이 크게 오르면서 공사비 10~20%로는 토지비 납입이 턱없이 부족하자 토지비 추가 부족분과 함께 사업비를 대출금융기관이 PF대출로 충당해주게 되었으며, 이것이 하이브리드 차입형토지신탁이 되었다. 전통적인 일반 차입형토지신탁에서의 토지비는 PF대출금융기관이 부담하고, 공사비 등 사업비는 신탁사가 부담하는 구조였다면, 하이브리드 차입형토지신탁은 토지비 및 사업비 일부를 PF대출금융기관이 부담하고 잔여 사업비는 신탁사가 부담하는 방식이다.

하이브리드 차입형토지신탁이 주목받는 이유는 시행사 입장에서는 이 방식이 사업 비용을 가장 많이 아낄 수 있는 구조이기 때문이다. 일반 PF 구조는 높은 금리의 PF대출로 공사비 등 사업비를 확보해야 한다. 하지만 하이브리드 차입형토지신탁은 토지비 일부와 필수 사업비 일부만 조달하면 되고, 나머지 대부분의 사업비는 신탁사의 자금(고유계정)을 통해 필요할 때마다 조달하게 된다. 신탁사의 계정대 이자는 PF대출 금리보다 비교적 저렴하기에 사업 비용을 절감하는 효과가 있다. 또한 시공사 입장에서는 공사비를 신탁사가 책임지고 확보해주기 때문에 공사비 수급이 안정적이라 시공사의 참여를 좀 더 수월하게 이끌어 낼 수 있다.

일반 차입형토지신탁과 하이브리드 차입형토지신탁은 고도의 전문성과 노하우, 풍부한 인력, 신탁사의 튼튼한 자본력을 바탕으로 진행되어야 하기에 잘 짜인 한국자산신탁과 한국토지신탁에서 주로 이 시장을 선점하고 있다.

(나) 관리형토지신탁

관리형토지신탁은 신탁사에서 자금조달 의무를 부담하지 않고, PF대출 금융기관이 사업비를 조달하고, 시공사는 책임준공 또는 지급보증을 통해 사업비조달에 협조하는 형태의 신탁상품으로, 개발신탁과 유사하지만 자금조달 방식에 차이가 있는 것이며, 신탁보수는 비교적 낮은 편이다.

차입형토지신탁과 함께 관리형토지신탁은 시행사의 부도 또는 파산 위험성을 헷징(Hedging)하여 안정적인 개발사업 추진을 도와주며, 분양사고

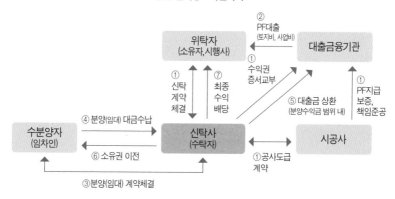

※ 일반 관리형토지신탁 구조

위험을 방지하는 역할을 한다.

관리형토지신탁의 변형된 구조로, "책임준공형 관리형토지신탁"이라는 상품도 있다. 책임준공형 관리형토지신탁을 "책준(관토)"이라고 줄여서 부르기도 한다. 이 상품은 신용도가 낮은 시공사의 책임준공의무를 신탁사가 함께 보증하여 신탁사의 책임준공 신용으로 PF대출을 받는 구조이다. 주로 개발 규모가 작은 사업(매출액 1,000억 원 이하 수준)이거나 신용이 낮은 중견 시공사일 경우, 이 구조를 이용한다.

책임준공형 관리형토지신탁의 구조는 일반 관리형토지신탁과 유사하나, 신탁사의 책임준공 리스크에 대한 Fee로 신탁보수는 일반 관리형토지신탁보다 높은 편이며, 대략 매출액의 1~2% 수준이다.

(다) 분양관리신탁

분양관리신탁은 「건축물의 분양에 관한 법률」에 의거 개발사업의 시행사가 준공 전에 선분양을 위하여 신탁사에게 부동산 소유권 및 분양대금을 보전·관리하게 하는 상품이다. 하지만 사업 주체가 수탁자(신탁사)가 아닌 위탁자(시행사)가 되는 구조로, 대출금융기관 입장에서는 위탁자(시행사) 통제가 어려울 수도 있어 선호하는 상품은 아니다.

분양관리신탁은 시행사가 자기자본을 많이 투입했을 경우 주로 이용되며, 소규모 개발사업이 주를 이룬다. 신탁보수는 관리형토지신탁과 유사하다.

* 상기 대상은 법률에 따라 변경될 수 있음.

※ 분양관리신탁 구조

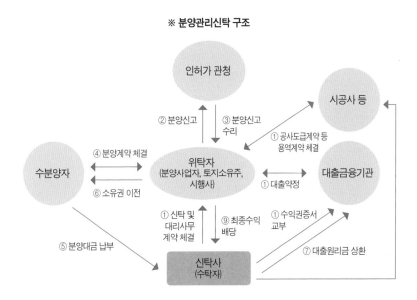

(라) 담보신탁

담보신탁은 토지, 건물 등 부동산을 담보로 제공하고 자금을 대출받고 자 하는 경우에 이용할 수 있는 신탁상품으로, 대출 시 근저당권 설정 비용보다 담보신탁보수가 낮다. 그래서 최근에는 근저당설정보다는 담보신탁으로 진행하는 경우가 많아지고 있다.

부동산개발로는 시행사가 사업부지 소유권 확보를 위한 브릿지대출 때 많이 이용되는 상품이고, 이때 대출금융기관이 담보신탁을 사용하는 주된 이유는 시행사의 채무 불이행 시 빠른 환가 처분(매각)이 가능하기 때문이다.

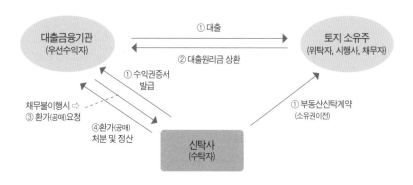

※ 근저당 설정과 담보신탁의 비교

구분	근저당권	(담보)신탁등기
임대차계약	임대차계약을 맺어도 채권자가 알 방법이 없으므로 채권자 동의 없는 임대차계약이 가능하다.	소유권이 신탁회사로 되어 있기에 채권자의 동의가 없으면 임대차 계약이 불가하다.
후순위 설정	소유주 마음대로 후순위 설정이 가능하다.	우선수익자의 동의가 필요하기에 통제가 가능하다.
채무 불이행 시, 강제집행방법 및 소요 기간	법원경매를 통해 진행해야 하므로 기간이 6~12개월 이상 걸리기에 채권 회수 기간이 길다.	신탁회사가 공매를 진행하기에 절차가 간편하고, 채권 회수는 빠르면 1~2달 이내에도 가능하다.
후순위 권리자의 강제집행	후순위권자의 강제 처분이 가능하다.	일반적으로 후순위 우선수익권자에게 처분권을 주지 않는다. 선순위 우선수익권자의 동의를 받아야 강제집행이 가능하다.

(마) (갑종, 을종)관리신탁

관리신탁은 신탁보수는 적으나, 소송 등 많은 문제들이 발생해 최근 신탁사에서 관리신탁 상품을 지양하는 추세이다.

구분	내용
갑종관리신탁	위탁자로부터 부동산을 수탁해 소유권은 물론 임대차관리, 시설관리, 세무 및 법무 등 부동산 관련 모든 업무를 신탁회사가 수행하고, 발생한 신탁 수익을 수익자에게 교부하는 상품으로 "종합적 부동산 관리 운용 업무"
을종관리신탁	위탁자로부터 부동산을 수탁해 소유권만을 관리하는 신탁상품

(바) 처분 신탁

처분신탁은 처분에 어려움이 있는 부동산 또는 대형 고가의 부동산을 효율적으로 처분할 필요가 있을 때, 신탁회사가 부동산을 처분하여 처분대금을 수익자(토지주 등)에게 교부하는 상품이다.

부동산 매매 확정 후, 부동산 잔금 지급까지 소유권 관리에 안정성을 요하는 경우에 이용된다. 부동산개발사업의 경우에는 도시개발사업 또는 아파트개발사업 등 토지주가 많은 경우, 신탁사를 통해 토지 취합을 효율적으로 하기 위하여 이용된다.

※ 처분신탁 구조

(사) 대리사무

대리사무는 신탁회사가 부동산과 관련되는 부동산 취득, 처분, 개발사업의 자금관리업무 등을 대리하는 상품으로, 부동산개발 시 자금을 안정적으로 통제 및 관리하기 위한 역할로 많이 이용된다.

이상으로 신탁상품 구조에 대해 알아보았다.

담보신탁과 처분신탁 같은 경우 브릿지대출, 개발부지의 토지소유권 확보 등 부동산개발을 준비하기 위한 수단으로 주로 사용된다. 그리고 부동산개발이 부동산신탁구조로 진행된다면, 부동산개발형 신탁상품의 구조가 곧 부동산개발사업의 구조화라고 말할 수 있다. 부동산신탁 구조 속에 자금(금융)조달 구조와 파트너사(PF대출금융기관, 신탁사 및 시공사)의 참여 조건이 녹아 있기 때문이다. 그래서 부동산개발사업을 이해하는 데, 부동산신탁에 대한 이해가 중요한 것이다.

2) 부동산개발사업 구조화를 위한 주요 파트너사 선정

(1) PF대출금융기관 및 신탁사 선정

시행사는 신탁사, PF대출금융기관과 시공사 선정이 사업의 성패에 중요한 만큼 신중을 기해야 한다.

신탁사 선정에 대해서는 신탁수수료 비교 견적을 통한 업체선정이 주를 이루나, PF대출금융기관 같은 경우는 우량사업이 아니고서는 비교 견적을 통한 경쟁입찰은 쉽지가 않다. 보통은 시행사가 증권사 등 대출주관사를 선정하여 대출주관사에서 PF대출금융기관을 모집하는 사례가 대부분을 차지한다.

※ 신탁사 및 주요 부동산 PF대출금융기관(대출주관사 포함)

신탁사		한국자산신탁, 한국토지신탁, 코람코자산신탁, KB부동산신탁, 하나자산신탁, 신한자산신탁, 무궁화신탁, 대한토지신탁, 우리자산신탁, 코리아신탁, 교보자산신탁, 신영부동산신탁, 대신자산신탁, 한국투자부동산신탁 (14개 부동산 신탁사)
PF 대출	**증권사**	메리츠증권, 삼성증권, 한국투자증권, KB증권, 하이투자증권, 하나증권, 미래에셋증권, 키움증권, 현대차증권, BNK투자증권, 대신증권, 교보증권, NH투자증권, IBK투자증권, 다올투자증권 등
	은행	하나은행, SC제일, 국민은행, 신한은행, 외환은행, 우리은행, 한국시티은행, 경남은행, 광주은행, 대구은행, 부산은행, 전북은행, 제주은행, 기업은행, 농협, 수협, 새마을금고
	저축은행	SBI저축, OK저축, 한국투자저축, 웰컴저축, 다올저축, 상상인저축, 모아저축, 대신저축, 유진저축, KB저축, OSB저축, 하나저축, NH저축, 애큐온저축, 페퍼저축, 디비저축, 예가람저축, 흥국저축, 한화저축, 우리금융저축, IBK저축 등
	캐피탈	KB캐피탈, 롯데캐피탈, 산은캐피탈, 신한캐피탈, 아주캐피탈, 하나캐피탈, 한국캐피탈, 현대캐피탈, 효성캐피탈, BNK캐피탈, OK캐피탈, JB우리캐피탈, 메리츠캐피탈, 키움캐피탈, 우리금융캐피탈, NH농협캐피탈, IBK캐피탈, DB캐피탈, JT캐피탈 등
	자산 운용사	이지스자산운용, 삼성에스알에이자산운용, 미래에셋자산운용, 마스턴투자운용, 신한자산운용, 하나대체투자자산운용, 케이비자산운용, 키움투자자산운용, 코람코자산운용, 베스타스자산운용, 켄달스퀘어자산운용, 캡스톤자산운용, 메리츠대체투자운용 등
	여신전문카드사 및 보험사	롯데카드, 신한카드, 삼성생명, 메리츠화재, 교보생명, DB손보, 삼성화재 등
	P2P대출	온라인투자연계금융(P2P금융)업계 13곳 PF대출을 취급한 이후로 연체율과 부실률이 높아, 신규 대출이 어려운 상태임.

* 위 리스트는 금융기관별 어떤 업체가 있는지에 대한 참고자료이며, 상기 외의 업체가 많음.

부동산신탁사는 14개만 존재하며, 대출여신은 할 수 없으며, 차입형토지신탁 구조상 공사비 등 사업비 조달만 가능하다.

(하이브리드) 차입형토지신탁은 한국자산신탁, 한국토지신탁이 개발에 대한 노하우와 우수한 자본력으로 대부분의 시장을 점유하고 있으며, 책임준공 관리형토지신탁은 신탁사의 신용도가 높이 평가되는 금융지주 계열의 KB부동산신탁, 하나자산신탁, 신한자산신탁, 우리자산신탁이 시장을 점유하고 있으나, 소규모개발사업에 대해서는 무궁화신탁 등 소규모신탁사에서도 사업을 진행하고 있다.

(하이브리드) 차입형토지신탁이나 책임준공형 관리형토지신탁을 진행해야 될 경우, 신탁사 우위의 사업구도이기에 신탁사 선정에 어려움이 있을 수 있다. 반면, 일반 관리형토지신탁과 담보신탁을 진행할 경우, 시행사 우위의 사업구도이기에 각 신탁사별로 수수료 경쟁입찰을 통해 선정하는 것이 좋으며, 대형 신탁사보다는 소형 신탁사를 선정하는 것이 시행사가 업무 보는 데 편하고 수월할 수 있다.

PF대출금융기관은 위의 표와 같이 매우 많으나, 대출금융기관마다 각각 선호하는 대출상품과 대출 순위, 요구하는 대출이자, 선호하는 지역 등이 다르다. 시행사는 자신의 개발사업 대출을 위해 적격한 PF대출금융기관을 발굴해야 하는데, 부동산개발 초기에 해야 될 과제가 매우 많기 때문에 수 많은 대출금융기관과의 접촉이 사실상 쉽지가 않다. 그래서 PF대출을 발굴하는 주관사를 선정한다. PF대출금융기관을 발굴하는 주관사는 대부분 증권사이며, 대출 주관사를 선정할 때는 시행사가 개발하는 상품에 대한 금융 딜(Deal) 경험과 PF대출금융기관과의 인맥이 어느 정도인지는 꼭 확인해보아야 한다.

(2) 시공사 선정

부동산신탁사와 PF대출금융기관 선정과 함께 시공사 선정은 매우 중요한 과제이다. 부동산개발사업에 가장 많은 비용을 차지하는 것이 바로 공사비이며, 공사비를 얼마나 줄이느냐에 따라 사업 진행 여부가 결정되어지기 때문이다.

때로는 최초에 낮은 공사비를 제안하여 계약하였으나, 공사 진행 중 이런저런 항목으로 공사비를 증액하여 시행사의 사업수익이 남지 않은 경우도 비일비재하며, 나의 능력 및 의지와는 상관없이 예기치 않은 시공사의 부도로 분양이 100% 됐음에도 사업이 실패하는 경우도 발생하고, 분양이 100% 되고 준공이 되었음에도 공사 하자가 많아 수 년을 수분양자와 소송으로 시간을 보내며 고생하는 시행사들도 많다. 즉, 시공사는 부동산개발사업에서 많은 비용과 많은 변수 요소를 품고 있기 때문에 시행사는 시공사 선정을 위해 여러 항목들을 짚어보아야 한다.

시공사를 선정할 때, 주요 확인해야 될 사항은 다음과 같다.

(1) 신용평가 및 재무능력
공인 신용평가기관의 평가 및 재무제표 확인이 필요하다. 이는 책임준공보증 또는 채무보증을 통한 자금조달이 가능한 회사인지, 이때 금리는 어떻게 되는지 등을 알아보기 위함이다. 사전에 가능 여부를 대출 예정 금융기관 등에 문의한 후, 시공사를 선정하는 것이 좋다. 추가로, 시공사의 관계회사가 있다면 연결재무제표를 통해 관계회사의 신용도, 보증 가능 여부 등을 파악하는 것도 좋다.

(2) 시공사 분담 정도 파악

시공사의 책임준공, 자금조달, 하자보수, 채무인수 등 가능 정보를 확인해야 한다. 그래야 이러한 정보를 기반으로 금융기관의 PF대출 가능 유무를 파악할 수 있기 때문이다.

(3) 도급 순위(시공 능력), 지명도 및 브랜드 선호도 파악

도급 순위 및 시공 능력은 대한건설협회의 평가 수치를 참고하면 되고, 대부분 도급 순위가 높을수록 브랜드 역시 좋은 편이다. 시공사의 지명도나 브랜드 선호도에 따라 분양가나 분양률이 다르기 때문에 당연히 시공사의 지명도를 따지지 않을 수 없다. 그리고 지역에 따라 선호하는 브랜드가 다를 수 있기에 시행사의 입장에서는 시공사 선정 전 분양대행사를 통해 개발지역 브랜드 선호도를 확인해 보는 것도 분양성 제고에 도움이 된다.

(4) 시공 이력 및 공사 진행 검토

시공사에게 지명원을 요청하면, 상기의 신용평가 및 재무능력과 함께 과거와 진행 중인 공사 내역을 받아 볼 수 있다. 시공 이력을 검토하는 목적은 첫째, 내가 진행해야 하는 개발사업의 공사 경험과 노하우를 가늠하기 위함이며, 둘째, 공사 중인 사업들의 현황 점검을 통해 시공사의 부도 등 이상 징후를 포착하기 위함이다. 업계에선 보통 10개의 공사 현장이 성공해도 1개의 현장이 망가지면 회사(시공사)가 망할 수도 있다는 이야기를 한다. 그만큼 시공사가 공사 중인 현장 상황 파악이 정말 중요하다. 이에 시행사는 시공사가 공사 중인 각 현장의 분양률, 공사비 지급률, 공정률, PF대출(공사비 확보 비율) 등을 파악하여 시공사의 여타 공사가 본 사업에 미치는 영향을 평가해 보아야 한다.

시공사가 1개의 공사현장이 어려워 하도급업체에게 공사비를 미지급 할 경우, 다른 현장의 공사비를 땡겨 돌려막는 경우가 있는데, 이렇게 되면 선의의 제3자 현장 이 망가지는 현상이 발생되며, 특히, 개발 규모가 작은 사업일수록 빈번하게 발생한다. 결론적으로, 선의의 제3자 현장의 피해자가 내가 될 수 있기에 시행사는 부동산 개발사업의 규모가 크든 작든 시공사의 시공 이력과 진행 상황을 꼭 체크해 보아야 한다.

(5) 시공사 영업력 및 담당자의 역량 체크

시공사 영업직원의 업무 지식, 업무 추진 능력, 도덕성 등을 면밀히 살펴야 하고, 부동산개발은 시간을 최소화하는 것이 중요하므로 시공사의 의사결정 속도도 알아보아야 한다. 또한, 담당자 역량도 중요하다. 같은 회사(시공사) 안에서도 누구와 진행할 땐 사업 진행이 안 되다가, 다른 누구와 진행하니 빠른 속도로 사업이 진척되는 경우도 꽤있으니, 회사 내 입지가 좋은 사람을 섭외하여 업무를 진행하는 것이 전략적으로 좋을 수 있다.

(6) 적정 공사비

공사비는 사업의 규모, 시공사의 재무상태, 분양성 등에 따라 크게 분양불과 기성불로 구분한다.

분양불은 수분양자의 계약금, 중도금, 잔금을 받아서 준공까지 공사를 진행하는 것을 말한다. 이때 보통 PF대출은 토지비와 초기 사업비 확보에 한하며, 공사비는 시공사가 자체적으로 조달하여야 한다. 이때 분양성이 양호하면 분양수입금으로 공사비를 순조롭게 충당하여 문제가 없지만, 분양 성과가 미진할 경우에는 시공사의 자체자금을 통해 공사를 하여야 한다. 그렇기 때문에 시행사는 분양불로 시공사를 선정할 경우, 시공사의 재무상태를 잘 파악하여야 한다. 시공사가 공사비가 없어 공사를 중단하거나 공사 포기로 인해 회사가 부도나는 경우도 있기 때문이다. 이러한 시공사의 리스크로 인해 분양불 사업은 기성불보다 공사비 단가가 높은 편이다.

공사비는 공정률에 따라 공사대금을 단계별로 지급받지만, 분양이 미진한 경우에는 시공사가 자체자금으로 공사비 투입 후, 분양수입금이나 준공 후 담보대출로 정산받게 된다.

기성불은 PF대출을 통해 토지비, 초기 사업비 외에 공사비의 상당 부분(공사비의 85~95% 수준) 조달하여 공사를 진행하는 것을 말한다. 시공사는 PF대출로 공정률에 따라 공사대금을 단계별로 지급받게 된다. 대출을 통해 자금을 조달하므로 금융기관의 부담이 커지는 대신에 시공사는 자금부담을 줄이며 공사를 진행할 수 있기에 분양불에 비하여 공사비 단가는 낮은 편이다.

공사비를 산정할 때 단순히 평당 공사비가 얼마인지만을 따지는 것은 별 의미가 없다. 도급 범위(건축공사, 단지 외부공사, 철거비, 발코니 등)와 마감 수준의 비교를 통한 평당 도급공사비 견적이 이루어져야 한다.

그리고 평당 공사단가의 비교는 타 시공사를 통한 비교 견적으로 파악하면 좋다. 공사비는 사업지출의 대부분을 차지하여 사업 가능성을 판단하는 데 중요 요소가 되기에, 비교 견적을 통해 공사비의 적정성을 꼭 확인해 보아야 한다. 공사비 견적은 최소 2~3군데 해 보는 것이 좋다.

> **※ 간혹 빠트릴 수 있는 공사금액에 포함시킬 사항**
> ① 철거공사(협의에 따라 가능) ② 파일공사 ③ 벌목공사 ④ 옹벽공사 ⑤ 발코니 확장 ⑥ 도시계획시설(인허가 조건) ⑦ 인입공사비 ⑧ 공사민원처리비 ⑨ 근생시설 등 각종 마감공사비(문주 포함) 등

특히, 제주지역의 공사 같은 경우, 공사비는 수도권 대비 120~130% 증액, 공사 기간은 수도권 대비 1.3배 정도 연장이 필요하다. 참고로 공사비는 1군 시공사의 경우 2, 3군 시공사보다 평당 공사비가 높은 경우가 많은데, 이유는 간접비가 높은 데 있다. 직원들이 많고, 인건비 수준이 높으며, 많은 이익을 가져가기 때문이다.

(7) 시공사 신용에 따른 신탁구조 활용

채무보증 또는 책임준공만으로 PF대출이 일어나는 규모가 큰 1군 시공사 경우는 관리형토지신탁을 주로 활용하며, 채무보증 및 책임준공으로 PF대출이 어려운 1군 또는 2, 3군의 시공사 경우, 신탁사의 책임준공연대보증을 이용하는 책임준공형 관리형토지신탁을 활용한다. 그리고 부동산경기가 좋지 않은 경우는 1, 2, 3군 시공사 모두 차입형토지신탁을 선호하는 경향이 있다. 차입형토지신탁 구조는 시공사의 공사비를 안정적으로 받을 수 있기 때문이다.

부동산개발 8~11단계

PF대출,
착공 및 분양 개시

주요 파트너사가 선정되고 사업 구조화가 완성되면, 각 파트너사 간 부동산개발의 주요 계약인 신탁계약, PF대출약정, 공사도급계약이 이루어진 후, PF대출이 실행된다. PF대출이 실행되었다면, 부동산개발의 가장 어려운 고비 중 하나를 넘겼다고 보아도 된다.

PF대출 실행 후 시행사는 본격적인 개발부지 공사와 함께 분양을 준비하여야 한다. 이때 시공사는 착공 신청을 하여 실착공을 준비해야 하고, 시행사는 감리자, 분양대행사, 광고대행사, 모델하우스 건설업체를 선정하여 분양 개시 준비를 하여야 한다.

PF대출 후 시행사는 먼저 ① 감리자를 선정하여야 한다. 감리자 선정이 되어야 개발부지의 착공신고가 가능하며, 착공신고가 완료되어야 분양 신청을 접수할 수 있기 때문이다. 분양 신청 전에는 ② 모델하우스 부지를 선정하고, 분양대행사, 광고대행사, 모델하우스 건설업체 선정이 완료되어야 한다.

분양대행사, 광고대행사, 모델하우스 건설업체가 선정되면 이 업체들과 함께 시공사, 신탁사, 시행사가 모여 ③ 분양 관계자 연합회의를 진행하게 되는데, 이때 개발상품의 호실별 세부 분양가격, 상품 보완, 분양 일정, 분양 전략, 광고계획 등의 가이드라인을 정하고, 이러한 내용들을 반영하여 분양 신청을 하게 된다.

보통 ④ 모델하우스 건축 인허가(또는 공사 진행) 중에는 ⑤ 개발부지의 착공 승인이 완료되어 시공사는 공사를 시작하게 되고, 시행사는 분양 신청을 하게 되는데, 분양 공고 전까지는 ⑥ 중도금대출 조건과 중도금대출기관을 확정하는 것이 좋은데, 최소한 분양 공고(입주자모집공고)까지는 중도금대출기관이 확정되지 않더라도, 중도금대출 조건(무이자, 후불제 등)은 확정되어야 한다. 분양자에게 있어서 중도금대출 조건이 분양계약 의사 결정에 중요한 역할을 하기 때문이다.

모델하우스가 준공될 즈음에는 시행사, 시공사, 신탁사 및 분양 관계자들과 함께 ⑦ 모델하우스 품평회를 진행하여 품평회가 완료되면 모델하우스를 준공하게 된다. 그 후 모델하우스를 오픈하게 되고, ⑧ 분양 승인(분양 공고)을 거쳐 분양을 개시하게 된다.

PF대출 이후 위의 일정은 보통 2~3개월 안에 진행되기 때문에 시행사는 매우 분주하게 움직여야 한다. 이 시기는 부동산개발사업 중 시행사에게는 가장 바쁜 시기이며, 일정 관리를 자칫 잘못하면 분양 개시 타이밍을 놓치는 경우도 종종 있어 예민한 시기이기도 하다.

PF대출 이후부터 분양 개시까지의 업무 흐름을 좀 더 세부적으로 살펴보자.

1) 감리업체 선정 및 착공 신고 준비

시행사가 매일 공사 현장에 출근하여 시공사가 도급계약과 설계도서대로 공사를 하였는지 직접적으로 통제하는 것은 현실적으로 어렵다. 그렇기 때문에 시행사는 모든 시공 과정에서의 품질관리, 공사관리, 안전관리 등에 대하여 지도 감독하는 공사 감리업체를 선정하는 것이다. 시행사에게 있어 감리업체 선정은 공사의 사고 및 하자 보수를 막기 위한 가장 중요한 방어책이다. 감리업체는 보통 시공사에서 현장 컨테이너를 설치해 주고, 공사 현장에서 상주하게 된다.

감리업체 선정은 일반적으로 최저가 경쟁입찰로 진행되며, 시행사는 감리비를 매월 1~3개월마다 지급한다. 공사 기간이 길어지면 감리 기간도 길어지기에 감리비가 증액될 수 있다.

30세대 이상의 주택을 개발하는 경우, 착공 전 허가권자(지자체)가 감리 업체를 선정하며, 공동주택을 제외한 부동산개발은 시행사가 감리업체를 선정하면 된다.

※ 감리업체 선정 기준

감리 구분	공사 구분	해당 법률	내용
주택공사 감리	공동 주택	주택법	감리자 지정: 사업계획승인권자(지자체) 대상: 30세대 이상 민간주택 건설공사 감리회사(현장 상주 감리): - 300세대 미만: 건축사사무소 또는 감리전문회사 - 300세대 이상: 감리전문회사
일반공사 감리	일반 건축물	건축법 및 건축사법	감리자 지정: 건축주(시행사) 대상: 일반 민간건축공사 감리회사: 건축사사무소 또는 감리전문회사 -현장 상주 감리: 연면적 5천㎡ 이상, 3천㎡ 이상(5개 층 이상), 아파트공사(30세대 미만), 준다중이용건축물공사 -현장 비상주 감리: 기타 건축물

* 상기 감리업체 선정은 해당 법률에 따라 변경될 수 있음.

2) 분양 관련 업체 선정(분양대행사, 광고대행사, 모델하우스 건설업체) 및 모델하우스 부지 선정

(1) 분양대행사 선정

시행사는 분양을 위한 분양대행사를 선정해야 한다. 분양대행사의 참여 의사를 사전에 조사하고, 2~3군데 선별된 대행사 중 경쟁 PT를 통해 1곳을 선정한다. 분양대행사는 부동산개발사업의 성패에 지대한 영향을 끼치기에 업체 선정에 특히 신중을 기해야 한다. 분양대행사의 분양 전략에 따라 개발상품의 분양가, 분양광고 전략, 모델하우스의 위치와 규모 등 분양에 중요한 사항들이 결정되기 때문이다.

※ 분양대행사 선정을 위한 검토 사항
① 지명원을 통한 분양 이력 검토
② 분양대행사의 재무현황 및 현금 보유고 파악
③ 분양 목표분양률, 분양수수료, 분양수수료 지급 시기의 적정성 검토
④ 분양대행사의 (정)직원과 분양 영업조직 인원 편성(데스크 분양, 조직 분양) 파악
⑤ 분양대행사 평판

분양대행사를 선정하기 위한 검토 사항으로는 첫째, 지명원을 통해 분양대행사가 어떠한 부동산 상품을 많이 분양했는지 또는 어느 지역에서 분양했는지를 먼저 확인해야 한다.

시행사가 개발할 부동산상품을 많이 팔아보고, 개발할 지역에 대한 분양 경험이 풍부한 대행사일수록 분양 성공률이 높기 때문이다.

둘째, 분양대행사의 재무현황을 파악하고, 현재 얼마만큼의 현금을 보유하고 있는지 파악하는 것이 중요하다.

재무제표 등 재무현황를 통해 회사의 규모와 안정성을 확인하고, 분양 영업인력 통제 능력을 파악할 수 있기 때문이다. 분양대행사는 인력사업이다. 보통 분양대행사는 신규 분양 현장이 진행될 때마다 분양 영업직원을 뽑게 되는데, 이때 분양대행사는 분양 영업직원들에게 보통 일당이나 주급을 주게 되며, 분양 영업직원이 분양계약을 성사시킬 경우 해당 직원에게 분양수수료를 지급하게 된다. 이때 현금 부족으로 분양수수료 지급이 불가하면 분양 영업직원 통제가 어려워지는데, 이러한 소문이 나면 영업인력 모집 또한 어려워져 분양이 불가할 수도 있다. 실제로 시행사나 분양상품의 문제가 아닌, 분양대행사의 문제로 분양을 실패한 사례도 많다. 시행사는 억울할 따름이다.

예를 들어, 조직 분양 같은 경우, 분양 영업직원이 100~300명으로 구성되며, 보통 일비라고 하여 분양의 난이도에 따라 하루에 2~5만 원까지 지급하게 된다. 이러한 영업조직을 이끌기 위해 소비되는 비용만 해도 월 1억이 넘는 현장도 많다. 일비 외에 운영비 등을 포함한다면 비용은 더 많을 것이다. 이러한 자본이 없다면 영업조직 구성과 운영이 어렵다. 그렇기 때문에 이 비용을 몇 달간 부담할 수 있는 분양대행사인지를 먼저 확인하는 것이 중요하다.

분양대행사는 분양 개시 전 사전 영업 기간이 최소 1~3개월인데, 이 기간동안 비용을 선투입할 수밖에 없는 상황이 발생되며, 미분양 기간이 길어질 경우에도 버틸 수 있는 금전적 체력이 있어야 한다.

셋째, 분양 목표분양률, 분양수수료와 지급시기 등의 적정성을 따져 보아야 한다.

시행사는 어떤 전략으로 어떻게 목표분양률을 이룰 것인지 디테일하게 Q&A를 해야 하며, 적정한 분양수수료를 청구하는지 파악해야 한다. 또한, 분양수수료 지급시기가 중요한데, 분양수수료를 초기에 모두 지급하면 분양대행사 통제가 어려워지기 때문에 일부는 수분양자가 중도금대출을 받은 후에 지급해주는 것이 좋다. 시행사 입장에서는 분양수수료 지급 시기를 최대한 미룰수록 유리하겠으나, 보통은 분양수수료를 7:3 또는 8:2(분양계약 시:중도금대출 시) 수준으로 지급한다.

한 가지 팁을 공유하자면, 분양대행사가 분양 영업직원에게 얼마의 분양수수료를 내려주는지 현황을 파악하는 것도 필요하다. 왜냐하면, 분양대행사가 분양 영업직원에게 분양수수료를 비정상적으로 조금만 내려주게 되면 좋은 분양 영업직원 섭외가 되지 않아 분양에 악영향을 끼칠 수 있기 때문이다.

넷째, 분양대행사의 (정)직원과 분양 영업조직 인원 편성이 어떻게 되는지를 파악해야 한다.

먼저, 분양대행사의 비즈니스 특성상 정직원(4대보험 직원)이 많지가 않다. 실제로 회사 대표 또는 직원을 포함해 1~2명뿐인 곳도 많다. 분양대행사 입장에서는 고정 비용을 절약하기 위해 새로운 분양현장이 시작할 때를 맞춰 분양 영업인력을 뽑기 때문이다. 그래서 실제 근무하는 정직원의 수가 얼마인지 파악하여 분양대행사의 실제 규모를 파악해야 한다. 그리고 분양대행사에 정직원이 있다면 모델하우스에 최소 2~3명은 상주하도록 주문해야 한다. 왜냐하면 대부분의 분양 영업직원들은 분양현장에 맞춰 급하게 수급되어진 인력이기 때문에 분양대행사 정직원보다 분양현장에 대한 애착과 책임감이 덜하며, 돈이 되지 않는 현장이라고 판단하면 바로 떠날 수 있기 때문이다.

또한 시행사는 분양 영업직원의 인원 편성을 어떻게 구성할 것인지를 파악해야 한다. 크게 데스크 분양과 조직 분양으로 나뉘며, 이 2가지의 형태에 따라 분양 전략 또한 많이 달라진다.

분양대행사마다 강점이 다르기 때문에 지명원의 분양 실적과 면담을 통해 데스크 분양을 주력으로 했는지, 조직 분양을 주력으로 했는지 파악하면 좋을 것이다.

데스크 분양과 조직 분양에 대해 간단히 설명하겠다. 흥미로울 수도 있는 이야기이다.

구분	차이점	비고
데스크 분양	- 분양수수료는 대체로 낮으나, 주로 분양 오픈 전에 광고를 집중하기에 초기 광고비가 높은 편이다. - 분양 영업인력: 소규모(10~50명)	주로 분양이 양호한 분양 현장에서 시행
조직 분양	- 분양수수료는 높으나, 광고비는 낮은 편이다. 분양이 열악하면, 광고비 또한 높은 편이다. - 분양 영업인력: 대규모(100~300명)	주로 분양이 어려운 현장에서 시행

데스크 분양은 주로 분양이 양호할 것으로 예상되는 분양현장에 운영된다. 작게는 10명에서 분양 세대수(호실)가 많은 경우 50명 수준의 분양 상담사와 분양도우미로 구성한 소규모 분양팀(10~50명)으로 꾸려진다. 이들은 모델하우스 내에 상주하여 분양하게 되고, 주로 분양광고에 의존적인 방식이기도 하다. 추가적으로 사무실 내에서 인바운드콜(고객에게 오는 전화)을 처리하고, 직원 및 계약서 관리, 분양광고 기획 등 업무를 담당하는 관리팀이 3~5명으로 꾸려진다.

데스크 분양의 경우 본격적인 분양이 시작되기 전에는 사업부지 인근 부동산중개업소를 돌면서 분양 상황을 파악하여 홍보 활동을 펼치다가, 모델하우스가 오픈하면 데스크에서 분양 상담을 시작한다. 분양 상담 기간을 지나 분양 승인이 나고, 청약 - 당첨 - 계약 - 중도금대출자서의 순서로 분양 일정이 마무리되면, 데스크 분양팀의 일정도 마무리된다. 다만, 정계약 단계에서 분양계약이 만료되지 않으면, 미분양분의 분양을 위해서 분양 일정이 길어질 수도 있다. 만약 미분양이 많아질 경우, 조직 분양의 형태로 분양 전략이 변경될 수도 있다.

대표적인 데스크 분양은 분양성이 양호한 아파트 분양현장이다. 모델하우스에 아파트 분양을 위해 줄 세우는 모습을 많이 보았을 것이다. 그리고 모델하우스 관람자 및 수분양자들은 도우미의 도움을 받아 모델하우스 내의 분양상품을 소개받고, 데스크에 앉아 상담사에게 세부 분양상품의 상담을 받게 된다. 이러한 시스템이 데스크 분양의 전형적인 유형이다.

데스크 분양의 분양수수료는 조직 분양보다 저렴하다. 아파트의 경우 분양 난이도 및 규모에 따라 세대당 300~800만 원 수준이다. 그리고 분양 대행사가 받은 수수료는 분양상담사 및 홍보도우미에게 월급제로 주는 경우가 많다.

조직 분양은 분양이 어려운 현장에서 주로 운영된다. 100~300명의 분양 영업사원을 대거 모집하는 대규모 분양조직으로, 소비자와의 접점을 넓히기 위한 방법의 영업조직이다. 이러한 대규모의 분양조직을 운영하기에 업계에서는 "떼분양"이라고도 부른다.

조직 분양에서 분양대행사는 많은 분양 영업직원을 어떻게 효율적으로 통제하느냐의 역량이 중요해진다. 보통 분양대행사-총괄본부장-영업본부장-영업팀장-영업사원의 구조로 이루어진다. 영업인력이 많을수록 본부별, 팀별 간의 분양실적 경쟁이 치열하기에 시행사, 분양대행사 입장에서는 분양 영업인력이 많을수록 분양성 제고에 유리할 수 있으며, 보통 본부는 30~50명 수준으로 셋팅된다.

조직 분양은 본부 또는 팀마다 영업 색깔이 다르고 전략 또한 매우 다양하다. 온라인 광고, 신문 광고, 현수막 광고, 아웃바운드(분양 영업직원이 무작위 전화, 문자로 연락하여 수분양자를 발굴하는 방법), 길거리 지라시 홍보 등 다양한 방식으로 다양한 분양 전략에 따라 분양한다. 그리고 본부나 팀마다 분양 실력 차이가 많이 나기 때문에 능력 있는 본부와 팀을 영입하는 것이 중요하며, 대체로 분양수수료를 많이 줄수록 실력 있는 영업직원 영입에 유리하다.

시행사가 분양대행사에게 분양수수료를 내려주면, 분양대행사는 본부장에게 내려주고, 본부장은 거기서 본인, 팀장, 팀원 몫을 나누어 가지게 된다.

조직 분양의 분양수수료는 분양 현장별로 차이가 매우 크다. 분양 난이도에 따라 세대(호실)별로 분양가 계약금의 5~10% 내외이지만 간혹, 악성 미분양현장은 분양가 계약금의 10% 이상을 주기도 한다. 참고로, 분양대행사는 영업직원의 출근 확인 및 분양 독려 차원에서 하루에 보통 2~5만 원까지의 일비를 지급하며, 때에 따라 외지에서 온 영업직원에게는 숙소를 제공해주기도 한다.

악성 미분양의 경우, 일반 분양대행사보다는 미분양상품에 특화되어 잘 파는 이른바 "미분양 잔반처리반"이라고 불리는 분양대행사에게 맡기는 것이 좋다. 이러한 분양대행사는 미분양상품에 특화된 영업인력과 노하우가 축적되어 있기 때문에 미분양 시 이용하면 도움이 된다.

참고로, 분양 전략 중 "깜깜이 분양"이라는 방식이 있는데, 주로 조직 분양에서 쓰인다. 초기 미분양 확률이 높은 사업장의 계약률을 높이기 위해 정보 노출을 최소화(TV, 라디오 광고 없음, 신문 광고 최소화)한 상태에서 청약을 받아 미분양을 만든 뒤, 청약통장 없이 수요자들에게 선착순으로 공급하는 분양 방법을 말한다.

깜깜이 분양의 경우, 입주자모집공고를 지역지나 소규모 중앙일간지에 게재하여 최대한 초기 분양 정보의 유출을 막아 모델하우스 오픈일, 청약 일정 등을 제대로 알기 어렵게 만드는 것이 목적이며, 미분양 시 본격적인 조직 분양을 개시하게 된다. 깜깜이 분양은 분양 초기 광고비를 최소화하고, 광고비를 분양수수료로 대체하여 운영하는 경우가 많다.

다섯째, 분양대행사의 평판을 알아보아야 한다.

선정하고자 하는 분양대행사가 실제로 분양을 잘할 수 있는지의 능력과 인성에 대한 평판을 제3자인 분양업계 사람들에게 알아보는 것이다.

분양대행사도 기업이기에 자신들의 이익을 우선시할 수밖에 없다. 시행사에 대한 배려가 없는 분양대행사도 간혹 있으니 주의해서 선정해야 한다.

초기 분양을 시작할 때 로얄층 등 분양하기 쉬운 분양 호실을 먼저 팔아 분양수수료를 챙기고, 팔기 어려운 분양상품은 남겨 놓고 분양을 포기하는 경우가 대표적 사례이다. 처음 시작할 때야 끝까지 팔겠다고 시행사에게 다짐하겠지만, 분양대행사는 이런저런 핑계로 본인의 수익만 남기고 떠나버린 것이다. 이른바 먹튀하는 분양대행사이다. 시행사 입장에서는 최악의 상황이다. 이러한 상황에서는 분양대행사를 다시 선정해야 되는데, 분양 난이도가 높은 상품만 남게 되면 분양수수료뿐만 아니라 광고비까지 추가로 증액해야 되기 때문에 시행사의 개발 이익에 악영향을 미치게 된다. 그래서 분양대행사가 자신의 기업 이익만을 노리는 회사인지, 아니면 실제로 분양을 끝까지 책임감 있게 맡을 수 있는지에 대한 평판 또한 알아볼 필요는 있다.

(2) 광고대행사 선정 및 분양광고 시 주의사항

> ※ 광고대행사 선정 시 점검 사항
> ① 업체의 소통 능력 및 업무 처리 능력 확인
> ② 지명원을 통한 광고 이력 및 직원 규모 검토
> ③ 광고대행사의 재무현황 및 현금 보유고 파악
> ④ 광고비 편성 및 예산(견적서) 적정성 확인

분양대행사가 선정되었다면, 다음으로 광고대행사를 선정해야 한다. 시행사는 광고대행사의 참여 의사를 사전에 조사하고, 2~3군데 선별된 업체 중 경쟁 PT를 통해 1곳을 선정하게 되는데, 이때 분양대행사를 참석시키는 게 좋다. 분양대행사의 분양 전략에 따라 광고 전략이 만들어지기 때문이다.

광고대행사 선정 시 다음과 같은 사항을 점검하여야 한다.

첫째, 광고대행사의 소통 능력과 업무처리 능력을 확인해야 한다.

분양을 진행하다 보면 분양전략 변경 등 여러 변동성이 발생하는데, 그에 맞춰 광고대행사는 광고안 변경과 현수막, 지라시 등 광고 관련 발주를 빠르게 변경하여 처리해줘야 하는데, 의사소통과 업무처리 신속성이 떨어지는 회사일 경우, 자칫 분양시기를 놓칠 수도 있다. 왜냐하면 광고(온라인, 신문, 현수막, 지라시 등)가 선행되어야 그것을 기반으로 분양 영업을 시작할 수 있기 때문이다. 즉, 분양을 촉진시키기 위한 창의적인 광고도 중요하지만, 광고대행사의 의사소통 능력과 업무 처리 신속성도 매우 중요하다.

둘째, 분양 광고 경력과 재무제표 등 재무현황을 체크해 볼 필요가 있다.

대부분의 광고대행사는 지명원이 있는데, 그 지명원을 통해 광고 경력과 노하우의 깊이를 파악할 수 있다. 참고로, 모든 광고대행사가 부동산 분양 광고를 잘하는 것은 아니기에 부동산개발 분양 광고 경력을 살펴보아야 한다. 그리고 재무현황을 확인하는 것은 그 회사의 (자금) 규모와 광고 경력의 진위 여부를 간접적으로나마 확인하기 위함이다.

셋째, 직원 규모를 따져 보아야 한다.

분양대행사와 같이 광고대행사도 직원을 포함하여 1~2인 기업이 많다. 그 이유는 광고대행사도 대부분의 업무를 하도급으로 진행할 수 있기 때문인데, 분양 광고를 직원 없이 하도급 위주로 경영하는 광고대행사의 선정은 지양하는 것이 좋다.

시행사가 광고를 급하게 변경해야 되는 상황을 가정해 보자. 직원 규모가 큰 광고대행사의 경우, 그 직원들을 통해 바로 그 자리에서 광고 변경 피드백을 받을 수 있다. 하지만 직원 없이 거의 모든 업무를 하도급업체를 통해 처리하는 광고대행사일 경우, 전달하는 과정에서 시간이 걸릴뿐더러 하도급업체의 별도 사정으로 인해 피드백이 지연되는 경우도 많이 발생한다. 이러한 광고 지연은 결국 분양 지연으로 이어져 시행사에게 손해를 끼치게 된다.

그리고 분양 개시 전에는 광고대행사 직원을 모델하우스에 상주시키는 것도 좋다. 분양대행사도 모델하우스에 상주하기에 광고 변경이 필요할 경우, 바로 현장에서 소통하여 빠른 피드백을 받을 수 있기 때문이다.

넷째, 현금 보유고를 따져 보아야 한다.

분양대행사와 동일하게 광고대행사도 분양 초기에 많은 비용이 들어가기에 현금 보유 수준을 체크해볼 필요가 있다. 부동산개발에서의 분양광고비는 광고대행사가 분양 초기에 수억에서 수십억을 먼저 선투입하고, 나중에 실제 집행한 광고 내역을 시행사에게 확인받은 후, 정산받는다. 즉, 광고비 대부분의 예산을 광고대행사가 선투입하게 되는데, 자본이 없으면 실제로 광고를 진행할 수 없는 상황이 발생된다. 그래서 분양광고를 잘 이끌어갈 수 있을 정도의 현금 확보가 되어 있는지 체크해보는 것이 좋다. 실제로 광고대행사의 자본력 부족으로 광고 결과물이 나오지 않아 분양이 지연되는 사례들이 종종 있다.

마지막으로, 광고대행사의 광고(비) 편성과 견적이 적절한지를 따져 보아야 한다.

광고비 견적을 10억에서 20억으로 바꾸는 것은 쉽다. 그래서 광고비 견적을 "고무줄 견적"이라고도 이야기한다. 같은 광고인데 회사마다 견적 차이가 크게 나는 경우가 많기에, 타 광고업체와의 비교 견적을 통해 적정한 광고비인지를 확인해야 한다.

광고비는 분양 사전마케팅에서부터 분양개시까지 광고비 예산의 70~80% 수준으로 많은 비용을 소진하기에 시행사는 분양에 정말 필요한 광고인지를 명확히 따져 보고 그 실행을 통제할 필요가 있다.

초기 미분양이 많아지면, 분양 촉진을 위해 광고비를 증액할 수밖에 없으며, 시행사에게 막대한 피해가 올 수 있다. 그래서 시기별 광고비 예산을 전략적으로 잘 편성해야 된다.

예들 들어, 분양 초기에 미분양이 예상이 된다면, 초기 광고비를 최대한 절약하고 (재)분양을 위한 분양 및 광고 전략을 재수립한 후에 그에 맞게 광고비 예산을 쓰는 것이 좋다.

참고로, 부동산개발사업에서 적정한 광고비는 보통 매출액의 1~2% 수준이며, 분양 촉진을 위하여 전략에 따라 광고비를 분양수수료로 대체하는 경우도 있다.

※ 분양광고 주요 업무 범위
- 광고 예산 편성 및 집행 계획 수립
- 광고 전략의 수립 및 매체광고의 집행
- 광고물의 기획, 제작, 관리
- 프로모션 업무(홍보 영상, 판촉물, PR서비스, 옥외광고, 이벤트 등)의 기획 및 제작
- 뉴미디어 업무(온라인광고, 바이럴마케팅 등)의 기획 및 제작
- 광고 활동에 필요한 조사
- 기타 시행사가 요청하는 업무

분양광고 시 주의할 점도 있다. 분양대행사가 간혹 분양 촉진을 위하여 광고대행사에게 과대광고를 주문하는 경우가 있는데, 이에 대해 특히 주의를 기울여 확인해야 한다.

"과대광고"란 광고 행위에서 사실대로의 진실을 전달하지 않고, 내용을 과장하여 선전하는 광고를 말한다. 즉, 잘못된 인상을 심어주는 광고뿐 아니라, 잘못된 요구나 현혹하는 문구를 사용하는 광고이다. 엉터리 약속, 근거 없고 불완전한 설명, 가짜 비교, 부분적인 노출, 상품의 시각적 왜곡 등이 여기에 포함된다.

과대 분양광고를 하였을 경우, 시행사는 자칫 행정처분을 받을 수도 있고, 수분양자에게는 분양 계약 해지와 함께 많은 민원 및 소송에 시달릴 수도 있다. 또한 분양 계약이 해지되었다면, 다시 재분양을 해야 하기에 추가 비용이 발생되어 시행이익에 악영향을 끼칠 수 있다. 과대광고로 지금 당장은 분양이 될지 몰라도 나중에는 오히려 발목을 잡는 최악의 결과를 가져올 수 있는 것이다. 실제로 과대광고로 인해 수분양자들이 집단으로 소송을 하여 시행사가 손해배상을 했던 사례도 있다.

특히, 분양을 조직 분양으로 운영할 경우, 시행사는 분양 영업직원들이 만든 분양광고 블로거나 온라인광고 등을 주의 깊게 살펴보아야 한다. 분양 영업직원들은 광고 관련 법적규제에도 불구하고, 분양을 위해 자극적이고 과대광고를 남발하는 경우가 많으며, 이로 인해 시행사가 피해 보는 사례가 많기 때문이다.

분양광고에는 법적으로 꼭 반영해야 되는 사안들도 꽤 있다. 이에 분양광고 시, 주의해야 할 분양광고 가이드라인과 체크리스트를 부록에 첨부하였으니 참고하면 분양광고 시 많은 도움이 될 것이다. 또한 이 외에도 「표시·광고의 공정화에 관한 법률」 및 「부동산의 표시·광고에 관한 심사지침」을 참고하면 부동산광고에 대한 더 세부적인 지침을 확인할 수 있다.

(3) 모델하우스(M/H) 부지 및 건설업체 선정, 건축 및 오픈

시행사는 분양대행사 및 광고대행사 선정과 함께 모델하우스 부지와 건설업체를 선정하고, 모델하우스 건축과 오픈을 준비해야 한다.

※ **모델하우스 관련 업무 흐름**
① 모델하우스 부지 선정 및 임대차계약 체결 → ② 모델하우스 건설업체 선정 → ③ 모델하우스 건축 신고 및 공사 → ④ 모델하우스 품평회 → ⑤ 모델하우스 준공 및 오픈

---

① 모델하우스 부지 확보 및 위치 선정

보통 분양대행사와 광고대행사를 선정하게 되면 시행사는 이들과 협의하여 분양전략에 맞는 적정한 모델하우스의 위치를 선정하게 된다. 모델하우스는 보통 1년 단위로 계약하고, 협의에 따라 연장하는 조건으로 임대차계약을 하는데, 그 이유는 초기 분양이 완료되면 모델하우스를 1년 이상 쓸 필요가 없기 때문이다. 임대료는 지역에 따라 편차가 심한 편이며, 보증금과 월세가 아닌, 1년 치를 한꺼번에 지급하는 "깔세 형식"으로 임대료를 납부하는 경우도 많다.

모델하우스 부지의 위치 선정은 매우 중요하다. 모델하우스 부지는 주로 분양 타깃(Target)이 누구냐에 따라 그 위치가 선정된다. 예를 들어, 고

가의 오피스텔 또는 생활형숙박시설 등 하이엔드상품은 투자 수요가 많은 강남 등의 핵심 도심 상권에 모델하우스를 선정할 것이며, 일반 아파트 분양의 경우는 개발지역 내의 실수요 거주자를 타깃으로 하기 때문에 그 지역 내에 모델하우스 부지를 선정할 것이다.

참고로, 예전에는 신축 모델하우스가 3~4층의 가설건축물이 주를 이루었으나, 현재는 건축법이 강화되어 주로 지상 2층 이하의 신축 가설건축물이 주를 이루고 있다. 왜냐하면, 건축법 강화로 3층 이상의 건축물을 건축할 때는 내화(耐火) 구조로 해야 하기 때문에 3층 이상의 가설건축물 건축이 어렵고, 공사 기간과 공사비 또한 증가되어 효용성이 떨어지기 때문이다. 1층 필로티 주차장도 층수로 산정되기에, 모델하우스의 내부 공간 활용을 위하여 별도의 외부 주차장을 확보하는 방안도 종합적으로 검토하여 모델하우스 부지를 선정해야 한다.

② 모델하우스 건설업체 선정

모델하우스 부지를 선정하였다면, 그 부지에 적합한 모델하우스 건축 제안을 받아야 한다. 이 시점이 바로 모델하우스 건설업체를 선정하는 단계이다.

시행사는 모델하우스 건설업체의 참여 의사를 사전에 조사하고, 2~3군데 선별된 업체 중 경쟁 PT를 통해 1곳을 선정하는데, 분양대행사와 광고대행사가 선정된 후에 모델하우스 건설업체를 선정하는 것이 좋다. 왜냐하면, 경쟁 PT를 할 때 분양 유니트별로는 평면과 내부 자재, 모델하우스는 도면과 인테리어, 내부 동선 등 다양한 제안을 하게 되는데, 이때 분양대행사와 광고대행사를 참석시키면 분양 및 홍보와 연계한 적정 업체 선정에 도움이 될 수 있기 때문이다.

모델하우스 건설업체 선정 시 다음과 같은 사항을 점검하면 좋다. 분양대행사 및 광고대행사와 점검사항이 유사하므로 별도의 설명은 생략하겠다.

- 지명원을 통한 모델하우스 건설 이력 검토
- 재무현황 및 현금 보유고 파악
- 공사비 견적 적정성 확인
- 업체 평판 및 업무처리 능력

③ 모델하우스 건축(공사), 준공 및 오픈

※ 모델하우스 공사 절차
모델하우스 업체 선정 → 모델하우스 설계(모델하우스 전체 및 유니트 설계) → 시행사 및 시공사 등 설계 동의 → 착공 신청 → 모델하우스 공사 → 분양 관련 업체 품평회 → 준공 검사(공사 완료) → 분양 승인(분양 공고) 후 모델하우스 오픈

모델하우스 공사는 분양전략, 규모 및 비용에 따라 크게 세 가지로 정해진다. 첫째, 모델하우스(2층 규모, 전용면적 200평 내외)를 신축하느냐, 둘째, 기존의 모델하우스(2층 규모, 전용면적 200평 내외) 내·외부를 리모델링하느냐, 셋째, 오피스 또는 상가 건물 내부를 인테리어하여 소형 홍보관(전용면적 100평 내외) 형태로 입점하느냐이다.

모델하우스를 직접 신축하는 것과 기존의 대형 모델하우스를 리모델링하는 비용은 많이 들기는 하나, 모델하우스 자체만으로도 광고 효과를 가지는 장점이 있으며, 오피스나 상가 내에 입점한 소형 홍보관은 비교적 비용을 절감하는 효과와 함께 여러 군데에 입점하여 문어발식 분양영업을 할 수 있는 장점은 있으나, 분양영업인력 통제가 어려울 수 있다는 단점이 있다. 모델하우스 신축 건립 공사기간은 약 60일 정도이며, 기존 모델하우스 리모델링 또는 오피스나 상가에 입점하는 소형 홍보관 인테리어는 30~45일 정도가 소요된다.

가끔 모델하우스 준공이 늦어져 분양 개시 일정이 늦어지는 경우가 발생하기도 한다. 예를 들어, 모델하우스 공사 3가지 유형 모두 건축 또는 인테리어에 대한 인허가를 진행해야 되는데, 지자체 상황에 따라 인허가가 늦어지는 경우가 발생하기도 하고, 공사 중 인력 수급 부재, 공사 자재 반입 지연 등 여러 이유로 준공이 지연되는 경우가 발생하기도 한다.

모델하우스 품평회란, 시행사 등 사업관계자가 방문하여 최종적으로 준공을 점검하는 단계를 말하는데, 이때 분양을 유혹하기 위한 모델하우스의 인테리어와 분위기, 분양상품의 유니트 및 마감자재 적정성, 분양을 위한 고객 동선의 적정성, 설계도면과의 일치성 등을 검토하여 재공사를 요청할 수 있으며, 이 경우 준공이 지연되기도 한다.

모델하우스 준공에는 여러 가지 변수가 있기에, 상기 모델하우스 공사기간에 15~30일 정도 여유 있는 일정을 잡는다면 분양개시 일정에 무리가 없을 것이다. 최종적으로 모델하우스가 준공되면, 시행사 및 분양 영업직원들이 모델하우스에 입주하여 본격적인 분양 영업을 시작하게 된다.

참고로 오피스나 상가의 소형 홍보관 같은 경우, 규모가 작기 때문에 분양 영업직원들이 근무할 수 있는 공간이 부족하여 홍보관 인근으로 별도의 사무실을 구하는 경우도 있다.

모델하우스 준공 시, 반드시 모델하우스 화재보험을 들어 놓는 것이 좋다. 실제로 저자가 부동산개발사업을 관리하던 중 모델하우스가 불났던 경험이 있었는데, 다행히 화재보험을 들어 시행사가 수십억에 달하는 큰 손해를 입지 않았던 기억이 있다. 모델하우스 화재보험은 시행사에게 닥칠 수 있는 혹시나 모를 천재지변에 대한 안전장치이기 때문에 비용이 들더라도 꼭 진행하는 것이 좋다.

3) 분양 관련 관계자 연합회의(시행사, 시공사, 신탁사, 분양대행사, 광고대행사, 모델하우스 건설업체)

분양관련업체(분양대행사, 광고대행사, 모델하우스 건설업체)가 선정되면, 세부적인 스케줄과 분양에 관한 가이드라인을 잡기 위하여 시행사, 시공사, 신탁사와 함께 연합회의를 가지게 된다.

연합회의에서는 시공사의 개발부지 착공 등에 관한 논의도 이루어지나, 주된 논의는 분양을 준비하기 위한 일정과 가이드라인을 정하는 것이다. 모델하우스 건축 인허가부터 착공, 준공 및 품평회 일정, 분양개시 시점 등 일정 스케줄표를 작성하고, 개발상품의 호실별 세부분양 가격 및 상품 보완, 분양 전략, 광고계획 등의 가이드라인을 정하게 된다. 그리고 이

러한 내용들을 반영하여 해당 지자체에 분양신청을 하게 된다. 사업일정
표는 사업성 검토 단계에서 다뤘던 사업일정표를 참고하면 된다.

4) 착공 승인 및 공사 개시(착공), 분양(승인) 신청

착공이란 "공사를 시작한다."는 의미이며, 착공 승인이란 해당 지역 지
자체에서 공사를 할 수 있게 승인을 해주는 것을 말한다. 시공사는 착공승
인 후 공사를 개시하게 된다.

착공 승인 후, 시행사는 분양 연합회의를 통한 사업일정과 가이드라인
을 반영하여 분양(승인)신청을 해야 한다. 분양(승인)신청은 착공과 동일
하게 해당지역 지자체에서 진행하게 된다.

분양(승인)신청은 관련 법령에 따라 진행해야 되는데, 크게 「주택법/주
택공급에 관한 규칙」 적용 대상인 사업장과 「건축법/건축물의 분양에 관
한 법률」 적용 대상인 사업장으로 나뉜다. 「주택법/주택공급에 관한 규칙」
적용 대상 사업장은 대표적으로 공동주택(아파트)을 들 수 있으며, 「건축
법/건축물의 분양에 관한 법률」 적용대상 사업장은 오피스텔, 생활형숙박
시설, 상가 등을 들 수 있다.

분양(승인) 신청 시, 시행사는 (공사)착공승인서와 함께 특히 챙겨야 할 주
요 항목이 입주자모집공고와 공급(분양)계약서이다. 이 두 가지는 관련 법
에 따라 꼭 포함되어야 하는 내용들이 있는데, 이해를 돕는 차원에서 체크
리스트를 부록으로 첨부하였으니 참고하기 바란다.

참고로, 「주택법/주택공급에 관한 규칙」 적용 대상 사업장의 경우는 분

양 보증을 득한 후에 분양 승인 신청을 하여야 하나, 「건축법/건축물의 분양에 관한 법률」 적용 대상 사업장은 별도의 분양보증 없이 분양 신청을 할 수 있어 절차가 좀 더 간소하다.

> ※ **주택분양보증**
> 사업 주체가 파산 등의 사유로 분양계약을 이행할 수 없게 되는 경우, 당해 주택의 분양 이행 또는 납부한 계약금 및 중도금의 환급을 책임지는 보증이며, HUG(주택도시보증공사)의 보증상품 중 하나임. (분양자의 분양대금을 환급해주는 보증상품)

5) 중도금대출 조건 및 중도금대출기관 확정

「건축법/건축물의 분양에 관한 법률」 적용 대상인 오피스텔, 생활형숙박시설 등의 중도금대출보다 「주택법/주택공급에 관한 규칙」 적용 대상인 공동주택의 중도금대출인 경우, 중도금대출보증기관인 HUG(주택도시보증공사), HF(한국주택금융공사)의 참여로, 중도금대출이자를 저렴하게 받을 수 있다.

중도금대출 조건(중도금대출(무이자, 후불제), 중도금대출 비율 등)에 대해서는 분양자가 분양을 결정하는 데 중요한 요소이기에, 분양 공고(입주자 모집 공고) 때는 게재가 되어야 한다. 중도금대출기관은 보통 분양공고 전에 확정되나, 사업 여건에 따라 중도금대출 직전에 선정되는 경우도 있다.

6) 분양 승인, 분양 공고 및 분양 개시

> ※ 모델하우스 준공 후부터 분양 개시까지의 세부 절차
> 모델하우스 준공 → 시행사, 분양대행사 모델하우스 입주 → 분양대행사 사전 분양 영업 및 광고대행사 분양광고 진행 → 분양 승인 및 분양 공고(입주자 모집 공고) → 모델하우스 정식 오픈 → 분양 개시

　모델하우스가 준공되면 모델하우스 오픈과 함께 분양 개시 준비를 해야 한다. 먼저 모델하우스가 준공 후, 시행사와 분양대행사(영업인력 포함)가 모델하우스에 상주하게 되며, 1~2달 정도 본격적인 사전 분양영업과 분양광고를 시작하게 된다. 그리고 사전 분양 영업 및 분양 광고를 충분히 진행한 후에 모델하우스 정식 오픈과 함께 분양을 개시한다. 분양 개시는 분양 승인 및 분양 공고(입주자모집공고) 후 진행하면 된다.

　모델하우스 오픈 준비는 성공적인 분양을 위해 매우 중요하다. 모델하우스 오픈시점에는 많은 사람들이 방문하기 때문에 많은 항목들을 사전에 점검하여 분양(개시)에 차질이 없도록 해야 한다. 시행사는 모델하우스 오픈 시점을 기준으로 다음과 같은 주요 항목들을 점검해야 한다.

※ 모델하우스 오픈 전후 주요 점검 사항

구분	항목	주요 점검 사항
M/H 오픈 전	M/H 집객을 위한 분양 및 광고 세부계획 수립	- 사전, 오픈, 순위광고 및 집객 효과 극대화를 위한 이벤트 등의 분양 및 광고 세부 계획수립 및 예산 확인
	M/H 내부 정비 및 필요 인력 확보	- M/H 집기 비품 설치: 통신 및 인터넷, 가구 등 사무실 셋팅 및 각종 구비서류 준비 - M/H 내방객 동선 체크 및 체류 시간 확보를 고려한 M/H 내부 배치 확인 - 분양대행사 (영업)인력 수급 현황 및 근무 현황 파악 광고대행사 일부 직원 상주 요청
	M/H 정규 오픈 준비	- 지역 중개부동산과의 협조 강화 - 현장에 대한 장점 극대화 및 단점 보완 대책 수립 등 제품분석 - 주력 평형 및 기타 평형 차별화 공략 수립 - 청약 일정 및 방법의 전략적 제시 - 공급(분양)계약서 및 중도금대출기관 자리 셋팅 - M/H 오픈 행사 시, VIP 초청 등 주요고객 참석 여부 확인
M/H 오픈 후	M/H 오픈 및 초기 분양 활동	- 각종 광고, 각종 이벤트 실시를 통해 집객 효과 극대화 및 인지도 제고에 주력 - 광고, 홍보 및 영업활동을 통해 내방한 고객들의 계약 전환을 위한 상담 활동 주력(제품의 특장점, 향후 발전 가능성, 투자가치, 타 제품과의 차별성 부각 등) - 가용한 모든 방안을 최대한 활용하여 초기 분양률 제고(판촉방안, 광고홍보, 이벤트 등)
	미분양 발생 시 분양 활동	- 미분양 체제 전환을 위한 광고홍보 계획, 계약조건 변경, 타깃 재설정, 마케팅 방안 재정립 등 미분양 판촉 방안 확립 및 미분양 예산 확보 - 미분양 체제 전환에 따른 효율적인 광고홍보 매체 재선정, 재분양 시기 결정, 광고홍보 집중 시기 결정 - 때에 따라서는 분양대행사 교체도 고려

분양 개시 후 주요 업무 처리 (공사 진행 현황 파악 등)

시행사는 분양 개시 후 준공 전까지 사업에 문제가 없도록 수분양자 관리, 공사 관리(설계 변경 포함), 자금 관리(사업 관리, 법인 관리)에 주의를 기울여야 한다.

1) 수분양자 관리

분양 개시 후 시행사는 수분양자와 분양 계약을 하는데, 다음과 같이 수분양자 관리에 주의를 기울여야 한다.

시기별	수분양자 관리 내용	비고
공통 사항	- 계약자 이력 관리 - 수분양자 불만 사항(민원) 및 계약자 대표 회의 대응 - 분양계약해지 요청	- 분양권 전매, 증여, 상속, 주소이전 등 안내, 변경사항 기록 및 변경 내역 관련자(은행, 관공서)에 통보 - 계약자대표회의가 결성되면 시공사, 시행사가 협의하여 대응
초기	- 수분양자 개인정보 유출 유의	- 분양대행사 직원 교육 철저
중기	- 분양금, 중도금대출 미납 내역 조회 및 안내 - 공사 진척 사항 안내	- 인터넷 게시판 활용 - 우편물 발송 또는 유선 대응
준공 및 입주 전	- 입주 일정 안내 - 입주자 사전점검 안내 - 소유권 등기이전 및 잔금대출 안내 - 기획 소송 및 집단소송 유의	- 인터넷 게시판 활용 - 우편물 및 문자 발송 - 시행사, 시공사 협의하여 대응

수분양자 관리에 특히 주의를 기울여야 할 것은 수분양자 개인정보 유출과 수분양자 민원이다. 수분양자 민원 중에서도 분양계약해지 요청과 기획(집단) 소송에 주의를 기울여 관리하여야 한다.

수분양자의 개인정보는 주로 해당 고객리스트를 보유하고 있는 분양대행사를 통해서 유출된다. 분양대행사가 수분양자의 개인정보를 유출하는 이유는 분양대행사가 다른 분양현장을 가게 될 경우, 분양 영업으로 활용하기 위해서이다.

분양대행사에서 직접적인 유출을 하지 않더라도 분양 영업직원들이 수분양자의 개인정보를 유출하는 경우도 많다. 그래서 수분양자 리스트와 수분양자 정보관리는 담당자만 접근할 수 있도록 통제하고, 수분양자 계약자 관리 담당자에게는 개인정보 유출에 대한 법적 책임 교육을 수시로 해야 한다.

분양 계약에 따른 수분양자의 권리, 즉 소비자 보호는 점점 강화되고 있는 추세이다. 그렇기에 시행사는 수분양자의 목소리에 더욱더 주의를 기울여야 한다. 이것이 곧 수분양자의 민원인데, 오피스텔이나 생활형숙박시설 같은 투자 상품과 아파트 같은 실거주용 상품의 수분양자 민원은 그 유형이 조금씩 다르다.

대부분의 투자상품 민원은 분양계약 해지에 대한 요청이며, 아파트 민원의 대부분은 공사하자 보수 등으로 인한 손해배상 청구이다.

투자상품은 과대광고, 자신의 형편 등 이런저런 핑계로 계약금 환불과 함께 분양계약을 해지해 달라는 민원이 대부분인데, 실제로는 단순 변심에 의한 계약 해지이며, 이러한 현상은 부동산경기가 좋지 않을수록 더 심하게 나타난다.

만약, 계약금을 몰취하는 분양계약 해지는 일반적인 계약해지로 문제는 없을 것이나, 시행사가 수분양자의 계약금을 환불해주는 경우, 이러한 사실이 수분양자에게 공유되어버리면 집단계약해지 사태가 발생할 수 있으니, 계약금 환불과 함께 이루어지는 계약해지는 되도록 없어야 한다. 간혹, 계약해지 시 계약금을 돌려주는 경우가 있기는 한데, 이때는 이러한 사실을 유포하지 않는다는 비밀유지약정(손해배상 포함)을 체결해야 한다.

아파트 같은 상품은 수분양자가 실거주를 목적으로 하다 보니 하자보수, 편의시설 추가 등 입주와 연관된 다양한 형태로 보상을 요구하는 민원이 많다. 실거주로 인해 수분양자의 관심도가 매우 높은 편이라서 민원의 대부분은 집단 민원의 형태를 띤다.

또한 아파트 같은 경우, 보통 수분양자들은 실입주의 안정적인 보상을 위해 입주자대표회의를 만들게 된다. 이때 수분양자들이 입주자 블로그, 카카오 단체방 등 커뮤니티를 만들어 수분양자들이 요구하는 바를 집단으로 시행사 및 시공사에게 강력하게 요구하는 편이다. 아무래도 실거주가 목적이다 보니 그만큼 애착이 있기에 수분양자들의 의견 집결이 더 잘되는 편이다.

수분양자가 어떠한 명목이든지 집단소송을 하게 된다면, 시행사에게는 정말 머리 아픈 일이다. 그렇다고 소송 대응을 하지 않을 수도 없다. 특히 변호사가 준공 현장의 수분양자를 설득하여 소송을 기획하고 진행하는 기획 소송이 많이 늘어나고 있어 시행사가 골머리를 썩는 현장도 많다.

시행사는 평소 수분양자와의 유대관계를 잘 만들어놔야 기획 소송이나 집단소송을 사전에 차단할 수 있다.

2) 공사 관리(설계 변경 포함)

감리업체가 시공에 대한 전반적인 감리를 하겠지만, 시행사 역시 공사의 감독자 역할을 소홀히 하면 안 된다. 시행사는 최소 한 달에 1회 정도는 공사 현장에 직접 방문하여 현장 점검뿐만 아니라, 감리업체의 공사감리 수행 상태를 점검하는 것이 좋다.

시행사는 착공 시부터 준공 전까지 공사와 관련하여 다음과 같은 사항들을 점검하는 것이 좋다.

※ 착공 시 점검사항
- 현장사무실 개설: 시공사 현장 개설 시 시행사 사무실 자리 배치 요청
  → 시행사의 현장 업무 및 공사 진행상황 지속 관찰을 위해
- 경계측량 실시 확인: 경계 측량시 현장 참관
- 철거 공사

※ 공사진행 중 점검사항
- 주간 공정 보고: 시공사로부터 주간 공정 보고를 받아 공사 진행 상황을 파악
- 기성검사(감리자 확인 필요)
  ① 현장 기성검사: 현장기성 관련 주요자재 입고 현황 파악
  ② 하도급대금 지급 현황: 하도급대금 지급 현황 파악
  ③ 기성검사 계획작성(월간)
- 안전 관리
  ① 기간별주의공사
  ② 수시적 관리(중대재해법)
- 각종민원
- 설계변경

공사 초기에 특히 주의해야 할 공사가 있는데, 바로 철거 공사이다. 개발부지에 건축물 등 지장물이 있다면, 그 지장물을 철거한 후에 본 공사를 진행해야 한다.

최근 철거공사와 관련한 사건 사고가 많아 철거허가가 더욱더 까다로워졌기에 시행사는 철거 인허가 일정과 철거공사 기간을 잘 짚어야 한다.

만약, 본 공사도급계약 시 철거 공사도 공사기간에 포함되는 경우, 철거 인허가 및 철거공사 지연으로 전체 공사일정이 지연될 수도 있기 때문이다. 시행사는 보통 철거와 본 공사를 따로 발주하나, 때에 따라서는 시공사에게 철거까지 책임을 도맡아 공사하게 하는 경우도 있다.

시행사는 공사를 진행하는 매주 주간공정일보를 확인하여 공사기간이 지연되는지 수시 체크해야 하고, 공사가 지연될 경우 시공사에게 공사 지연에 대한 공정만회대책회의를 제안해야 한다.

"공정만회대책회의"란 시공사가 지연된 공정일정을 만회하여 예정된 준공일정에 맞추겠다는 대안을 제시하는 회의를 말한다. 보통 계획 대비 30일 정도 공사가 지연되는 경우, 1차로 공정만회대책회의를 진행하는 것이 좋다. 이때의 공정대책회의는 보통 시행사, 시공사, 신탁사 3자 간 진행되겠지만, 60~90일 이상 장기적인 공사 지연이 예상되는 경우, 2차로 공정만회대책회의를 진행하게 되는데 이때는 PF대출금융기관이 함께 참석하는 경우도 있다.

시행사는 해빙기(1~2월), 우빙기(6~7월), 동절기(11월), 지진 및 태풍 등의 천재지변(수시)이 발생할 경우를 대비해서 해당 기간에는 현장에 재해가 발생하지 않도록 시공사에게 미리 안전 시공을 요청하고, 문제가 발생할 시 즉각 보고 및 적극 조치하도록 해야 한다.

특히, 공사 안전과 관련하여 이슈가 되고 있는 중대재해법에 주의를 기울여야 한다. 중대재해법이란 공사 진행 중 사망사고 등 중대재해 발생 시 안전조치를 소홀히 한 경영책임자 및 법인을 처벌하는 규정이다.

이것은 시공사만의 문제가 아니다. 시행사 역시 주의해야 한다. 중대재해가 발생하면 법적인 책임뿐만이 아니라, 공사 중단으로 준공 일정이 지연됨에 따라 대출이자 부담, 수분양자의 입주지연 배상 등 금전적 손해가 발생할 수도 있기 때문이다.

공사 중에는 각종 민원이 발생하기에 거기에 따른 대응 또한 중요하다. 공사 현장에서 발생하는 민원은 보통 공사 민원과 시행 민원 두 가지로 나뉜다. 공사 중 발생하는 소음, 진동, 비산먼지 등에 대한 민원을 "공사 민원"이라고 하며, 공사와는 별개로 조망권, 일조권 등의 민원을 시행사가 처리해야 되는 민원이라고 하여 "시행 민원"이라고 표현한다. 하지만 이들 모두 공사 현장 인근의 거주 주민 또는 상업 주민인 민원인이기에 잘못 대응하면 큰 역효과를 불러올 수 있다. 따라서 공사 민원과 시행 민원을 분류하여 시공사, 시행사가 각각 책임지고 처리하기보다는 함께 공조하여 풀어나가는 것이 좋다. 현장에서 발생하는 민원은 사안에 따라 해당 지역의 이장 협의회나 상인 협의회 등과 협의하여 조율하면 된다.

공사기간 중 거의 모든 현장은 설계 변경이 이뤄진다고 보아야 한다. 단순히 건축설계사의 실수에 따른 변경이 있을 수도 있고, 그 외에도 공사의 공법, 자재의 변경 등 다양한 설계 변경이 이루어진다. 이때 설계 변경의 중대함과 경미함을 떠나 시행사와 설계사가 임의적으로 판단하여 설계 변경을 진행하면 안 된다.

경미한 설계 변경인 경우, 시행사나 설계사는 해당지역 지자체 및 사업 관계자인 신탁사, 시공사와 함께 감리자의 동의 의견을 받고 진행해야 하고, 중대한 설계 변경이 있을 경우에는 추가로 PF대출금융기관의 동의를 받고 진행해야 한다.

3) 자금 관리(프로젝트 관리, 회사 운용 관리)

(1) 시행사 통장 계좌의 분별 관리

시행사는 부동산개발사업이 진행될 경우, 사용 용도에 따라 보통 2개 또는 2개 이상의 계좌를 개설하게 되는데, 하나는 개발사업의 자금을 관리하기 위한 계좌이고 또 하나는 회사 운용을 위한 계좌이다.

개발사업 관련 계좌는 개발과 관련한 수입 및 지출을 관리하는 계좌이며, 회사 운용 관련 계좌는 시행사 운용을 위한 자금을 관리하는 계좌이다. 시행사는 부동산개발 중 시행사 운영비를 받아 직원 인건비, 사무실 월세 등 회사 운용에 사용한다.

이 두 계좌는 분별하여 관리하는 것이 나중에 세무 및 회계를 처리하는 데 용이하다. 개발사업 관련 자금은 빈도가 낮아 계정 관리를 쉽게 분별할 수 있으나, 회사 운용 관련 자금은 직원 월급, 월세, 법인카드 사용 등 잡지출이 많아서 이를 모두 하나의 계좌로 관리하면, 추후 계정 분리가 어려워 골치가 아플 수 있기 때문이다.

개발사업 관련 계좌의 경우, PF대출 전에는 시행사의 법인명 계좌를 이용하나, PF대출 이후에는 시행사의 자금 유용을 막기 위하여 대출금융기관의 통제를 받아 신탁계좌를 이용하게 된다.

참고로, 부동산개발 프로젝트가 여러 개일 경우, 프로젝트별로 자금을 분별하여 관리하는 것이 좋다.

(2) 부동산개발사업 관련 자금 관리

시행사는 분양수입금에 대한 관리와 함께 매월 지출해야 될 사업비를 각종 계약서에 의거하여 명확하게 관리해야 한다.

대부분의 부동산개발사업은 시행사의 잘못된 자금 유용을 막기 위한 장치로, 수분양자의 입금과 사업비를 지출하는 출금 모두 신탁사 명의의 통장 계좌를 이용하게 된다. 시행사가 자금집행을 해야 할 경우, PF대출금융기관과 시공사의 동의를 받은 후 신탁사를 통해 해당 자금을 집행할 수 있다.

> ※ 자금 집행 일반 순서
> 분양수입금 및 PF대출금은 신탁계좌에 입금 → 시행사는 신탁계좌에 있는 사업비 자금 집행 요청 → PF대출금융기관 및 시공사 자금 집행 동의 → 신탁사가 자금 집행의 적정성 및 동의서 확인 후 신탁계좌에서 자금 집행

※ 부동산개발사업 시 집행되는 자금 주요 항목

구분	항목	비고
수입	분양수입금	
지출	공사비, PF대출 원금 및 이자, 신탁보수, 설계비, 감리비, 모델하우스 건축 비용, 모델하우스 운영비, 시행사 운영비, 분양수수료, 광고비, 부동산 관련 비용 등	

보통 매월 집행되는 대표적인 지출항목은 공사비, PF대출 원금 및 이자, 시행사 운영비, 모델하우스 운영비(모델하우스 임대료 포함)이며, 나머지는 계약에 의거하여 지급시기가 도달하였을 때 자금을 집행하면 된다. 자금 집행이 도래하기 2주 전에 시행사는 각 회사(PF대출금융기관, 시공사)의 동의 절차를 진행하여 자금집행 일정에 차질이 없도록 해야 한다. 특히, PF대출이자나 공사비는 지연되지 않도록 해야 한다. 대출이자가 지연될 경우 추가 지연이자가 발생해 시행사에게 금전적인 손실을 가져올 수 있으며, 공사비가 지연될 경우, 시공사가 자금집행일에 맞춰 하도급공사비를 지급하게 되는데, 이것이 지연되면 하도급공사업체로 인한 공사 지연 등의 문제가 발생될 수도 있기 때문이다.

(3) 시행 법인의 세무, 회계 관리

시행사는 오가는 돈이 크기 때문에 세무, 회계 관리에 특히 주의를 기울여야 한다. 시행사도 법인이기 때문에 매년 세무기장을 하여 재무제표, 손익계산서 등 회계보고서를 작성하여야 하며, 이는 세무사나 회계사를 통해 진행하면 된다. 세무사나 회계법인은 시행사에서 선정하면 되나, 오가는 돈이 크고 부동산개발이라는 특수성이 있기 때문에 경험이 풍부한 업체를 선정하는 것이 좋다.

부동산개발사업을 진행하는 대부분의 시행사는 외부감사 대상으로 회계감사를 받아야 한다. 회계감사는 12월 중 중간 감사, 다음 해 2~3월 중에 본 감사를 하게 된다. 시행사는 감사 회계법인에게 사전에 결산자료 제출에 필요한 기본 자료를 제공하여야 하고, 감사 시 회계사가 요청하는 자료는 즉각 주는 것이 좋다. 회계사가 직접 내방하여 이틀 정도에 걸쳐 회사 전반적인 자료에 대하여 받고 확인하는 절차가 있으며, 감사가 끝나면 감사보고서가 나오게 된다. 감사보고서는 세무조정계산서와는 좀 다른데, 이론적이고 설명하는 글들이 더 실리게 되고, 회사의 자산, 부채, 수익, 비용 등을 거론하여 문제가 있는지 없는지에 대한 이론적인 내용이 더 많다.

외부 감사 대상 기준(비상장기업)
1. 직전 사업연도 말의 자산 총액이 500억 원 이상인 회사
2. 직전 사업연도의 매출액이 500억 원 이상인 회사
3. 다음 각 목의 사항 중 2개 이상에 해당하는 회사 가. 직전 사업연도 말의 자산 총액이 120억 원 이상 나. 직전 사업연도 말의 부채 총액이 70억 원 이상 다. 직전 사업연도의 매출액이 100억 원 이상 라. 직전 사업연도 말의 종업원이 100명 이상

시행사는 세무와 관련해 가장 중요하게 체크해야 할 항목이 바로 국세인 부가가치세와 법인세이다. 부가가치세를 통상 "부가세"라고 말하는데, 시행사가 납입한 부가세가 간혹 환급이 되지 않는 경우가 있어 업무상 유의가 필요하다.

※ 시행사 부가세 미환급 사례

시행사가 각종 용역과 관련한 부가세를 납부했으면 보통은 부가세를 환급받게 되나, 토지 관련 투입 비용의 부가가치세는 정당하게 수취한 세금계산서라도 환급받을 수 없는 경우가 있으니 사전에 세무사와 협의한 후 진행할 필요가 있다.

예)	
건축물 철거 비용	건축물이 있는 토지를 취득하여 그 건축물을 철거하고 토지만을 사용하는 경우에는 철거한 건축물의 취득 및 철거 비용
부지 조성 비용	부지 조성 공사 비용 (토지에 대한 표토 제거, 절토, 면 고르기, 흙 운반 등 토목공사, 형질 변경 등)
기타 제 비용	① 토지의 취득을 위하여 지급한 -중개수수료 -감정평가비 -컨설팅비(금융 자문 등 포함) -명의 이전 비용에 관련된 매입세액 ② 도시계획용역비용, 토목설계용역비용 ③ 토지 취득 전 사업성 검토를 위한 사전평가용역 (토지 취득 여부 무관/EX. 토지적성평가용역, 생태계식성조사용역, 환경영향평가용역)

준공 및 입주

착공 후 몇 년이 지나 시행사는 공사 완료를 위한 준공 준비와 함께 수분양
자 입주를 준비하여야 한다. 이 시기는 시행사에게 부동산개발사업 중 분
양 시기와 함께 가장 바쁜 시기이며, 시행사는 준공 시점을 기준으로 다음
과 같은 주요사항을 점검하고, 해당 업무를 처리하여야 한다.

순번	시기별	주요 점검 사항
1	준공 6개월 전	- 인허가 조건 이행 여부 확인 (사업계획승인(건축허가) 조건 이행 여부 확인) - 국공유지 매입 여부 확인
2	준공 3개월 전	- 현장 점검 - 입주대행사 지정 - 건물관리업체 지정

3	준공 1개월 전	- 현장 점검
		- 입주자 사전 점검(입주 1~2개월 전 실행)
		  ① 하자보수상태 점검
		  ② 잔금 납부 및 입주 준비
		  ③ 수분양자 민원 대응
		- 준공 승인 준비
		- 시공사 하자보수이행증권 발급
		- 준공건축물 취득세 확인

4	준공 후	- 수분양자 잔금 납부, 소유권이전등기 및 입주 관리 - 하자보수상태 점검 - 수분양자 민원 대응 - 준공건축물 인수 - 잔금 미납자 및 미분양분 해소 방안 모색

1) 준공 6개월 전 주요 점검 사항

사업계획 승인 또는 건축허가가 나면 해당 지자체에서 준공을 위한 여러 조건들이 붙는데, 이때 가장 중요한 조건 중 하나가 국공유지 매입이다. 내 사업부지에 포함된 국공유지는 당장 매입하지 않아도 사업계획승인 또는 건축허가는 이루어지나, 준공을 위해서는 결국 매입하여야 한다.

매입을 위한 기간이 오래 걸리기 때문에 착공과 동시에 바로 매입작업이 들어가는 게 좋으며, 때로는 국공유지의 매입 지연으로 준공도 지연되는 경우가 있으니 절대 해당 업무를 놓치면 안 된다. 참고로, 국공유지 매입은 캠코에서 진행하면 된다.

2) 준공 3개월 전 주요 점검 사항

(1) 준공 준비 점검

시행사는 시공사에게 준공을 위한 마무리 공사와 준공 인허가 상태를 최종 확인하여 준공일정에 이상이 없는지 다음과 같이 파악해야 한다. 참고로, 현장과 별도로 실제 분양상품과 모델하우스 도면, 마감자재, 분양 카탈로그와의 최종 일치 여부도 확인해 보는 게 좋다.

- 세대별 주요 마감 공사 완료 일정 확인(바닥 타일, 도배/가구, 바닥재 설치, 전등/위생기구)
- 전기/상하수도/가스인입/소방/엘리베이터 설치 및 검사 일정 확인
- 사업계획승인(건축허가)조건 이행 여부 확인
- 지적현황(확정)측량/지목 변경 완료 예정일 확인
- 준공신청예정일 확인

(2) 입주대행사 지정

준공 3개월 전이면, 수분양자 입주 준비를 해야 되는 시점이다. 수분양자 입주시점에는 입주 외에도 시행사가 처리해야 될 일이 매우 많아 수분양자 입주 및 민원에 대하여 일일이 대응하는 것이 현실적으로 어렵다. 이에 시행사는 준공 3개월 전에 입주대행사를 선정하여 입주업무를 보도록 한다.

입주대행사는 입주경험이 많은 업체로 선정하는 것이 좋으며, 입주대행사의 주업무가 수분양자의 잔금을 납부받는 것이기에, 분양만큼이나 중요한 역할을 한다. 입주대행사는 보통 잔금 납부가 되는 세대(호실)를 기준으로 실적에 따라 입주대행수수료를 받게 되며, 잔금 납부 세대가 완료되면 입주용역대행은 종료된다.

시행사는 현장 여건에 맞게 다음의 내용을 고려하여 입주대행용역 업무 범위를 설정하면 된다.

구분	입주대행사 용역 내용	비고
입주자 사전 점검	- 입주자 사전점검 관련 모든 업무 기획 및 실행 - 각종 업무 지원 및 입주 상담 (입주 홍보, 각종 서류 징구, 소유권이전 및 잔금 대출 상담 등)	필요시 입주대행사에서 분양대행 업무 수행
입주 지원센터 구성 및 배치	- 시행사, 시공사 등 사업관계자 협의 공간 확보 - 현장 상황에 맞게 각종 집기, 사무용품, 노트북 등 설치(용역비 반영) - 현장 상황에 맞게 내방객(수분양자) 편의를 위한 카펫, 안내간판, 휴게공간, 상담석 확보 및 음료 제공	사업관계자 간 협의 조율, 업무대행 사로부터 배치도 징구

입주대행 세부 업무	1. 입주안내문 작성(인쇄) 및 발송
	2. 입주대행 및 입주 촉진 직원 구성 배치
	3. 입주 촉진을 위한 영업전략 수립 및 교육자료 작성 보고
	4. 입주 촉진 활동계획 및 실행(실적) 보고
	5. T/M 인원 구성 및 관리 운영
	  - 입주지정기간 안내, 수분양자별 입주 일정, 잔금 납부 일정 확인 및 보고
	  - 입주지원센터 방문 수분양자 대면 상담, 전화 상담 및 상담 내용 보고
	  - 잔금 미납자 납부 독려
	6. 입주 지원 및 관리 업무 수행
	  - 입주증 발급, 입주(예정)일자 관리(수분양자, 임차인) 보고
	  - 세대별 계약자 현황 및 입금 내역, 중도금 상환, 잔금 납부 등 내역 작성관리보고
	  - 잔금 납부 유도, 임대알선, 분양권전매 업무 지원
	  - 분양, 임대 관련 정보수집 및 지역 동향 보고
	  - 수분양자 소유권 이전 관리(제출서류 취합, 분양수입금 입금 확인 등)
	7. 세대 동행 및 세대 인계인수
	  - 키불출, 세대 안내, 주의사항 전달
	  - 하자 접수 및 관리대장 작성 보고
	  - 수분양자 애로사항 정리 보고
	8. 분양대행사의 홍보 및 마케팅 활동 지원
	9. 부동산중개업소 영업(관리) 관련 요청사항 지원
	10. 입주예정자협의회 등 입주자단체 관련 요청사항 지원
	11. 미분양세대 하자 점검 및 관리(관리회사와 협의 정리)
	12. 필요시 잔금 대출금융기관, 법무사, 세무사 알선
	13. 기타 발주자의 요청에 따른 입주대행 관련 업무 수행
		입주 3~4개월 전, 입주대행사 및 총괄책임자는 업무 수행 시작

(3) 건물관리업체 지정

건물관리업체는 준공건축물을 지속적으로 관리하기 위해 선정하는 것으로, 주로 건물관리 경험이 풍부한 업체를 대상으로 최저가낙찰제로 선정한다.

건물관리업체는 준공 3개월 전부터 건물 운영 및 입주에 필요한 필수시설물을 우선 점검하여 건물 입주에 문제가 없도록 준비해야 한다. 또한, 건물관리업체는 세대 및 공용부위도 점검하여 하자가 있을 경우, 시공사와 적극 협의하여 하자보수가 신속히 이루어지도록 관리해야 한다. 추후, 시공사는 준공건축물을 건물관리업체에게 인수인계하게 되는데, 건물관리 업체는 건축물의 하자보수이행 유무를 정확히 확인하여 이상이 없는 경우, 건축물을 인수인계 받는 것이 좋다. 참고로, 아파트 같은 경우, 시행사가 건물관리업체를 선정하였어도 추후 입주자대표회의를 통해 건물관리업체가 변경되는 경우도 많다.

3) 준공 1개월 전 주요 점검 사항

(1) 준공 준비 점검

시행사는 준공 승인을 위한 허가서류 및 현장 관련 미비한 사항은 없는지 최종 확인해야 한다.

(2) 입주자 사전점검(입주 1~2개월 전 실행)

준공 전 입주를 위한 입주자 사전점검을 실시해야 한다. 입주자 사전점검은 보통 준공 1~2개월 전에 진행된다.

입주자 사전점검은 수분양자가 자신들이 입주할 상품의 상태점검, 즉 하자보수를 점검하는 것이다. 이때 시행사는 방문한 수분양자에게 잔금 납부 예정일 및 입주시기도 함께 파악하면 좋다.

> ※ **입주자 사전점검 순서**
> 입주대행사 선정 → 입주자 사전점검 행사 준비(시행사, 시공사, 입주대행사 준비) → 행사의 주최는 시공사 → 수분양자에게 초대장 발송 → 입주자 사전점검(수분양자 현장 방문) → 수분양자에게 사전점검표 분출 → 사전점검표 수취 후 하자보수 사항 및 만족도 분석, 수분양자의 잔금 납부 예정일 및 입주시기 파악 → 점검표에 따른 하자 보수 및 민원 처리

입주자 사전점검은 하자보수사항을 점검해야 하므로 시공사가 책임지고 진행하며, 이때 입주대행사는 시공사의 업무를 지원하고, 시행사는 행사 전체를 총괄하게 된다.

사전점검에서는 주로 도장공사, 도배공사, 가구공사, 타일공사, 주방용구공사 및 위생기구공사 등의 상태를 점검하게 된다. 수분양자는 세부항목으로 구분된 사전점검표에 따라 입주할 세대의 주거전용 및 공용부분을 직접 점검하며, 입주자가 사전점검표에 기록하여 시행사(입주대행사)

및 시공사에게 제출하면, 시공사는 지적된 사항을 보수 완료한다.

※ 입주자 사전점검 체크사항

순번	구분	설명
1	초대장 발송	보통 계약자 명단을 관리하는 시행사 또는 입주대행사에서 발송한다.
2	종합행사계획 작성/사전 예약	종합행사계획을 시공사에서 작성하고, 방문계획 사전 예약을 받는다.
3	행사 장소 확보	사전 점검자 확인, 사전점검표 배부 및 사전점검표 작성과 회수를 위한 장소를 확보(주민공동시설)하고, 기다릴 수 있는 공간과 음료나 커피 등을 마실 수 있는 공간도 마련해야 한다.
4	행사 동선 계획	고객들이 주차장에서 행사 장소로 수월하게 도착할 수 있도록 안내요원 및 안내판을 준비해야 한다.
5	인원 셋팅	안내요원을 가능하면 많이 확보할수록 좋다. 1인당 하루 10팀이 넘지 않는 선에서 안내를 해야 친절한 안내가 될 수 있다.
6	안내요원 교육	아파트 마감자재 및 시설 그리고 친절 교육이 중요하다.
7	세대 및 단지 청소	사전점검 행사 전에 일일이 세대를 점검하여 지저분한 것들이 널려 있지는 않은지 확인하여야 한다. 마감 공사 후 청소나 정리가 안 된 경우가 있으니 잘 살펴보고 미리 시공사에 작업 지시를 하여야 한다.
8	행사 당일	사전에 준비한 대로 고객들을 동호수로 잘 안내하고, 하자 건수에 대해 기초적인 대응을 잘하도록 해야 한다. 고객들의 요구사항을 잘 접수하도록 안내요원들에게 주지시켜야 한다.
9	점검표 수취 및 분석	점검표는 잘 보관하여 입주 전 하자보수가 되도록 계속 체크하여야 하며, 입주자와 분쟁이 일어나지 않도록 잘 체크하여야 한다. 준공 후에는 하자보수가 잘되었는지 수시로 확인하고, 미진한 부분은 시공사에게 통보하여 보수가 계속 이루어지도록 해야 하며, 수분양자의 잔금납부 예정일 및 입주시기도 파악하여야 한다.

(3) 준공승인 준비

준공승인 준비는 시공사의 주도하에 진행되나, 시행사도 일정에 차질이 없도록 함께 지원해야 한다. 편의상 준공승인이라고 이야기는 하나, 「주택법」과 「건축법」에 따라 각각 사용 검사, 사용 승인이라고 부른다.

※ 준공승인을 위한 주요 구비서류

시공사 하자보수이행증권, (감리단 준공 검사 후)공사감리완료보고서, 각종 필증(소방시설완공검사, 가스공급시설완성검사, 전기사용전검사, 승강기), 확정측량, 지적성과도, 도시계획시설공사완료보고서, 입주자사전점검완료확인서 등

구분	사업인허가	준공 검사	검사 결과
공동주택	사업계획승인	사용검사신청(인허가부서검사)	사용검사확인증
업무시설	건축허가	사용승인신청 특별검사(건축사)	사용승인필증

4) 준공 후 주요 점검 사항

건축물이 준공된 후 시행사는 준공건축물에 대한 소유권보존등기를 진행하고, 수분양자의 잔금을 받아 수분양자 입주 및 소유권이전등기를 처리해주어야 한다.

> **※ 건축물 준공 후의 시행사 업무 처리사항**
> 건축물 준공 승인 → 건축물 취득세 신고(취득세 납부) → 건축물 소유권보존등기 → 수분양자 잔금 납부 → 수분양자 입주 및 소유권이전등기 → 잔금 미납자와 미분양분 해결방안 모색

준공된 건축물의 소유권보존등기를 위해서는 먼저, 준공건축물의 취득세를 산정하여 신고하여야 한다. 취득세 신고는 그동안 시행사의 재무제

표 및 기장을 담당했던 세무사나 회계사에서 진행하면 된다. 이때, 과세표준(공사원가)을 기준으로 취득세를 산정하는데, 이 산정이 적정한지 시행사도 잘 점검하여야 한다.

때로는 과세표준을 과하게 산정하여 취득세를 더 내는 경우가 있으며, 반대로 과세표준을 줄여 취득세를 적게 내는 경우도 있다. 문제는 취득세를 적게 냈을 때다. 건축물을 준공한 시행사에게는 보통 5년 이내에 세무조사가 나오게 되는데, 취득세를 적게 내었을 경우 불성실신고로 어마어마한 세금 폭탄을 맞을 수도 있기 때문이다.

실제로 저자가 관리했던 개발사업 중에 세무사의 실수인지, 시행사의 의도였는지는 모르겠으나, 취득세를 과소하게 신고하여 추후 세무조사로 인해 시행사가 세금을 크게 물었던 적도 있었다.

저자의 경험상 취득세 납부 후 세무서에 최대한 빨리 세무조사를 해달라는 민원을 요청하는 것이 좋다. 추후 발생할 수 있는 추징금 등의 문제를 빨리 해소할 수 있기 때문이다. 참고로, 취득세 납부의 적정성 검토는 부동산개발사업을 함께 참여하고 있는 신탁사에게 자문을 구하면 자세히 알려줄 것이다.

취득세 신고와 취득세 납부 후, 건축물 소유권보존등기를 하면 된다. 소유권보존등기는 법무사를 통해 진행하면 되고, 법무사는 소유권보존등기 경험이 풍부하고, 최저비용을 제시하는 업체로 선정하면 된다. 세대(호실)수가 많은 경우, 소유권보존등기가 완료되는 데 최대 7일 정도 소요되기도 한다.

수분양자의 잔금 납부, 소유권이전등기, 입주는 보통 동시에 진행된다. 이때 수분양자의 잔금 납부는 입주자모집공고상 공시되어 있는 계좌로 입금을 받아야 하는데, 보통은 신탁계좌이며, 시행사는 수분양자의 입금 금액이 정확한지를 다시 한번 확인하고, 소유권이전등기서류를 교부해야 한다.

준공 이후, 때로는 수분양자가 잔금을 미납하거나 미분양분이 발생하는 경우가 있다. 잔금 미납자에 대해서는 입주대행사를 통해 지속적으로 잔금 납부를 요청해야 한다. 잔금 미납으로 인한 계약 해지분 또는 기존 미분양분이 소규모일 경우 근처 부동산중개업소 등을 통해 미분양을 해소하면 되고, 대규모일 경우 미분양 전문 분양대행업체를 통해 재분양을 고려해야 한다.

사업 정산 및 하자 보수

건축물 준공 후 수분양자의 분양 잔금을 받아 공사비 등 잔여 사업비와 개발사업의 채권자(PF대출기관 등)에게 대출원리금을 상환하고, 시행사는 최종적으로 수익을 정산을 받게 되며, 이를 "사업 정산"이라고 한다.

부동산개발사업의 사업 정산 순서는 일반적으로 "개발 필수사업비 → PF대출 원금과 이자 → 후순위도급공사비 → 기타 사업비용 → 시행사의 사업이익" 순으로 진행된다.

기타 사업비용까지 지급하고 남은 것을 시행사는 정산받게 되는데, 분양이 잘되었을 경우는 현금으로 정산받을 것이나, 미분양이 남았을 경우에는 부동산 물건과 함께 담보대출을 떠안게 된다.

참고로, 토지신탁사업일 경우, 사업 정산시 일정 금액을 신탁사가 유보한다. 이는 준공건축물의 취득세 추가 추정 및 우발비용(소송 등) 대비 차원이다. 신탁사는 보통 취득세의 10~20% 수준으로 최대 5년 동안 유보하게 된다. 이 유보금은 신탁사가 알아서 시행사에게 돌려주지 않기 때문에 시행사는 신탁사에게 유보금 반환 요청을 반드시 해야 한다.

사업 정산 전, 후에도 시행사나 시공사에게 수분양자의 하자보수 민원은 꾸준히 들어오는데, 시행사는 시공사에게 최대한 빠른 하자보수 마무리를 종용해야 한다. 자칫 하자보수가 늦어지게 되면 수분양자에게 빌미를 제공하여 소송까지 가게 되는 경우도 많기 때문이다. 이러한 빈틈을 비집고 들어오는 하자 기획소송이 시행사의 골머리를 썩게 한다.

"하자 기획소송"이란 소송을 의뢰하는 입주민의 진정한 이익보다는 일부 변호사가 자신의 수익 극대화에 비중을 둔 "위장 기획소송" 성격의 하자 소송을 말한다. 이는 정상적인 하자보수를 지연케 하고, 거주 불편이나 소송 종료 시까지 위험에 노출시켜 놓는 등 여러 가지 부작용을 양산시킨다.

주로 하자보수 소송 전문변호사 등과 법조 브로커 또는 하자 진단업체 등이 연계되어 진행된다. 신규 분양아파트 등의 입주가 마무리된 직후 시행사가 사업의 마무리 정산 전, 소송과 함께 진행되는 경우가 많아 개발사업의 사업 정산에 문제가 생기기도 한다.

하자 기획소송의 경우, 변호사 등은 입주민의 하자보수나 안전 확보보다 승소 판결금이나 합의금, 손해배상금 등 금전적 이익의 극대화에 비중을 두고 소송을 추진하는 경우가 대부분이다. 변호사는 판결 금액의 15~30% 정도를 승소에 따른 성공보수금으로, 패소하더라도 수임료 등 각종 명목으로 가져가기 때문에 하자 소송의 승패와 상관없이 수익을 거두는 구조이다.

부록

1. 부동산개발 시 알아야 할 주요 법령

- 부동산공법: 부동산개발에 대한 체계적인 법률로 각 인허가의 근거가 되는 법률이다.
- 민법: 계약이나 법률관계에 관한 내용이 담겨 있어 필수적으로 공부해야 할 법률이다. 개인 간 또는 법인 간 민간 사이의 계약이나 법률관계에 대해 담겨 있는 법으로 개발사업 시 계약관계나 법률관계 등 다양한 부분에 대한 내용을 담고 있다.
- 주택법: 「건축법」에 기반하여 주거로 사용되는 건축물(특히 공동주택)의 건설과 공급에 대해 규정하고 있다.
- 건축법: 일반건축물의 건축에 관해 규정하는 법률이다.
- 아파트개발, 분양 관련: 아파트 공급(건설, 분양 등)에 관련된 법령들로 「주택공급에 관한 규칙」, 「주택건설기준 등에 관한 규정」, 「공동주택(아파트)분양가격의 산정 등에 관한 규칙」이 있다.
  - 주택공급에 관한 규칙: 주택법의 하위 법령으로 공동주택공급에 관한 일련의 규칙을 담고 있으며 "입주자모집공고"가 이 규칙에 의한다.
  - 주택건설기준 등에 관한 규정 및 규칙: 주택의 건설기준, 부대시설의 범위, 대지조성의 기준 등에 관해 규정하고 있다.
- 일반건축물개발, 분양 관련: 「건축물의 분양에 관한 법률」(일반건축물 분양 시), 「산업집적활성화 및 공장설립에 관한 법률」, 「개발이익 환수에 관한 법률」이 있다.

- 건축물의 분양에 관한 법률: 아파트 등 주택법 등에 의해 분양되는 건물 이외 일반건축물의 분양에 관한 법률

- 산업집적활성화 및 공장설립에 관한 법률: 지식산업센터의 분양 및 개발에 관한 법률

- 세법: 개발사업 시 투입되는 원가 중 각종 세금에 대한 내용을 숙지해야 한다.

  - 법인세: 시행사 운영 시 징수되는 세금에 대한 법률

  - 부가가치세: 사업 시 상품이나 서비스를 교환할 때 무조건 징수되는 세금(단, 토지에는 부가세가 붙지 않으며 이에 따라 분양 시 건물의 토지분에도 부가세가 붙지 않는다.)

  - 상속세, 증여세: 친인척 간 부동산 상속이나 증여 시 세금에 관한 법률

- 국토의 계획 및 이용에 관한 법률, 도시개발법, 농지법, 건축법, 주택법, 농지법, 도시 및 주거환경정비법

  - 국계법: 토지이용에 관해 구분과 제한을 가하는 법으로 용도지역을 구분해 준다.

  - 농지법: 농지의 발전을 위한 법으로 개발사업 시에는 농지전용허가와 관련이 있다.

  - 도시개발법: 대규모 주택지나 시가지조성에 관한 도시개발사업에 대해 규정하고 있다.

  - 도시 및 주거환경정비법: 재건축이나 재개발에 관한 법률

- 광고법(표시, 광고의 공정화에 관한 법률): 아파트 등 분양 시에 광고, 마케

팅을 하면서 지켜야 할 법령으로 부동산의 표시, 광고에 관한 심사지침 (공정위 소관)

- 부동산매매와 임대 관련: 「주택임대차보호법」, 「상가건물 임대차보호법」, 「부동산거래신고 등에 관한 법률」
  - 부동산거래신고 등에 관한 법률: 토지, 주택 등 모든 부동산의 거래 시 거래가 등을 신고하는 법률로, 거래신고필증이 없으면 이전등기가 되지 않으므로 필수적으로 거래신고를 해야 한다.
- 건설산업기본법: 건설업 관련 건설공사의 조사, 설계, 시공, 감리, 유지관리, 기술관리 등에 관한 기본적인 사항과 건설업의 등록 및 건설공사의 도급에 관한 사항을 정한다.

2. 부동산개발사업 체크리스트

Risk	Factor	Check Point
시행사	1. 법인 주체 사실관계 확인	법인등기부등본, 사업자등록증사본, 인감증명서
		주민등록증사본, 토지등기부등본, 개발업자등록 여부
	2. 사업수행 실적	경영실적 및 재무상태 등 확인(부동산개발사업 가능 검증)
	3. 자금조달 능력	토지계약금 및 초기사업비 재원조달 마련책
	4. 대외 인지도 및 신뢰성(신용 상태)	배후투자자 또는 주주거래실태
		현 직원 및 과거 전력조사
	5. 시행사 채무이행 불능 시 대책	사업권 포기각서 징구
		시행사 보유 동산 및 부동산의 권리 제한 가능
사업 부지	1. 사업부지 현황 파악	토지조서, 지적도 작성, 토지매매계약 체결현황 파악(알박이 토지 파악)
		사업부지 근저당 등 제한물권현황(국세, 지방세 포함), 소송 현황 파악
		실소유자 및 채권자 성향 파악
		불법점유자, 임차인, 농작물, 입목 등 파악 / 명도 가능 여부 파악
		주변 토지가 대비 매매가 적정성 및 감정평가액 확인
		지주작업비 적정성 확인
	2. 진입로 확보 및 추가 부지 매입 필요성	진입도로 및 도시계획도로 추가 매입 여부 확인
		학교용지 및 기부채납 부지
	3. 개발사업 장애 요인	지장물 및 주변의 사업제약시설 (송전탑, 변전소, 묘지 등 혐오시설)
		가스인입 등 주요 인프라시설 확인
	4. 사업부지 주변 시설	교육시설(초, 중, 고등학교)
		관공서 및 유통시설, 편의시설
		기타 분양가에 영향을 미칠 수 있는 각종 시설
	5. 사업부지 개발 용이성	도로, 부지형상 및 개발 가능 용적률 파악, 지질상태 확인
	6. 사업화 가능성 검토	브릿지론 및 P/F대출금융기관 사전 협의, 시공사 사전 협의

인허가	1. 사업 추진 일정의 적합성	인허가 일정 수시 체크, 인허가 지연 시 빠른 대안 강구
	2. 설계사의 설계, 인허가 능력	설계용역의 범위 설정/설계사의 설계 경험 및 인허가 기간 단축 능력 파악
	3. 관련 법규 적용 여부	시행사가 원하는 부동산개발상품이 가능한지 지역조례 및 지침 확인
	4. 인허가 제약 요인 분석	기존 인허가 사항 중 이슈 파악 예시) 인허가 관련 관청 및 군부대 실무담당자와의 협의 내용 구체적으로 정리(군부대 고도제한규제사항 점검)
자금 조달	1. 금융권 및 시공사 사전협의 여부	P/F대출사업 등 사업 구도 확인
	2. 대출금액, 금리, 상환 방식의 적합성 여부	대출조건 확인
	3. 시공사 신용 및 신용 보강 여부 등	채권확보책, EOD발생 시 채권 회수책
	4. 사용 용도 적합성 여부	대출금액의 사용처 및 용도의 적합성 확인
분양성	1. 경쟁사의 분양 동향 예의 주시	인허가 관청에 타사의 인허가 신청(교부) 현황 확인
		타사 M/H감재, 단지 외관 등을 고려한 상품 차별화
		타사 분양률 수시 체크
	2. 타사 및 주변 시장성 조사 여부	적정 분양가의 판단(3개 분양대행사를 통한 분석)/주변 수급 상황을 고려한 규모의 적정성 검토/주변 시세, 최근 지역 내 시장 상황을 고려한 가격경쟁력 검토
	3. 분양 관련 업체 적정성	분양대행사, 광고대행사, 모델하우스 건설업체의 능력 및 적정성 검토
	4. 분양시기 적정성	인허가 절차와 분양 지연 저해요인을 사전에 파악/예정 분양 시기는 지나치게 이르거나 늦지 않도록 진행
	5. 분양 성공을 위한 마케팅전략 수립	실수요자를 중심으로 한 효율적인 광고홍보 계획 설정
	6. 기타 분석	분양지역 실수요자 소비성향 파악/민감도 분석을 통한 적정 분양가 산정 및 기간별 예측 분양률 검토/주변 경쟁상품 임대수익률 분석/중도금대출(무이자, 후불제)에 따른 분양 선호 분석

시공	1. 신용평가 및 도급 순위 등	신용평가서, 외감보고서, 도급 순위(대한건설협회 확인) 관계 서류 확인
	2. 공사 범위, 기성조건, 기성증액요인	공사 범위 제외시설, 대물정산방법, 공사비 증액 요인
	3. 시공사 책임 분담 정도	책임준공, 자금조달, 하자보수, 채무인수 등
	4. 시공사의 타 공사 연관성	시공사의 여타 공사가 본 사업에 미치는 영향 평가
	5. 시공사 관계회사	시공사 관계회사와 연결재무제표 평가
	6. 시공사EOD 발생 시 대처방안	시공사 부도 발생 시 대처방안, 시공권 포기각서 선징구
	7. 보증서 확보	선급금, 계약이행보증증권, 하자보수증권 징구
	8. 공사 민원	소음, 분진, 타워크레인 사용각도 등 공사 민원 적극 대응
	9. 기타 사항	시공사 평판 및 지역 내 시공사 브랜드 밸류 등
설계	1. 특성에 적합한 설계 여부	단지 특화 및 품질 향상 방안
	2. 원가절감 방안	원가절감을 위한 인허가 도면확정 이전 설계 변경이 사전에 반영되도록 조치
사업 민원	1. 대내 민원	입주예정자(분양홍보물과 상이한 부분: 옹벽, 마감자재 등)
		미분양 시 분양가 할인 및 중도금 대출조건 변경 등
	2. 대외 민원	일조권, 조망권 등(설계사무소 확인사항)
		진입도로 등 민원사항

3. 입주자모집공고 및 신청서류 등

1) 입주자모집 승인(분양 신고) 신청서류

1. 입주자모집공고(안)
2. 일반분양가 및 층별 세대수 현황
3. 사업개요 및 단지배치도, 단위세대평면도
4. 공급계약서(안)
5. 발코니확장계약서(안)
6. 단지배치도 및 동호배치도
7. 건축공정확인서 - 예정공정표(감리 법인인감 첨부)
8. 감리계약서(감리자 인감 첨부)
9. 사업주체 관련 서류(시공사, 시행사 일부 차이 있음)
10. 법인등기부등본, 사업자등록증, 건설업면허증 및 수첩, 주택건설사업자등록증, 인감증명서, 국세 및 지방세 완납증명서 등
11. 착공신고필증
12. 주택분양보증서(아파트 등 주택공급에 관한 규칙 적용 시)
13. 토지조서(근저당 등 포함) 및 등기부등본
14. 견본주택 단위세대 사진 (동영상 촬영 후 CD 혹은 USB 첨부)
15. 마감자재리스트(최종 사업 승인 도서와 일치해야 함)
16. 기타 필요 서류 등 (담당주무관 요구 서류)

* 시행사는 지자체와 분양 승인 협의 시, 제출하는 서류 목록으로 반드시 담당 공무원과 사전 협의하여야 한다.

2) 아파트 분양보증 시 제출하여야 하는 서류

* 아파트 분양보증 발급처: HUG(주택도시보증공사)

1. 보증신청서(소정양식)
2. 사업계획승인서 사본(승인조건 포함)
3. 입주자모집공고승인신청서안
4. 사업부지의 권리확인을 위한 서류
   - 사업부지가 지적이 정리되지 아니한 공공택지의 경우
   - 사업부지가 도시개발법에 따라 시행되는 환지 또는 체비지인 경우
5. PF대출을 받은 경우 PF대출 관련 협약서 또는 PF 미대출 확인서(소정양식)
6. 사업양도각서(소정양식)
7. 계획공정표(감리자가 확인한 공정표)
8. 공사포기 확약서(소정양식, 시행자와 시공자가 다른 경우)
9. 조합주택에 대한 분양보증 신청에 따른 약정서(소정양식, 조합주택·정비사업조합의 경우)
10. 공동사업약정서 또는 도급계약서(공동시행자이거나 시행자와 시공자가 다른 경우)
11. 금융거래정보제공동의서(소정양식)
12. 주택공급계약서안
13. 기타 심사에 필요한 서류

〈보증서 발급 후 제출 서류〉

1. 입주자모집승인통보서 사본

2. 입주예정자명단 통보서

3. 주택공급계약 체결 기간 종료 후 매 분기 말 현재의 입주자명단 및 분양
   대금수납현황(소정양식) → 매 분기 다음 달 15일까지

4. 감리자가 확인한 공정확인서(월 1회, 우수거래고객은 매 분기 1회) →
   다음 달 15일까지

3) 「주택법」 적용 대상 사업장 입주자모집공고 및 공급계약서 체크 리스트

1. 입주자모집공고 체크리스트: 「주택법」 등에서의 필수 기재사항

순번	항목	삽입 여부
1	사업주체명, 시공업체명, 연대보증인 및 사업주체의 등록번호 또는 지정번호	
2	감리회사명 및 감리금액	
3	주택의 건설 위치 및 공급 세대수(특별공급 및 단체공급이 있는 경우에는 공급방법별로 세대수를 구분하여야 한다.)	
4	입주자를 분할하여 모집하는 경우에는 분할 모집 시기 및 분양 시기별 주택공급에 관한 정보	
5	제32조 제1항에 따라 주택을 우선 공급하는 경우 대상 주택에 관한 정보	
6	「도시 및 주거환경정비법」 제79조 제2항, 제3항, 제5항 및 제6항 또는 「빈집 및 소규모주택 정비에 관한 특례법」 제34조 제2항, 제3항, 제5항 및 제6항의 공급대상자에 대한 주택의 공급이 있는 경우 해당 세대수 및 공급면적	
7	「주택법」 제15조 제3항에 따라 공구별로 입주자를 모집하는 경우에는 다른 공구의 주택건설 세대수, 세대당 주택공급면적, 입주자 모집 시기, 착공 예정일, 입주예정일 등에 관한 정보	
8	호당 또는 세대당 주택공급면적 및 대지면적	
9	주택의 공급신청자격, 신청 시의 구비서류, 신청일시 및 장소	
10	인터넷을 활용한 주택의 공급신청 여부 및 공급신청 방법	
11	분양가격 및 임대보증금, 임대료와 청약금·계약금·중도금·잔금(법 제49조 제1항 단서에 따른 동별 사용검사 또는 같은 조 제4항 단서에 따른 임시 사용승인을 받는 경우의 잔금을 포함한다.) 등의 납부 시기 및 방법	

12	「공동주택 분양가격의 산정 등에 관한 규칙」 제3조 제3항 제1호에 따른 기본 선택품목의 종류	
13	「공동주택 분양가격의 산정 등에 관한 규칙」 제3조 제3항 제1호에 따른 기본 선택품목을 제외한 부분의 분양가격	
14	「공동주택 분양가격의 산정 등에 관한 규칙」 제4조 제1항 각호의 추가선택품목 비용	
15	「공동주택 분양가격의 산정 등에 관한 규칙」 제11조 제4항에 따른 감정평가기관이 평가한 택지에 대한 감정평가액과 해당 감정평가기관	
16	「공동주택 분양가격의 산정 등에 관한 규칙」 별표 1의3 제3호에 따라 건축비 가산비용을 인정받은 공동주택성능에 대한 등급	
17	분양보증기관 분양보증 또는 임대보증금에 대한 보증을 받은 경우 그 내용	
18	입주자에 대한 융자지원내용	
19	분양전환공공임대주택인 경우에는 분양전환시기와 분양예정가격의 산출기준 등 분양전환조건에 관한 사항	
20	부대시설 및 복리시설의 내용(주민운동시설의 경우에는 시설의 종류와 수)	
21	「주택건설 기준 등에 관한 규정」 제64조에 따른 친환경주택의 성능 수준	
22	입주자 또는 예비입주자 선정 일시 및 방법	
23	당첨자 발표의 일시·장소 및 방법	
24	이중 당첨자 및 부적격 당첨자의 처리 및 계약취소에 관한 사항	
25	입주자의 계약일·계약장소 등의 계약사항	
26	입주예정일	
27	도장공사, 도배공사, 가구공사, 타일공사, 주방용구공사 및 위생기구공사의 상태를 확인하기 위한 입주자의 사전방문에 관한 사항	
28	「주택법」 제22조 및 제23조에 따른 매도청구 진행상황	
29	「주택법」 제39조에 따라 발급받은 공동주택성능에 대한 등급	
30	그 밖에 시장·군수·구청장이 필요하다고 인정하는 사항	
31	"분양가격의 항목별 공시 내용은 사업에 실제 소요된 비용과 다를 수 있다."는 취지의 문구 기재	
32	「주택법」 제54조 제3항에 따른 견본주택에 사용된 마감자재 목록표	
33	공동주택 발코니의 세대 간 경계벽에 피난구를 설치하거나 경계벽을 경량구조로 건설한 경우 그에 관한 정보	

34	(1,000세대 이상의 공동주택의 경우)「주택법」제39조에 따른 공동주택성능등급의 표시 여부	
35	(분양가상한제 적용주택으로서 공공택지에서 공급하는 주택의 경우) 다음 각호에 대한 분양가격의 공시 1. 택지비 2. 공사비 3. 간접비 4. 그 밖에 국토교통부령으로 정하는 비용(공동주택 분양가격의 산정 등에 관한 규칙 별표 2)	
36	(분양가상한제 적용 지역의 경우) 분양가상한제 적용주택이라는 사실의 표시 여부	
	(투기과열지구의 경우) 해당 주택건설 지역이 투기과열지구에 포함되었다는 사실의 표시 여부	
	(조정대상지역의 경우) 해당 주택건설 지역이 조정대상지역에 포함되었다는 사실의 표시 여부	

2. 공급계약서 체크리스트 : 「주택법」 등에서의 필수 기재사항

순번	항목	삽입 여부
1	입주예정일	
2	연대보증인 또는 분양보증기관의 분양보증을 받은 경우에는 보증약관 등 보증내용	
3	호당 또는 세대당 주택공급면적(공동주택인 경우에는 주거전용면적, 주거공용면적 및 그 밖의 공용면적을 구분하여 표시하여야 한다.) 및 대지면적	
4	입주금과 그 납부 시기	
5	연체료의 산정 및 납부 방법	
6	지체상금(遲滯償金)의 산정 및 지급 방법	
7	주택도시기금이나 금융기관으로부터 주택건설자금의 융자를 받아 입주자에게 제공하는 경우 입주자가 납부할 입주금으로의 융자전환 계획, 그 이자를 부담하는 시기 및 입주자가 융자전환을 원하지 아니하는 경우의 사업주체에 대한 융자금 상환절차. 이 경우 주택공급계약서에는 입주자가 납부할 입주금으로의 융자전환을 원하지 아니하는 경우에는 세대별 융자금액에 해당하는 입주금을 입주자가 주택건설자금을 융자한 은행이 관리하는 계좌에 직접 납부하여 사업주체에 대한 융자금이 상환되게 할 수 있는 내용이 포함되어야 함.	
8	「공동주택관리법 시행령」제36조 및 제37조에 따른 하자담보책임의 기간 및 범위	

순번	항목
9	해약조건
10	공공임대주택의 경우 「공공주택 특별법 시행규칙」 제25조에 따른 관리 및 임대기간 만료 후의 재계약에 관한 사항
11	분양전환 공공임대주택인 경우 분양 시기, 분양예정가격의 산출 등 분양전환 조건에 관한 사항
12	이중 당첨 및 부적격 당첨 등으로 인한 계약취소에 관한 사항
13	「주택도시기금법 시행령」 제8조에 따른 제2종 국민주택채권 매입의무 위반으로 인한 계약취소에 관한 사항
14	그 밖에 입주자모집승인권자가 필요하다고 인정하는 사항

4) 「건축물의 분양에 관한 법률」 적용 대상 사업장 입주자모집공고 및 공급계약서 체크리스트

1. 입주자모집공고 체크리스트: 「건축물의 분양에 관한 법률(이하 '건축물 분양법')」 등에서의 필수 기재사항

순번	항목	삽입 여부
1	분양신고번호 및 분양신고일	
2	대지의 지번(地番)	
3	건축물 연면적	
4	분양가격	
5	건축물의 층별 용도	
5의2	건축물의 내진설계에 관한 사항	
(1)	「건축법」 제48조 제3항에 따른 내진 성능 확보 여부	
(2)	「건축법」 제48조의3 제2항에 따라 산정한 내진 능력	
6	분양사업자와 위탁자·분양대행사·시공업체의 명칭	
7	분양대금의 관리자와 분양사업자 간의 관계	

8	신탁업자 또는 분양보증기관의 명칭 (건축물분양법 제4조 제1항 제1호의 경우)	
9	연대보증을 한 둘 이상의 건설업자의 명칭 (건축물분양법 제4조 제1항 제2호의 경우)	
10	준공예정일 및 입주예정일	
10의2	분양받은 자의 사용승인 전 건축물 방문에 관한 사항 (건축물이 오피스텔인 경우)	
11	분양받을 자의 모집 기간·모집 방법 및 선정 일시 (인터넷을 활용한 청약접수 가능 여부 및 방법을 포함)	
12	구분소유권에 대하여 우선적으로 공개모집을 하는 경우 업종, 건축물 내 위치, 전체 분양면적 중 우선 모집 면적비율, 분양받을 자의 자격 제한 등 우선 공개모집의 내용에 관한 사항	
13	거주자 우선 분양에 관한 사항 (건축물분양법 제6조의2에 해당하는 경우)	
14	전매행위 제한에 관한 사항 (건축물분양법 제6조의3에 해당하는 경우)	
15	분양대금의 납부 시기	
16	청약신청금 납부금액, 납부방법 및 환불시기	

2. 공급계약서 체크리스트: 「건축물의 분양에 관한 법률(이하 '건축물분양법')」 등에서의 필수 기재사항

순번	항목	삽입 여부
1	분양사업자·분양대행사 및 시공업체의 명칭	
2	분양신고번호 및 신고확인증 발급일	
3	분양건축물의 표시 (전용면적·공용면적·계약면적 및 대지지분을 포함)	
4	분양대금 계좌번호 및 예금주, 분양대금의 관리자	
5	신탁계약 및 대리사무계약 또는 분양보증계약의 종류와 신탁업자 또는 분양보증기관의 명칭(건축물분양법 제4조 제1항 제1호에 따라 착공신고 후 분양하는 경우)	
6	연대보증을 한 둘 이상의 건설업자의 명칭 (건축물분양법 제4조 제1항 제2호에 따라 골조공사를 3분의 2 이상 완료한 후 분양하는 경우)	
7	분양가격, 계약금·중도금·잔금 등의 납부시기 및 방법 (계약금, 회차별 중도금, 잔금으로 구분하여 납부일 및 납부 금융기관 등을 분명히 밝혀야 함)	
8	분양계약 후 건축물의 내부구조 변경에 관한 사항	
9	준공예정일 또는 입주예정일	
9의2	「집합건물의 소유 및 관리에 관한 법률」 제9조의3 제2항에 따른 공정증서의 설명 및 확인에 관한 사항	
10	분양계약증명서의 고유번호	
10의2	법 제6조의3에 따른 전매행위 제한에 관한 사항	
11	분양사업자가 아래 어느 하나에 해당하는 경우 분양받은 자가 분양계약을 해약할 수 있다는 사항 가. 법 제9조에 따른 시정명령을 받은 경우 나. 법 제10조에 따라 벌금형 이상의 형을 선고받은 경우 다. 법 제12조에 따른 과태료 부과처분을 받은 경우	
12	그 밖에 허가권자가 필요하다고 인정한 사항	

4. 분양 광고 시 체크사항

1) 분양 광고 체크리스트

구분	내용	가이드라인
면적	공동주택의 공급면적을 표시하면서 주거전용면적만을 포함하였는가? (공급면적=분양면적=주거전용면적)	1-가
	상가 및 오피스텔의 분양면적을 점포별, 호실별로 표기하여 광고하는 경우 전용면적을 별도로 표기하였는가?	1-나
교통	특정 지점과 소재지 사이의 이동 거리 및 이동시간을 광고하는 경우 기준 지점과 교통수단을 명기하였는가?	2-가
	사업계획만 확정된 교통수단을 광고하는 경우 "계획", "예정" 등의 단서를 표시하였는가?	2-다
대출	중도금대출의 조건(대출기간, 금액, 이자율 등)에 대하여 사실과 부합하게 표시·광고하고 있는가?	3-나
	중도금대출 과정에서 수분양자에게 비용(보증수수료, 인지대 등)이 부과되는 경우, 제반 비용이 발생함을 명확히 전달하였는가?	3-나
	특정조건(화재보험가입 등)을 전제로 중도금대출이 가능한 경우, 그러한 조건이 있음을 명확히 표시하였는가?	3-나
품질	주택 및 상가에서 실제로 사용될 재료나 제품(옥조, 창호, 설비 등)을 표시·광고하고 있는가?	4-가
	모델하우스에 설치한 제품(옥조, 에어컨 등)이 실제로 사용될 제품과 일치하는가?	4-나
	편의시설 및 설비 설치에 추가 비용이 발생하는 경우 비용 부담 조건을 사실과 일치하게 표시하였는가?	4-라
분양현황	분양률 및 분양현황에 대한 표현이 사실과 일치하는가?	5-가
	건축물의 공사 진행 상황이나 입주예정일이 사실과 일치하는가?	5-나
	은행, 극장 등의 대중이용시설이 분양되었다고 광고하는 경우, 해당 시설의 분양계약 체결이 완료되었음을 확인하였는가?	5-다

생활여건	계획 및 비전 단계에 있는 공공시설 및 편의시설을 광고하는 경우, "계획", "예정" 등의 단서를 명기하였는가?	6-가
	소재지 주변에 공공시설 및 편의시설이 있음을 광고하는 경우 해당 시설과 소재지 사이의 거리를 사실과 같게 표시하였는가?	6-나
	소재지 여건에 대하여 최상급 또는 확정적 표현을 사용하는 경우, 그에 대한 객관적·구체적 근거를 갖고 있는가?	6-다
투자	소재지 여건의 투자 가치에 대하여 광고하는 경우, 그에 대한 객관적·구체적 근거를 갖고 있는가?	7-가
	미래의 재산 가치에 대하여 최상급 표현을 사용하는 경우, 그에 대한 객관적·구체적 근거를 갖고 있는가?	7-나
	확정적 투자수익이 보장됨을 광고하는 경우, 투자수익의 지급 주체, 수익금 지급 시기, 지급 기간, 지급 방식 등을 명기하였는가?	8-가
기타	타사의 상호, 로고, 명칭 등을 사용하는 경우, 당해 회사의 승낙을 득하였는가?	9-가
	당사에 관한 투자 광고로 오인될 수 있는 내용을 광고하는 경우/ 준법 감시인의 합의 및 위임전결규정 4-가에 따라 결재를 득하였는가?	9-나

2) 분양 광고 가이드라인

1. 면적에 관한 표시·광고

가. 공동주택의 면적

(1) 면적의 구분

명칭	내용	비고
주거전용면적	주거의 용도로만 쓰이는 면적	공급면적
주거공용면적	계단, 복도, 현관 등 공동주택의 지상층에 있는 공용면적	
기타공용면적	주거공용면적을 제외한 지하층, 관리사무소, 노인정 등 공용면적	

* 근거: 주택공급에 관한 규칙 제21조 제5항

(2) 주의사항

(가) 공동주택의 공급면적을 세대별로 표시하는 경우에는 주거전용면적만 포함시켜야 하며, 그 밖의 면적(주거공용면적 등)을 포함해서는 안 됨.

(나) 주거전용면적 이외에 주거공용면적, 기타공용면적 등을 별도로 표기할 수는 있음.

나. 상가, 오피스텔 등의 면적

(1) 면적의 구분

명칭	내용	비고
전용면적	건축물의 외벽의 내부선을 기준으로 산정한 면적	
공용면적	가. 복도·계단·현관 등 지상층에 있는 공용면적 나. 지하층·관리사무소 등 그 밖의 공용면적 다. 건축물의 바닥면적에서 전용면적을 제외하고 남은 면적	

* 근거: 건축물의 분양에 관한 법률 시행령 제9조

(2) 주의사항

(가) 오피스텔 또는 상가의 호실 및 점포별로 분양 광고를 하는 경우에는, 소비자가 실제 사용면적을 오인하지 않도록 반드시 전용면적을 표기하여야 함.

(나) 오피스텔 또는 상가의 공급면적과 관련된 별도의 기준은 없음.

2. 교통에 관한 표시·광고

가. 소재지에 대하여 기준점이나 교통수단을 명시하지 않고 표시·광고함으로써 실제보다 가까운 거리에 위치하는 것처럼 표시하는 것은 부당한 표시·광고에 해당함.

적법한 표현	위법한 표현
광화문에서 전철로 3분 거리 시청에서 버스로 10km 거리 장동역에서 도보로 10분 거리	강남역까지 1시간 (교통수단 모호) 부산까지 버스로 20분 거리 (기준점 모호) 서울까지 30분 거리 (교통수단, 기준점 모호)

나. 교통수단에 의한 소요시간을 '통상시간대'의 정상속도가 아닌 '새벽'이나 '한밤중'의 속도 등을 기준으로 표시하여 실제보다 가까운 거리에 위치하는 것으로 오인시켜서는 안 됨.

다. 사업계획만 확정된 교통수단에 대하여 "계획", "예정" 등의 단서를 명시하지 않은 채 현재 이용이 가능한 것처럼 표시하는 것은 부당한 표시·광고에 해당함.

3. 중도금대출에 관한 표시·광고

가. 대출과 관련하여 대출기관이나 대출금액 이자율·대출기간 등 대출내용 및 조건을 명시하지 않거나 사실과 다르게 표현하는 것은 부당한 표시·광고에 해당함.

나. 주요 위반사례

(1) 대출기관과 사전협의나 약정이 완료되지 않은 상태에서 "최고 1억 원 대출, 연 3%" 등 확정된 사실인 것처럼 표현하였으나, 대출 신청시에 대출액이 감소하거나 이자율이 증가하는 경우

(2) "대출 관련 제반비용 부담 없음(당사 부담)"이라고 광고하였으나, 실제로는 수분양자들에게 보증수수료 및 인지대 등 융자와 관련된 부대비용을 부담시키는 경우

(3) 화재보험 가입을 조건으로 하는 대출임을 명시하지 않고, "1억 원 아파트를 3천만 원에 입주!! 대출금 7,000만 원!"이라고 표현하는 경우

(4) 실제로는 이자 후불제를 조건으로 중도금을 대출하면서 "무이자 중도금 대출"이라고 표시하여 마치 이자 부담 없이 중도금을 대출받을 수 있는 것처럼 광고하는 경우

4. 품질에 관한 표시·광고

가. 실제로 사용되는 재료나 제품 등에 대하여 사실과 다르게 표시·광고함으로써 실제보다 우량한 것이 사용되는 것처럼 표현해서는 안 됨.

※ 위반사례: "대리석 욕조 사용"이라고 광고하였으나, 실제로는 플라스틱 욕조를 설치하는 경우

나. 실제로 사용될 재료나 제품보다 우량한 것을 모델하우스에 설치함으로써 실제 재료나 제품보다 우량한 것이 사용되는 것처럼 표시·광고해서는 안 됨.

※ 위반사례: 모델하우스에 실제 아파트에 포함될 것보다 고급의 벽지, 장판을 사용하는 경우

다. 광고된 제품이나 재료가 사정상 변경될 수 있음을 사전에 표시한 경우에도, 정당한 사유 없이 저품질 또는 저가의 것으로 변경하는 경우에는 부당한 표시 광고에 해당함.

적법한 변경	위법한 변경
모델하우스에는 A사의 싱크대를 설치하였으나 A사 제품의 품절로 인하여, 실제로는 같은 품질, 같은 가격의 B사 제품을 사용하는 경우	모델하우스에 대리석 욕조를 설치하며 "사정에 따라 변경 가능함"이라고 표기한 후, 실제로는 플라스틱 욕조를 설치하는 경우

라. 가스, 무인경비 등의 편의시설 및 설비에 추가 비용이 부담됨에도 불구하고, 비용부담 조건을 막연하거나 사실과 다르게 표현해서는 안 됨.

※ 위반사례: 수분양자가 분양가와 별도의 비용을 지불해야 설치해주는 무인경비설비에 대하여 단순히 "완벽한 무인경비시스템!"이라고 광고하는 경우

5. 분양 현황에 관한 표시·광고

가. 분양 현황에 대한 표현이 사실과 일치하지 않을 경우, 부당한 표시 광고에 해당함.

※ 위반사례 1: 실제 분양실적이 저조한데도 "90% 분양 완료", "분양 마감 임박", "빨리 신청해야 가능합니다." 등으로 광고하는 경우

※ 위반사례 2: 사실과 다르게 "O개 점포 100% 분양", "평균 경쟁률 10:1, 최고경쟁률 18:1", "경기도 오피스텔 최고 경쟁률" 등으로 광고하는 경우

나. 건물의 공사 진행 상황이나 입점 예정일을 사실과 다르게 표현하여 실제보다 유리한 것처럼 소비자를 오인시킬 우려가 있는 광고는 부당한 표시·광고에 해당함.

다. 은행, 극장, 볼링장 등 고객을 유인하는 효과가 큰 대중이용시설의 분양이 확정되지 않음에도, 위의 시설들의 분양이 완료되었다고 표현해서는 안 됨.

※ 위반사례: ○○은행 지점이 입점계약서에 기명날인하지 않고 구두로 약속만 한 상태에서 "○○은행 입점 확정" 등으로 표현하는 경우

라. 수분양자의 자격 또는 수분양자를 결정하는 방법 등에 대하여 실제보다 소비자에게 유리한 것처럼 표현하는 것은 부당한 표시·광고에 해당함.

※ 위반사례 1: 사실과 다르게 "특정지역(경기도) 거주자에게는 우선권을 부여합니다."라고 광고하는 경우

※ 위반사례 2: "선착순 분양"이라고 광고하고 실제로는 일부 또는 모든 점포를 입찰 등 선착순이 아닌 다른 방법으로 분양하는 경우(이 경우 선착순으로 분양하는 점포 수를 명시하면 부당한 표시 광고가 되지 않음)

6. 생활여건에 관한 표시·광고

가. 소재지의 여건에 대하여 계획단계의 비전이나 막연한 추측상의 내용을 확정된 사실

처럼 표현하여 실제보다 유리한 것처럼 표시·광고해서는 안 됨.

※ 위반사례 1: ○○지역에 36홀 규모의 골프장 추진 중(실제로는 인가 준비단계에도 있지 않음)

※ 위반사례 2: 한국토지공사의 사업 결정이나 장기계획이 없음에도 불구하고 "인근에 대규모 주택단지 개발 예정"이라고 광고하는 경우

나. 공익시설이나 편의시설 등이 멀리 떨어져 있는데도 가까이 있는 것처럼 광고해서는 안 됨.

※ 위반사례: 실제 도보로 쉽게 갈 수 없는 거리(lkm 이상인 경우)에 있음에도 불구하고 "○○학교가 바로 앞에 위치!"라고 광고하는 경우

다. 소재지의 여건 및 상권에 대하여 객관적·구체적인 근거 없이 최상급 또는 확정적 표현을 사용하여 실제보다 유리한 것처럼 소비자를 오인시키는 광고는 부당한 표시·광고에 해당함.

※ 위반사례 1: 객관적인 근거 없이 "어떤 업종이라도 확실한 성공이 보장되는 천연상권", "주변 점포 전세금이 분양가격을 상회하는 상권" 등으로 광고하는 경우

※ 위반사례 2: "대규모 아파트단지 및 주택밀집지역의 유일한 상가"라고 광고하였으나, 실제로는 인근에 상가가 존재하는 경우

7. 투자에 관한 표시·광고

가. 소재지의 여건에 대하여 사실과 다르거나 객관적인 근거 없이 투기를 조장하는 용어를 사용하여 표시 광고하는 것은 부당한 표시·광고에 해당함.

※ 위반사례 1: 객관적 근거 없이 "강남지역에 마지막 남은 주택단지"라고 광고하는 경우

※ 위반사례 2: 객관적 근거 없이 "서울시민이 청약할 수 있는 마지막 기회"라고 광고하는 경우

나. 물건의 미래 재산 가치에 대하여 객관적·구체적 근거 없이 최상급 표현을 사용하거나 막연히 높은 가치가 보장되는 것처럼 표현하는 것은 부당한 표시·광고에 해당함.

※ 위반사례 1: "수익률 연 20%"라고 광고하면서, 투자수익의 지급 주체, 지급 시기, 지급 방법 등을 표시하지 않는 경우

※ 위반사례 2: 객관적 근거 없이 "절대우위의 재산 가치"라고 표현하는 경우

※ 위반사례 3: 단순히 임대가액이 높을 것이라는 기대만 갖고서 "2천만 원 투자 시 월 100만 원 이상의 임대수입 보장"이라고 표현하는 경우

8. 수익형 상품에 관한 표시·광고

가. 객관적이고 구체적인 근거 없이 수익률을 임의로 산출하여 부풀려 광고하거나, 수익 보장 기간이 단기임에도 불구하고 장기간 확정 수익이 보장되는 것처럼 광고해서는 안 됨.

※ 위반사례 1: 객관적, 구체적 근거 없이 "연 수익률 14.8%"라고 광고하는 경우

※ 위반사례 2: 객관적, 구체적 근거 없이 "11.33% 임대수익 보장"이라고 광고하는 경우

나. 실투자금 산정 시 임의로 금액을 산출하여, 분양가가 저렴하거나 적은 비용만으로 투자가 가능한 것처럼 광고하는 행위는 부당한 표시·광고에 해당함.

※ 위반사례 1: 객관적, 구체적 근거 없이 "강남 1억에 2채"라고 광고하는 경우

※ 위반사례 2: 임대보증금을 인근 동일 조건의 것보다 현저하게 높게 표현함으로써 실제보다 낮은 가격으로 구매할 수 있는 것으로 오인시킬 수 있는 경우

다. 객관적인 근거 없이 "최고", "최대", "최초", "유일" 등의 배타성을 띤 절대적 표현으로 분양의 가치를 부풀려 광고해서는 안 됨.

※ 위반사례 1: 객관적, 구체적 근거 없이 "주변 상가 대비 최저 분양가"라고 광고하는 경우

※ 위반사례 2: 객관적, 구체적 근거 없이 "제주 동부 유일의 수익형 호텔"이라고 광고하는 경우

9. 기타

가. 타사의 동의 없이 해당 기업의 상호, 로고, 명칭 등을 표시·광고에 사용해서는 안 됨.

※ 위반사례 1: 근린생활시설의 조감도에 타사의 동의 없이 해당 기업의 상호를 삽입하는 경우

※ 위반사례 2: 특정 산업단지 인근에 위치한 공동주택을 광고하며, 산업단지에 입주한 기업들의 동의 없이 해당 기업들의 상호 및 로고를 삽입하는 경우

나. 당사에 관한 투자 광고로 오인될 수 있는 내용을 분양 광고에 사용해서는 안 됨.

※ 위반사례: "금융위원회로부터 인가받은 공신력과 뛰어난 재무 건전성" 등과 같은 표현을 사용하여, 금융투자업자의 투자 광고로 오인될 수 있는 경우다. 건물인증과 관련하여 하위등급을 받았

음에도 상위등급을 받은 것처럼 광고해서는 안 됨.

※ 위반사례 1: 에너지효율 2등급 인증을 받았음에도 1등급 인증을 받았다고 광고하는 경우

※ 위반사례 2: 에너지효율 2등급 예비인증을 받았음에도 본인증을 받은 것처럼 광고하는 경우

라. 일정 기간 동안 콘도 시설을 이용할 수 있는 회원모집에 불과함에도, 소유권이 보장되거나 기간에 상관없이 콘도를 이용할 수 있는 것처럼 광고해서는 안 됨.

※ 위반사례 1: 콘도 이용 회원 모집임에도 "소유"라는 문구를 사용하여 광고하는 경우

※ 위반사례 2: 성수기 예약을 보장할 수 없음에도 불구하고, 성수기 예약이 확실히 보장되는 것처럼 광고하는 경우

5. 부동산개발 관련 자주 사용되는 용어

1) 부동산개발 관련

※ 인허가(사업 승인 및 건축허가) 관련 최상위계획에서 허가 승인 프로세스

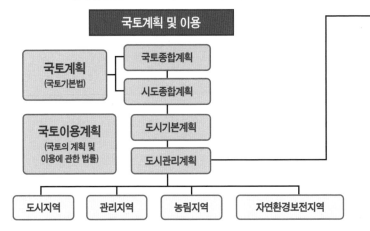

국토계획 및 이용

| 국토계획 (국토기본법) | 국토종합계획 |
| 시도종합계획 |

| 국토이용계획 (국토의 계획 및 이용에 관한 법률) | 도시기본계획 |
| 도시관리계획 |

| 도시지역 | 관리지역 | 농림지역 | 자연환경보전지역 |

☞ 도시계획 위원심의에서 결정
※ 도시관리계획 결정고시

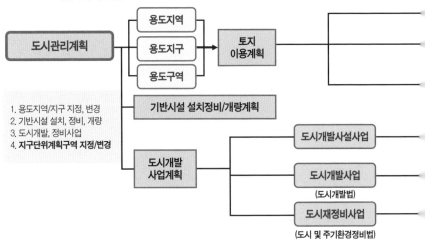

도시관리계획

- 용도지역
- 용도지구
- 용도구역

→ 토지 이용계획

1. 용도지역/지구 지정, 변경
2. 기반시설 설치, 정비, 개량
3. 도시개발, 정비사업
4. 지구단위계획구역 지정/변경

기반시설 설치정비/개량계획

도시개발 사업계획

- 도시개발시설사업
- 도시개발사업 (도시개발법)
- 도시재정비사업 (도시 및 주기환경정비법)

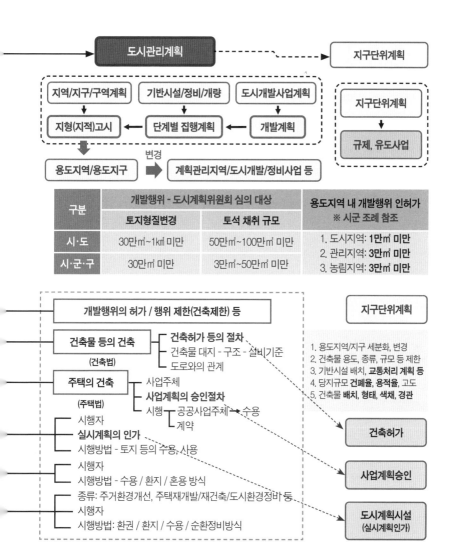

구분	개발행위 - 도시계획위원회 심의 대상		용도지역 내 개발행위 인허가 ※ 시군 조례 참조
	토지형질변경	토석 채취 규모	
시·도	30만㎡~1㎢ 미만	50만㎡~100만㎡ 미만	1. 도시지역: **1만㎡** 미만 2. 관리지역: **3만㎡** 미만 3. 농림지역: **3만㎡** 미만
시·군·구	30만㎡ 미만	3만㎡~50만㎡ 미만	

구분	사업 인, 허가	준공검사 / 결과	적용법률	비고
공동주택	사업계획 승인	사용승인 / 필증	주택법 등	주택규모 30세대 이상 (주택건설기준, 주택공급 규칙 적용)
공동주택 외	건축허가	특별검사 / 필증	건축법 등	

※ 용도지역, 용도구역, 용도지구

용도지역 / 용도지구 / 용도구역

용도지역
토지의 경제적, 효율적 이용과
공공복리의 증진을 도모

용도지구
토지의 기능을 증진시키고
미래, 경관, 안전 등을 도모

용도구역
시가지의 무질서한 확산을 방지하고
토지 이용의 종합적 조정 및 관리

- **용도지역** 건축물의 용도, 건폐율, 용적률, 높이 등을 제한함으로써 토지를 경제적, 효율적으로 통제
- **용도지구** 경관지구, 고도지구, 보호지구, 특정용도제한지구
  ※ 방화지구, 방재지구, 취락지구, 개발진흥지구
- **용도구역** 개발제한구역, 시가화조성구역, 수자원보호구역, 도시자연공원구역

용도구역 용도구역이란 통상 도시계획으로 정한 개발제한구역이나 시가화조정구역 등을 총칭하는 의미로 사용된다. 이들 지역에서는 토지의 용도나 기타 이용이 도시계획법에 의해 제한을 받게 되므로 용도구역이란 단어로 표기하는 것이다. 또한 기타의 법률에서 일정한 구역을 확정하여 토지이용을 제한할 경우에도 용도구역이라고 총칭하기도 한다.

용도지구 통상 도시계획으로 정한 경관지구나 미관지구, 고도지구, 방화지구, 방재지구, 보존지구, 시설보호지구, 취락지구, 개발촉진지구, 아파트지구 등을 총칭하는 의미로 사용된다. 이들 지역에서는 토지의 용도나 기타 이용이 도시계획법에 의해 제한을 받게 되므로 용도지역이란 단어로 표기하는 것이다. 또한, 국토이용계획에서 정한 준도시지역 안의 취락지구, 산업촉진지구, 시설용지지구와 자연환경보전지역 중 수산자원보존지구 등의 국토이용에 의한 지구를 총칭할 때 사용되기도 한다.

용도지역

토지의 이용이나 건축물의 용도·건폐율·용적률·높이 등을 제한함으로써 토지를 경제적·효율적으로 이용하고 공공복리의 증진을 도모하기 위해 서로 중복되지 않게 도시관리계획으로 결정하는 지역

출처 서울특별시 도시계획국

용도지역의 유형

1. **도시지역** 인구와 산업이 밀집되어 있거나 밀집이 예상되어 체계적인 개발·정비·관리·보전 등이 필요한 지역
   - 주거지역: 거주의 안녕과 건전한 생활환경의 보호를 위하여 필요한 지역
   - 상업지역: 상업이나 그 밖의 업무의 편익을 증진하기 위하여 필요한 지역
   - 공업지역: 공업의 편익을 증진하기 위하여 필요한 지역
   - 녹지지역: 자연환경·농지 및 산림의 보호, 보건위생, 보안과 도시의 무질서한 확산을 방지하기 위하여 녹지의 보전이 필요한 지역

2. **관리지역** 도시지역의 인구와 산업을 수용하기 위해 도시지역에 준하여 체계적으로 관리하거나, 농림업의 진흥, 자연환경 또는 산림의 보전을 위하여 농림지역 또는 자연환경보전지역에 준하여 관리할 필요가 있는 지역
   - 보전관리지역: 자연환경 보호, 산림보호, 수질오염 방지, 녹지공간 확보 및 생태계 보전 등을 위하여 보전이 필요하나, 주변 용도지역과의 관계 등을 고려할 때 자연환경보전지역으로 지정하여 관리하기가 곤란한 지역
   - 생산관리지역: 농업·임업·어업 생산 등을 위하여 관리가 필요하나, 주변 용도지역과의 관계 등을 고려할 때 농림지역으로 지정하여 관리하기가 곤란한 지역
   - 계획관리지역: 도시지역으로의 편입이 예상되는 지역이나 자연환경을 고려하여 제한적인 이용·개발을 하려는 지역으로서 계획적·체계적인 관리가 필요한 지역

3. **농림지역** 도시지역에 속하지 않는 「농지법」에 따른 농업진흥지역 또는 「산지관 리법」에 따른 보전산지 등으로서 농림업을 진흥시키고 산림을 보전하기 위하여 필요한 지역

4. **자연환경보전지역** 자연환경·수자원·해안·생태계·상수원·문화재의 보전과 수산 자원의 보호·육성 등을 위하여 필요한 지역

- 부동산개발: 토지를 건설공사의 수행 또는 형질 변경의 방법으로 조성 하는 행위 또는 (부동산개발업법)건축물을 건축·대수선·리모델링 또는 용도 변경하거나 공작물을 설치하는 행위이다.

- 국토의 계획 및 이용에 관한 법률: 국토의 이용·개발과 보전을 위한 계 획의 수립 및 진행 등에 필요한 사항을 정하여 공공복리를 증진시키고 국민의 삶의 질을 향상시키는 것을 목적으로 하는 법이다. 주요 내용은 광역도시계획, 도시·군 기본계획, 도시·군 관리계획, 개발행위의 허가, 용도지역·용도지구 및 용도구역의 행위 제한, 도시·군 계획시설사업의 시행, 비용, 도시계획위원회, 토지거래의 허가 등이다. 국토이용 관리를 규제하고 조장하는 대표적인 법률이다.

- 토지/부지/획지/대지/필지/택지: 땅을 부르는 명칭은 다양하다. 부지, 획지, 토지, 대지, 필지 등 여러 가지 용어가 있다. 이 중 가장 광범위하 고 포괄적인 용어는 토지이다.

  - 토지: 땅을 의미하는 가장 일반적이고 광범위한 용어이다.

  - 부지: 구조물(건축물, 공작물)을 지으려는 지반이 되는 또는 될 예정인 토지를 의미한다.

- 획지: 대규모 건축계획 또는 학문적 기준으로 경계가 구분되는 토지를 말한다.

- 대지: 일반적인 건축물을 건축할 수 있는 조건을 가진 땅을 특별히 건축법에서 대지라고 표현한다.

- 필지: 필지는 흔히 지번으로 표기되는 가장 최소 등록 단위의 토지이다.

- 택지: 택지는 「택지개발촉진법」에 따라 개발·공급되는 주택건설용지 및 공공시설용지를 말하며, 주택을 건설하는 용지뿐만 아니라 도로, 공원, 학교 등의 기반시설과 상업·업무시설 등 시설을 설치하기 위한 토지를 포함하는 포괄적인 개념으로 정의되어 있다.

• 지목: 지적법에서 토지의 주된 사용 목적 또는 용도에 따라 토지의 종류를 구분·표시하는 명칭을 말한다(지적법 제2조 제6호). 지목은 전·답·임야·염전·대·공장용지·학교용지·도로·철도용지·하천·구거·유지·공원·체육용지·유원지·묘지·잡종지 등으로 구분하여 정한다(제5조 제1항).

• 지번: 지번이라 함은 토지에 붙이는 번호를 말한다(「지적법」 제2조 제4호). 토지의 고정성과 개별성을 확보하기 위하여 소관청이 지번 지역인 법정 리·동 단위로 기번하여 필지마다 아라비아 숫자인 1, 2, 3 등으로 순차적으로 연속하여 부여하며, 임야대장 및 임야도에 등록하는 토지(임야)의 지번은 숫자 앞에 "산"자를 붙여 표기한다. 지번은 본번과 부번으로 구성하되, "―" 표시로 구분한다.

• 토지이용계획확인원: 토지이용규제 기본법에 근거한 토지의 이용 용도를 확인하는 문서이다. 우리나라의 모든 토지에는 계획구역 내에서 그 땅을 어떻게 이용할지 결정하고, 이를 합리적으로 배치하는 토지이용계획이 있다.

토지이용계획확인원에는 신청 토지의 소재지, 지목, 면적, 개별공시지가 등 토지와 관련한 기본적인 정보는 물론, 국토의 계획 및 이용에 관한 법률에 따른 용도지역이나 각종 보호구역을 비롯해 도시계획시설 및 도시개발사업 등 부동산개발 시 토지에 대한 각종 규제와 허가 가능한 용도를 확인할 수 있다.

- 부동산공법: 국가는 공공복리를 증진시키고 국민의 건전한 생활환경을 확보하기 위하여 국토의 효율적인 이용과 개발 및 보전에 관한 사항과 이에 필요한 범위 내에서 재산권 행사에 규제와 조정을 가하고 있는데 이를 뒷받침하는 법률 (국토계획법 / 도시개발법 / 도시정비법 / 건축법 / 주택법 / 농지법)

- 건축법 : 건축물의 대지·구조·설비·용도 등에 관한 일반적인 기준을 정하고, 건축물의 시공과정을 절차적으로 규제하는 법으로 건축물의 안전과 효용이 저하되는 것을 막고 이웃 토지·건축물의 안전과 쾌적한 생활환경을 유지하며, 도시의 미관과 기능을 증진하고 전 국토의 이용을 효율화하기 위하여, 개인의 자유로운 건축행위에 제한을 가하는 것을 건축규제라고 하는데, 이 법은 이러한 건축규제에 관한 기능을 담당하는 일반법이다.

- 주택법: 쾌적한 주거생활에 필요한 주택의 건설·공급·관리와 이를 위한 자금의 조달·운용 등에 관한 사항을 정한 법률로서 쾌적한 주거생활에 필요한 주택의 건설·공급·관리, 이를 위한 자금의 조달·운용 등에 관한 사항을 정함으로써 국민의 주거안정과 주거수준의 향상에 이바지하는

데 목적이 있다.

- 공동주택의 종류

  -관련 법규:「건축법 시행령」[별표1] '용도별 건축물의 종류'

  1. 아파트: 주택으로 쓰이는 층수가 5개 층 이상인 주택

  2. 연립주택: 주택으로 쓰이는 1개 동의 바닥면적 합계가 660㎡를 초과하고, 층수가 4층 이하인 주택

  3. 다세대주택: 주택으로 쓰이는 1개 동의 바닥면적의 합계가 660㎡ 이하이고, 층수가 4층 이하인 주택

  4. 기숙사: 학교 또는 공장 등의 학생 또는 종업원 등을 위하여 사용되는 것으로서, 공동취사 등을 할 수 있는 구조이되, 독립된 주거의 형태를 갖추지 아니한 것

- 국민주택: 주거전용면적이 1호당 또는 1세대당 85제곱미터 이하인 주택 (국민주택규모: 전용면적 85제곱미터 이하)

- 다가구주택: 주택으로 쓰이는 층수(지하층 제외)가 3개 층 이하이고, 1개 동의 주택으로 쓰는 바닥면적(지하주차장 면적 제외)의 합계가 660㎡ 이

하이며, 19세대 이하가 거주할 수 있는 주택으로서 공동주택에 해당하지 않는 것을 말한다. 다가구주택은 「건축법」에 의한 용도별 건축물의 종류상 단독주택에 해당한다.

• 근린생활시설: 주거생활에 기본적으로 필요한 각종 생활용품과 주거 관련 서비스를 제공하는 용도로 사용되는 건축물로서 「건축법」에서는 제1종 근린생활시설과 제2종 근린생활시설로 구분하고 있다(「건축법시행령」별표1).

제1종 근린생활시설	제2종 근린생활시설
국민이 생활하면서 편리하게 이용할 수 있는 시설	1종보다 큰 규모시설, 취미생활, 편의생활 관련 시설
	1종보다 더 많은 업종 포함.
1. 일용품 등의 소매점 바닥면적(1천㎡ 미만) 2. 휴게음식점, 제과점(300㎡ 미만) 3. 이용원, 미용원, 목욕장 및 세탁소 4. 병원, 치과의원, 한의원, 산후조리원 5. 탁구장, 체육도장(500㎡ 미만) 6. 지역자치센터, 소방서, 파출소, 지구대, 우체국, 보건소, 방송국, 공공도서관, 건강보험공단사무소 등 공공업무시설 7. 변전소, 도시가스배관시설, 통신용시설, 정수장 등(1천㎡ 미만) 8. 부동산중개사무소, 금융업소, 사무소, 결혼상담소 등 소개업소, 출판사 등 일반업무시설(30㎡ 미만)	1. 공연장(영화관, 소극장)(500㎡ 미만) 2. 종교집회장(교회, 성당 등)(500㎡ 미만) 3. 자동차영업소(1천㎡ 미만) 4. 서점: 제1종 근린생활시설에 해당하지 않는 곳 5. 총포판매소 6. 사진관, 표구점 7. (청소년, 복합유통, 인터넷컴퓨터)게임제공업소(500㎡ 미만) 8. 휴게음식점, 제과점(100㎡ 미만) 9. 일반음식점 10. 동물병원, 동물미용실 등 11. 학원/교습소, 직업훈련소(운전, 정비 제외)(500㎡ 미만) 12. 독서실, 기원 13. 테니스장 등 각종 운동시설(500㎡ 미만)

• 건축면적: 「건축법」에서 건축면적이란 건축물(지표면으로부터 1미터 이하에 있는 부분을 제외한다.)의 외벽 또는 외벽이 없는 경우에는 외곽 부분

의 기둥 중심선으로 둘러싸인 부분의 수평투영면적을 의미한다.

- 바닥면적: 「건축법」에서 바닥면적이란 건축물의 각 층 또는 그 일부로서 벽·기둥 기타 이와 유사한 구획의 중심선으로 둘러싸인 부분의 수평투영면적을 의미한다.

- 연면적: 「건축법」에서 연면적이란 하나의 건축물의 각 층 바닥면적의 합계를 의미한다. 다만, 용적률의 산정에 있어서는 지하층의 면적과 지상층의 주차용(당해 건축물의 부속용도인 경우에 한한다.)으로 사용되는 면적은 제외된다.

- 건폐율(building coverage): 대지 면적에서 건축물이 차지하는 비율을 말한다. 건폐율이 60%라는 것은 100㎡짜리 대지에 건축물의 넓이가 60㎡를 초과할 수 없다는 의미다. 따라서 건폐율이 낮을수록 같은 대지에서 건축물이 차지하는 비중은 낮아지게 된다. 정해진 대지 내에 지을 수 있는 건물의 최대 건축 바닥면적을 제한해 쾌적한 주변 환경을 유지하기 위해 이용된다.

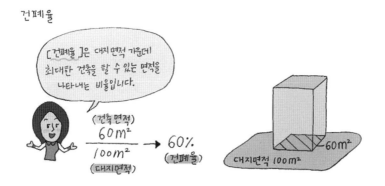

- 용적률(floor area ratio): 대지 면적에 대한 건축물의 연면적 비율이다. 건폐율이 수평적 건축 밀도라면 용적률은 수직적 건축 밀도라고 생각하면 된다. 연면적은 건축물에서 각 층의 바닥면적 합계(지하는 제외)를 나타내므로 대지 내 건물이 얼마나 많이 들어가는지 알 수 있다. 용적률이 높다는 것은 높게 건물을 지을 수 있다는 의미다. 예를 들어, 400㎡인 땅에 용적률 100%인 경우, 200㎡짜리 2층 건물을 지을 수 있는 것이다.

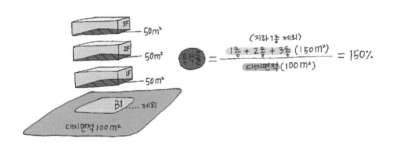

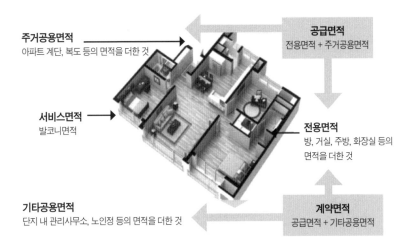

- 전용면적: 공동주택에서 소유자가 독점하여 사용하는 부분의 면적을 말한다. 통상 현관문 안의 침실, 거실, 주방 욕실 등의 공간 모두를 포함한 면적이라고 이해하면 쉽다.

- 공용면적: 여러 사람이 함께 쓰는 공간의 넓이, 아파트 복도, 엘리베이터 등

  - 주거 공용면적: 아파트 엘리베이터, 계단 등

  - 기타 공용면적: 지하층, 관리사무소, 노인정 등

- 공급면적: 전용면적+주거 공용면적(기타 공용면적 및 서비스면적은 제외)

- 서비스면적: 전용면적에 포함되지 않는 발코니, 베란다, 다락방 등

- 계약면적: 전용면적+공용면적(주거 공용면적+기타 공용면적)

  ※ 분양가 책정 시, 아파트의 경우 공급면적 기준으로 분양가격을 표기하며, 오피스텔/생활형숙박시설의 경우에는 계약면적 기준으로 분양가격을 표기하는 경우가 많다. 즉, 아파트 계약은 공급면적으로 계약하며, 오피스텔/생활형숙박시설 계약은 계약면적으로 계약을 한다.

※ 분양 표기 사례

84 TYPE	전용면적	84.9779㎡
	주거공용면적	23.3857㎡
	공급면적	108.3636㎡
	기타공용면적	68.4989㎡
158세대	계약면적	176.8625㎡

※ 아파트/오피스텔(아파텔) 분양면적 비교 사례 (단위:㎡)

	타입	공급면적			기타 공용	계약 면적	분양면적	
		전용면적 ①	공용면적	계 ② 공급면적			공급면적 ② (전용+ 주거공용)	서비스면적 (발코니 확장면 적)=26㎡
아파트	84A	84.94	27.92	112.86	59.44	172.30		
	전용률 75.3%=주거전용①/공급면적②							
	타입	공급면적			기타 공용	계약 면적 ④	분양면적	
		전용면적 ③	공용면적	계 공급면적			계약면적 ④ (공급+기타 공용)	서비스면적 없음
오피스텔	84A	84.85	47.06	131.92	41.85	173.77		
	전용률 48.8%=전용면적③/계약면적④							

아파트와 오피스텔을 비교해 보면, 공용면적에 차이가 큼을 알 수 있는데, 이는 건축법에 따르는 오피스텔의 경우 각종 설비, 긴 복도 등 공용부 면적이 크게 설계되는 경우가 많기 때문이다.

위의 표에서 볼 수 있듯이 아파트와 오피스텔 분양 시 분양면적은 각각 공급면적과 계약면적으로 표기하며, 이는 아파트는 「주택법」, 오피스텔은 「건축법」을 따르기 때문이다.

아파트와 오피스텔 면적의 가장 큰 차이점은 발코니에 있다. 아파트는 발코니가 있고, 오피스텔은 발코니가 없다. 그래서 같은 전용면적이라도 실제 사용하는 주거면적은 아파트 발코니를 확장하게 되면 오피스텔보다 더 넓어진다. (26㎡=7.9평 수준) 상기의 면적표를 기준으로, 같은 전용면적일지라도 발코니로 인해 실사용 면적이 아파트가 오피스텔보다 약 7.9평 넓다는 것을 알 수 있다.

위와 같이 아파트의 주거 전용면적을 확장했을 때, 아파트의 실사용 주거면적
은 110.96㎡(33.6평, 주거전용+발코니확장)이나, 발코니가 없어 오피스텔의 실사
용 주거면적은 84.85㎡(25.7평, 주거전용)로 아파트가 실제 주거 전용면적이 크
다는 것을 알 수 있다. 이런 차이 때문에 오피스텔의 평당 분양가 자체가 낮게
책정되는 편이다.

※ 발코니/베란다/테라스/데크 비교

- **발코니(Balcony)** 건물 외벽으로부터 돌출시킨 공간
  * 발코니 확장은 가능
- **베란다(Veranda)** 위층이 아래층보다 면적이 작아 아래층
  지붕 위에 생긴 공간
  * 베란다 확장은 불법
- **테라스(Terrace)** 건축물과 지표면이 만나는 곳, 흙을 밟지
  않도록 마감한 공간
- **데크(Deck)** 실내에서 외부로 연결공간(지면에서 뜬 공간)

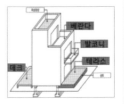

※ 주거평면의 진화(판상형→탑상형→혼합형)

구분	판상형	타워형(혼합형)
장점	- 전 가구 남향 배치 가능 - 남북으로 창을 만들어 맞통풍 가능 - 건축비가 타워형에 비해 저렴 - 남향으로 배치하기가 쉬워 일조량이 많음	- 독특한 평면구조 설계 가능 - 미관이 우수한 편임 - 다양한 방향으로 건설 가능 - 양면 조망이 가능하여 조망권이 우수
단점	- 단조로운 건물 외관(성냥갑) - 조망권 확보 어려움 - 단지 내 조경, 공용 공간 확보 어려움	- 앞뒤 발코니 설치가 어려워 통풍이 어려움 - 판상형에 비해 분양가가 비싼 편임

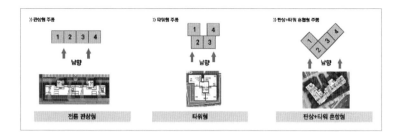

같은 면적의 단위세대 타입이라도 주동 조합의 유형에 따라 판상형 타입과 코너형(탑상형) 타입(이형타입) 단위세대로 구분되며, 맞통풍이 가능한 4Bay 구조의 판상형 단위세대를 선호하는 추세이다.

- 아파트 단지에서 동일 코어를 사용하는 독립된 각 건물을 주동(住棟)이라 부르는데, 아파트의 주동 형태는 크게 판상형과 탑상형으로 구분할 수 있다.

● 아파트 평면에서 베이(Bay)란 무엇인가? 요즘 아파트 특화설계라고 해서 4베이, 5베이까지 나오고 있는데, 보통 베이 수가 많을수록 서비스 면적이 많아져 공간 활용도가 높아진다. 대체적으로는 베이가 많을수록 상품의 선호도가 높은 편이다.

※ Bay 평면구조

※ Bay 구조별 장단점 분석

구 분	장 점	단 점
2 Bay	○ 거실과 안방이 크며, 개방감이 좋음 ○ 채광 통풍이 우수	○ 침실2 북쪽에 위치, 주방과 거실경계 모호 ○ 사생활보호 제한
3 Bay	○ 채광효과가 좋음 ○ 2Bay대비 베란다 공간이 넓음	○ 거실이 좁다 ○ 2Bay보다 방의 면적이 적을 수 있음
4 Bay	○ 채광과 통풍 우수하며 방 분리가 가능 ○ 공간 활용도가 높음	○ 비교적 방면적이 적음 ○ 복도공간 발생

※ 천장 적정 높이

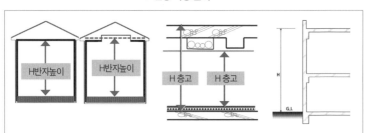

○ **층고** 기준층 콘크리트 바닥에서 기준층 바로 위층의 콘크리트 바닥까지의 거리
○ **천장고** 마감된 바닥, 즉 마루나 장판에서 천장까지의 높이

천장 최소 높이

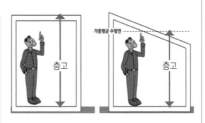

1. 최소 골조(주거용) 높이 : 2.8m
2. 지하주차장 최소 골조 높이 : 3.5m
3. 오피스텔 / 아파트 천장 높이 : 2.3m
   * 오피스텔 : 거실 2.1m (건축법 시행령 16조)
   * 주택 : 거실 2.2m, 층고 2.4m (주택건설 규칙 제3조)
4. 근린상가 천장 적정 높이 : 2.6 ~ 2.8m (2.7m)

※ 주차장 설치규정 및 주차 폭 확장

주차장 설치 규정(주차장법 시행규칙 제3조)

평행주차 형식		평행주차 외 형식		
구분	너비×길이(m)	구분	너비×길이(m)- '18.3.21	너비×길이(m)- '19.3.21
경차량	1.7×4.5	경차량	2.0×3.6	2.0×3.6
일반	2.0×6.0	일반 (확장)	2.3×5.0 (2.5×5.1)	2.5×5.0 (2.6×5.2)
이륜차 전용	1.0×2.3	이륜차 전용	1.0×2.3	1.0×2.3
		장애인 전용	3.3×5.0	3.3×5.0

○ **주차 라인 두께** 10cm~15cm 색상 : 백색(일반) 청색(경차)
※ 장애인 표지규격(가로 70cm 세로 60cm로 청색 바탕에 흰색 휠체어 그림

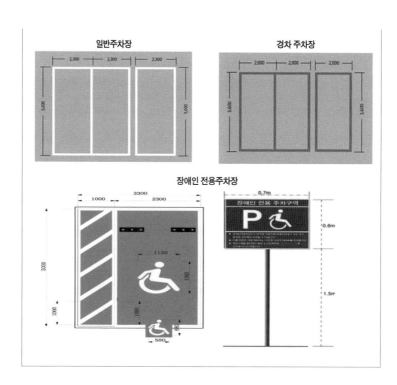

※ 주차장 설치규정(주차 대수)

주차장 시설 설치 규정 (주택건설기준 제27조1항)					
구분	주택의 규모 (전용: ㎡)	주차장 설치 기준 (대/㎡)			
		특별시	광역시 및 수도권 시 지역	시 및 수도권 군 지역	기타지역
다가구 공동주택 오피스텔	85㎡ 이하	75㎡당 1대	85㎡당 1대	95㎡당 1대	110㎡당 1대
	85㎡ 초과	65㎡당 1대	70㎡당 1대	75㎡당 1대	85㎡당 1대
300세대 이상 주택 지하 주차장 설치 기준	○ 세대당 전용면적: ① 60㎡ : 1.2대 이상 ② 85㎡ 초과 : 1.4대 ※ 전기 자동차 주차구역 지정 / 전기 차량 충전시설 설치 규정				

아파트 부대시설 설치 규정 (주택건설기준 제27조1항)

아파트 부대시설		아파트 부대시설
진입 도로	300~500세대 8m 500~1,000세대 12m	○ 어린이 놀이터 : 50세대 이상 설치 의무 ○ 근린생활시설 : 세대 수 × 6㎡ 설치 의무
단지 내 도로	6m 이상 도로, 8m 이상 도로에는 1.5m 보도	○ 유치원 : 2,000세대 이상 설치 의무 ○ 주민운동시설 : 500세대 이상 설치 의무
관리 사무실	50세대 이상 주택, 설치 의무	○ 경로당 : 100세대 ○ 보육시설 : 300세대
조경시설	30% 이상 녹지 확보	○ 주민공동시설 : 300세대, 　문고 : 300세대 이상

- 재개발: 재개발사업이란 기존의 주거환경이 노후한 지역을 전면 철거하고 도로, 상하수도, 주택 등을 새로 지어 주거환경과 도시미관을 바꾸는 사업. 재개발사업의 절차는 행정청 내부에서 대부분 이루어지는 계획단계와 사업시행자가 행정청의 인가·허가·승인 등을 받아 집행하는 시행단계, 관리처분단계 그리고 공사와 법정절차에 대한 완료단계 등 크게 4단계로 구분할 수 있다.

- 재건축: 기존아파트의 소유자들이 조합을 결성하여 기존 건물을 철거하고 건물을 다시 짓는 것을 말한다.

- 체비지: 도시개발사업에 있어서 사업비용을 충당하기 위한 토지로서 이를 매각하여 사업비를 충당한다. 환지방식의 도시개발사업(토지구획정리사업)의 사업시행자가 도시개발사업법의 규정에 의거 사업구역 내의 토지소유자 또는 관계인에게 해당 구역의 토지로 사업비용을 부담하게 할 경우에 그 토지를 체비지라 한다.

- 환지: 토지소유자가 개발과정에서 비용을 지불하는 대신 일정한 규모의 땅을 주는 것을 말한다.
- 환지처분: 도시개발사업에 의해서 토지의 위치와 면적을 바꾸는 것을 말한다. 환지처분이란 토지구획정리사업에서 종전의 택지상에 소유되는 권리관계를 그대로 환지상으로 이전하는 것을 의미한다. 환지처분은 구역 내의 토지구획정리사업 공사가 전부 완료된 후 관계권리자에게 환지계획에서 정해진 사항을 통지함으로써 행하여진다.

2) 인허가 관련 용어

- 건축허가: 건축허가란 건축물을 건축하거나 대규모로 수선하는 행위를 적법하게 할 수 있도록 하는 행정 처분으로 30세대 미만의 공동주택이나 혹은 30세대 이상의 공동주택이 아닌 건축물을 건축할 때 승인받는 제도이다.
- 주택사업(계획)승인: 주택건설사업을 실시하기 위한 계획을 승인받기 위한 행정처분으로서 통상 공동주택 30세대 이상의 건축물을 건축할 때 승인받는 제도이다.
- 환경영향평가, 재해안전평가, 지하안전평가

- **환경영향평가 (전략환경영향평가, 환경영향평가, 소규모환경영향평가)**
  환경영향평가는 법에서 정하는 규모 이상의 사업에서 해당 사업으로 인해 환경에 미치는 영향을 미리 조사하고, 예측한 것을 통해 평가하여 해로운 환경영향을 피하거나 제거 또는 감소시킬 수 있는 방안을 마련하기 위한 제도이다. 환경영향평가는 지방환경청에서 담당하며, 수도권은 한강유역환경청에서 담당한다.

사업과 관련된 다른 인허가 절차들은 각 시군구에 담당 부서가 있어 대략적인 협의가 가능하나, 환경영향평가는 지역 환경청과 협의하게 되어 있는데, 시군구별 담당자가 따로 있는 것이 아니어서 사전협의 또는 질의가 어렵다. 해당 환경영향평가업체의 경험칙을 통해 자문을 받아 진행하여야 하는 경우가 많다. 그래서 해당 사업 상품의 경험이 많은 환경영향평가업체를 섭외하여야 한다.

환경영향평가 대상 사업은 도시 교통난 해결을 위한 도로건설사업이 대부분을 차지하는 가운데 환경기초시설건설사업, 택지개발사업, 산업단지조성사업 등이며, 대다수가 매립과 녹지 훼손을 수반한다.

환경영향평가는 전략환경영향평가, 환경영향평가, 소규모환경영향평가로 분류된다. 환경영향평가 대상일 경우는 상기 3가지 중 대부분 환경영향평가나 소규모환경영향평가의 범주에 속하며, 소규모환경영향평가는 입지선정 및 인허가 절차가 쉬운 소규모 개발사업 난립에 따른 난개발을 방지하는 역할을 한다.

* 실시 시기: 인허가 전 (사업 승인, 건축허가, 개발행위허가 전)

* 통상 재해/환경영향평가의 경우, 도시계획심의 대상일 경우에는 심의접수 전까지 완료해야 한다.

- **재해영향평가(자연재해대책법)**

재해영향평가는 자연재해에 영향을 미치는 개발사업으로 인한 재해유발 요인을 조사, 예측, 평가하고 이에 대한 대책을 마련하는 것이다.

※ 재해영향평가 대상 사업

　- 재해영향평가: 개발사업 5만㎡ 이상

　- 소규모재해영향평가: 개발사업 5천㎡ 이상

- **지하안전평가(舊 지하안전영향평가)**

2014년 석촌호 인근의 잇따른 싱크홀 발생은 지하개발이 사회안전을 심각하게 위협할 수 있는 요소임을 알리게 되었고, 이에 국토교통부는 개발사업으로 인한 지반침하를 예방하고 체계적으로 지하의 안전을 관리하는 목적의 「지하안전관리에 관한 특별법」을 2016년 1월에 공포하고, 2018년부터 지하안전영향평가를 실시하였다. (22년 1월 28일부터 지하안전평가로 명칭 변경)

※ 지하안전평가 대상 사업

　- 지하안전평가: 최대 굴착 깊이가 20미터 이상인 굴착공사를 수반하는 사업, 터널공사

　- 소규모 지하안전평가: 지하 10미터 이상 20미터 미만인 굴착공사

　　* 굴착 깊이 중 집수정, E/L피트, 정화조는 제외

구분		내용
환경영향평가	의미	해당 부동산개발사업이 환경에 미치는 영향을 미리 조사·예측·평가
	대상 사업 (대상 지역/규모)	**환경영향평가**

환경영향평가

도시 개발 사업	도시개발사업 (25만㎡ 이상) 정비사업(30만㎡ 이상) 주택건설사업, 대지 조성사업(30만㎡ 이상) 공동집배송센터 조성사업(20만㎡ 이상) 물류터미널개발, 물류단지개발(20만㎡ 이상) 외
산업입지 산업 단지 조성사업	산업단지개발사업(15만㎡ 이상) 산집법에 따른 공장을 설립(15만㎡ 이상) 공업용지 조성사업(15만㎡ 이상) 산업기술단지의 조성사업(15만㎡ 이상) 외

소규모환경영향평가

개발사업 대상 지역	평가 규모
보전관리지역	5,000㎡ 이상
생산관리지역	7,500㎡ 이상
계획관리지역	10,000㎡ 이상
농림지역	7,500㎡ 이상
자연환경보전지역	5,000㎡ 이상

구분		내용
재해영향평가	의미	개발사업으로 인한 재해유발 요인을 조사, 예측, 평가하고, 이에 대한 대책을 마련
	대상 사업 (대상 지역/규모)	재해영향평가: 면적(5만㎡ 이상)/길이(2km 이상 10km 미만) 소규모재해영향평가: 면적(5천 이상 5만㎡ 미만)/길이(2km 이상 10km 미만)
지하안전평가	의미	개발사업으로 인한 지반침하를 예방하고, 체계적으로 지하의 안전을 관리하는 목적
	대상 사업 (대상 지역/규모)	지하안전평가: 굴착 깊이 지하 20m 이상 소규모지안평가: 굴착 깊이 지하 10m~20m

- 교통영향평가: 대량의 교통 수요를 유발하거나 유발할 우려가 있는 사업을 시행하거나 시설을 설치할 경우 미리 사업지역 또는 주변 지역의 교통체계에 미치는 제반 영향을 분석·평가하여 이에 따른 대책을 강구하는 평가이다. 평가의 결과로 신호체계개선, 교차로개선, 도로확장, 보도확보 등이 필요할 수 있음.

- 학교환경정화구역: 학교환경위생정화구역(이하 "정화구역")은 학교경계선으로부터 200미터를 초과할 수 없다고 규정하고 있다(「학교보건법」제5조 제1항). 교육감이 정화구역을 설정할 때, 절대정화구역은 학교출입문으로부터 직선거리로 50미터까지의 지역으로 하고, 상대정화구역은 학교경계선으로부터 직선거리로 200미터까지의 지역 중 절대정화구역을 제외한 지역으로 한다. 이 구역 내에서는 숙박시설, 청소년유해시설 등 법에 정해진 시설이 금지된다.

- 지목변경: 예) 전을 잡종지로 바꿀 경우 → 개발행위허가와 농지전용허가를 받아 토목공사를 시행하고 지목변경신청.

- 형질변경: 토지의 형질변경이라 함은 농지전용, 산지전용을 이용한 지목변경임. 임야라면 경사진 곳을 밀어서 평평하게 만들고 혹은 메꾸는 방식으로 쓸모 있게 만드는 것임. 이에는 개발행위허가가 필수임.

- 나대지: 지상에 건축물이나 구축물 등이 전혀 없는 상태의 대지를 의미한다.

- 증축: 기존 건축물이 있는 대지 안에서 건축물의 건축면적, 연면적 또는 높이를 증가시키는 것을 말한다(「건축법」제2조 제2호). 다시 말해 기존

건축물이 있는 대지에 증축하는 것은 기존 건축물에 붙여서 짓거나 따로 짓는 것에 관계없이 증축이 된다.

- 진입도로: 진입도로란 보행자 및 자동차의 통행이 가능한 도로로써 기간도로부터 대상 부동산이나 특정 시설물의 출입구에 이르는 도로를 말한다(「주택건설기준 등에 관한 규정」 제2조 제8호).

- 맹지: 토지의 주위가 모두 다른 토지로 둘러싸여 도로에 접하는 부분이 전혀 없는 토지를 의미한다. 맹지는 해당 대지로의 출입이 불가능하므로 건축법상 건축허가의 대상이 되지 아니한다.

- 도시계획시설: 도시계획시설이라 함은 도시기반시설 중 「도시계획법」에 의하여 도시계획으로 결정된 시설을 말한다.

- 기반시설: 도로·공원·시장·철도 등 도시주민의 생활이나 도시기능의 유지에 필요한 물리적인 요소로 「국토의 계획 및 이용에 관한 법률」에 의해 정해진 시설

- 완충녹지: 대기오염·소음·진동·악취 그 밖에 이에 준하는 공해와 각종 사고나 자연재해, 이에 준하는 재해 등의 방지를 위하여 설치하는 녹지 또는 철도·고속도로 그 밖에 이와 유사한 교통시설 등에서 발생하는 매연 등의 공해를 차단 또는 완화하고, 사고 발생 시의 피난지대로서 기능하도록 설치하는 녹지를 말한다. 건축행위는 불가하다(진입도로 불가).

- 임야: 「지적법」에서는 산림 및 원야를 이루고 있는 수림지·죽림지·암석지·자갈땅·모래땅·습지·황무지와 간석지 등의 지목은 임야로 한다. 임

야는 지적도에서 "임"으로 표기된다.

- 기부채납: 기부채납이란 국가 또는 지방자치단체가 무상으로 사유재산을 받아들이는 것을 말한다.
- 농지취득자격증명: 농지를 취득하는 자가 그 소유권에 관한 등기를 신청할 때에 첨부하여야 할 서류를 말한다. 원칙적으로 농지의 소재지를 관할하는 시장, 구청장, 읍장 또는 면장으로부터 농지취득자격증명을 발급받아야 하며, 일반적으로 개인, 주말농장 및 농업법인만 가능하며, 일반법인의 경우 농지전용허가를 득하여 농지가 아닌 상태로 취득 가능하다.

3) 설계, 공사 관련 용어

- 설계: 설계라 함은 건축물의 건축·대수선, 건축설비의 설치 또는 공작물의 축조를 위한 도면·구조계획서 및 공사시방서 기타 건설교통부령이 정하는 공사에 필요한 서류(설계도서)를 작성하고 그 설계도서에서 의도한 바를 해설하며 지도·자문하는 행위를 말한다 (「건축사법」 제2조 제3호).
- 설계도서: 설계도서라 함은 건축물의 건축 등에 관한 공사용의 도면과 구조계산서 및 시방서, 건축설비계산 관계 서류, 토질 및 지질 관계 서류, 기타 공사에 필요한 서류 등 공사에 필요한 서류를 말한다 (「건축법」 제2조 제14호).
- 실시설계: 실시설계란 기본설계의 결과를 토대로 시설물의 규모, 배치, 형태, 공사방법과 기간, 공사비, 유지관리 등에 관하여 세부조사 및 분

석, 비교·검토를 통하여 최적안을 선정하여 시공 및 유지관리에 필요한 설계도서, 도면, 시방서, 내역서, 구조 및 수리계산서 등을 작성하는 것을 말한다. 건축물 공사 시에 사용하는 설계도서.

• (공사)타절: 공사를 하는 도중에 공사가 완료되지 않았음에도 불구하고, 건축주 또는 공사업자의 잘못으로 인하여 공사가 중단되는 것을 말하며, 타절의 법적 해석은 도급계약을 해제하는 것을 말한다. 공사업자가 공사를 지체할 경우, 건축주(시행사)는 이행을 최고하고, 그 기간 내에 이행이 없으면 이행지체를 이유로 공사도급계약을 해제할 수 있다. 반대로, 건축주가 자신의 의무를 이행하지 않을 경우, 공사업자는 공사 도급계약을 해제 가능하다. 또한 건축주와 공사업자가 서로 합의해서 도급계약을 해제하는 것도 가능하다.

• 결로: 결로란 벽이나 천장, 배관 등의 표면에 공기 중의 수증기가 물방울로 되어 붙는 것을 의미한다. 결로는 통상 그 부분의 온도가 주변 공기의 노점 온도 이하가 되면 발생하는 것으로, 주택의 경우 겨울에 실내외의 온도 차이가 심할 때 실내 공기층의 습기가 차가운 벽체나 천장에 이슬이 되어 맺히는 현상이 나타난다. 표면 결로를 방지하기 위해 찬 물체의 표면을 적당한 두께의 보온 재료로 피복하는 방로피복(防露被服, antiseat covering)으로 완화할 수 있다.

• 토목공사: 종합적인 계획·관리 및 조정하에 토목공작물을 설치하거나, 토지를 조성·개량하는 공사를 의미한다. 도로·항만·철도·댐·하천 등의 건설, 택지조성, 간척·매립공사 등이 토목공사에 포함된다.

주요 업무 PROCESS(총괄)

※ 공사 시작에서 준공까지 공사 주요 업무 흐름

공사 착공 전
- 감리/현장소장 선임계
- 예정공정표 검토 / 입력
- 분양보증서발급/ 분양신고, 승인
- 착공계 승인
- 입주자 모집공고

- 건축물 철거/멸실 처리
- 경계(분할)측량/가설휀스 설치
- 안전관리/유해위험방지 계획서
- 세륜시설 설치/ 비산분진 신고
- 착공신고/도로점용허가

공사준비 》 **공사착공** 》

공사 진행 중
- 실시설계 검토 / 제출(2개월 이내)
- 도급내역서 제출(3개월 이내)

- 토석채취/삼림훼손허가 등
- 전기수용/급수공사신청 등
※ 타워크레 / Hoist 완성검사

- 주간단위: 매주 금요일 공정보고
- 월간단위: 공정 보고(감리)
전경사진(시공사)
* HUG 제출
- 분기단위: 감리실적 보고

 바닥미장 《 **기포콘크리트** 《

 마감공사 》 **천장수장(몰딩컨튼박스)**

공사 준공
- 감리완료보고
- 준공도서
- 하자보증서(공동주택 이외 건축물)
- 바닥충격소음 TEST 시험성적
- 층간소음보고서
- 실내공기질 TEST 성적서
- 녹색인증(에너지효율) 본인증
- 소방검사필증 등

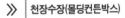 **화장실공사** 》 **주방/가구공사**

- 입주/사전검검 일정 안내(3개월 전)
- 전기 사용전 검사신청서
- 장애인 편의시설 설치계획서

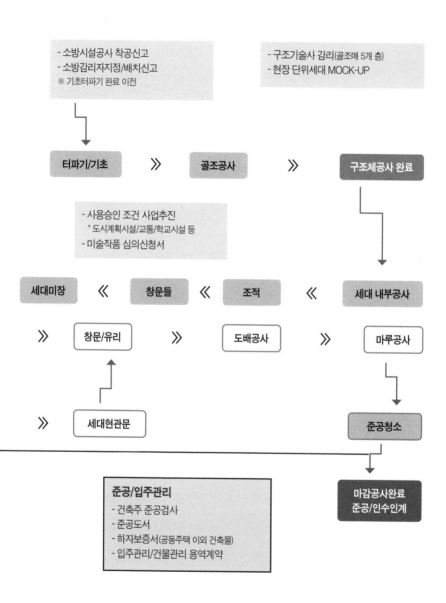

- 소방시설공사 착공신고
- 소방감리자지정/배치신고
※ 기초터파기 완료 이전

- 구조기술사 감리(골조매 5개 층)
- 현장 단위세대 MOCK-UP

터파기/기초 》 골조공사 》 구조체공사 완료

- 사용승인 조건 사업추진
  * 도시계획시설/교통/학교시설 등
- 미술작품 심의신청서

세대미장 《 창문들 《 조적 《 세대 내부공사

》 창문/유리 》 도배공사 》 마루공사

》 세대현관문

준공청소

준공/입주관리
- 건축주 준공검사
- 준공도서
- 하자보증서(공동주택 이외 건축물)
- 입주관리/건물관리 용역계약

마감공사완료
준공/인수인계

- 하도급: 하도급은 도급받은 건설공사의 전부 또는 일부를 도급하기 위하여 발주자로부터 건설공사를 도급받은 건설업자가 제3자와 체결하는 계약이다.
- 유치권: 타인의 물건 또는 유가증권을 점유하고 있는 자가 그 물건 또는 유가증권에 관하여 발생한 채권의 변제를 받을 때까지 그 물건 또는 유가증권을 유치할 수 있는 권리를 말한다. 점유가 필수이며, 공사대금을 못 받는 하청업체가 공사현장을 점거할 수 있는 권리를 말한다.

4) 신탁, 금융, 세무, 회계 관련 용어

- 신탁: 신탁이라 함은 신탁설정자(위탁자)와 신탁을 인수하는 자(수탁자)와 특별한 신임관계에 기하여 위탁자가 특정의 재산권을 수탁자에게 이전하거나 기타의 처분을 하고 수탁자로 하여금 일정한 자(수익자)의 이익을 위하여 또는 특정의 목적을 위하여 그 재산권을 관리, 처분하게 하는 법률관계를 말한다(「신탁법」 제1조 제1항). 민법상의 신탁행위라 함은 신탁자가 수탁자에게 일정한 경제상의 목적을 달성하기 위하여 권리를 이전하면서, 수탁자는 신탁자에 대하여 그 목적의 범위 이내에서 권리를 행사하여야 하는 구속을 받는 법률행위를 말한다.
- 신탁법: 신탁에 관한 일반적인 사법적 법률관계를 규율함을 목적으로 제정된 법률이다. 이 법은 신탁의 설정·공시·영업, 신탁관계인, 신탁재산, 수탁자의 권리·의무, 수익자의 권리·의무, 신탁의 종료, 신탁의 감독, 공익신탁 등을 규정하고 있다.

- 신탁등기: 예를 들어, 담보신탁 시 담보물건의 등기부에 신탁 내용을 표기하는데 이를 신탁등기라 한다. 이때 등기부등본은 표제부, 갑구, 을구, 신탁계약서사본으로 이루어지며, 신탁물건의 등기부등본은 등기소에서만 정상적(신탁계약서사본)으로 발급받을 수 있다.
- 신탁원부: 신탁계약의 간략한 내용과 신탁계약서사본으로 이루어져 있으며, (담보)물건의 등기부등본에 첨부되어 있다. 다만 신탁계약의 내용이 바뀌더라도 즉시 수정해야 할 의무가 없기 때문에 여러 건의 신탁대상물건이 있으면 일부가 신탁해지 되더라도 신탁원부로는 알 수 없고 해당 물건(해당호수)의 등기부등본을 발급받아야만 변경사항을 알 수 있다. (개별물건의 신탁이 해지되면 등본에 내용이 표시된다.)
- 공매
  1) 광의의 의미에서 공매란 법률의 규정에 따라 공공기관에서 행해지는 모든 공적 매각방식을 의미한다. 강제매각과 임의매각이 포함된다.
     - 강제매각: 민사소송법의 규정에 의해 시행되는 법원의 경매 / 국세징수법 및 지방세법에 의해 압류된 물건을 강제 매각하는 공매
     - 임의매각: 국유재산이나 공유재산의 매각 / 한국자산관리공사에서 시행하는 유입자산, 비업무용자산의 매각
  2) 일반적인 의미에서 공매는 법원의 경매를 제외한 신탁사 공매 등 공적 매각방식으로 지칭하는 경우도 많으나, 특별히 국세징수법에 의한 공매만을 지칭하는 경우도 있다.
     - 공매참여방법: 온비드(캠코) - 자산 구분 - 기타 일반 재산

- 신탁공매물건은 법원에서 진행하는 경매나 온비드의 압류재산공매와는 다른 일반매매임.

- 인수주의: 낙찰에 의하여 모든 부담이 소멸되지 않고 매수인이 부담해야 하는 것

• 입찰: 입찰이란 계약의 경쟁 체결 방법 중 하나로, 계약의 내용에 관하여 다수인으로 하여금 서로 경쟁하게 하여 그 가운데에서 가장 유리한 내용을 표시하는 자를 골라 이를 상대방으로 하여 계약을 체결시키는 방법을 말한다. 입찰금액을 서류로 받아 시공사나 감리업체를 선정하는 것이 한 예이다.

• 유찰: 법원경매 등 입찰에 있어서 유찰이란 입찰 기일에 실시된 입찰에서 유효한 입찰자가 없어 최고가 입찰자가 선정되지 못한 것을 의미한다. 유찰의 경우에는 최저경매가격을 통상 10%씩 낮추어 신경매를 실시한다.

• 에스크로우: 에스크로우란 중립적인 제3자 또는 기관이 쌍방대리인의 자격으로 매매에 관련된 보증금이나 보증 또는 그것에 관련된 재산과 서류 일체를 계약 조건이 종료될 때까지 보관하는 것을 의미하며, 부동산 거래와 관련하여 발생하는 모든 업무를 제3자의 입장에서 공정하게 실행하는 역할을 수행한다.

• 자산유동화: 자산유동화란 일반적으로 SPV(Special Purpose Vehicle, 특수목적기구: 회사·신탁)가 자산보유자로부터 유동화자산을 양도 또는 신탁받아 이를 기초로 유동화증권을 발행하고 해당 유동화자산의 관리·운

용·처분에 의한 수익이나 차입금 등으로 유동화증권의 원리금 또는 배당금을 지급하는 일련의 행위를 말한다. 자산유동화는 자산보유자의 신용과 분리하여 유동화자산 그 자체에서 발생하는 현금 흐름을 바탕으로 자금을 조달하는 새로운 금융기법으로서 자산보유자의 재무구조 개선, 자금조달 코스트 절감 및 투자자 확대 등의 이점이 있다. 시행사 입장에서는 보통 분양이 잘된 현장에 한하여 미래의 수익을 담보로 자산유동화를 하여 그 돈으로 제2, 제3의 새로운 부동산개발사업 투자를 위해 자주 이용되는 금융기법이다.

- 채무불이행(EOD, Event of default): 기한이익상실이라고도 말하며, 채무자가 만기 전 누리는 권리가 상실되는 것으로 채권자가 만기 전 대출금을 회수할 권리가 발생하며, 보통 대출이 연체되면 기한이익상실이 발생한다. 부동산개발의 경우, 시행사 EOD 발생 시, 1순위 우선수익권자인 대주(대출금융기관)가 공매신청 권한을 가지고, 2순위인 시공사는 대주의 EXIT(엑시트) 후 권한 행사가 가능하다.

부동산개발 시 대부분의 채무불이행은 토지소유권을 확보하지 못하거나, 인허가를 받지 못하는 경우 대출이자를 부담하지 못해 자금 압박으로 부도가 나는 경우 등이다. 이때 시행사는 대주로부터 기한의 이익을 상실당한다(이른바 EOD 선언). 그 후 대주(단) 또는 시공사는 시행권을 인수하는 절차에 착수하고 사업부지를 공매한다. 때로는 시행사의 주식에 설정된 질권 등을 실행하여 시행사 자체를 인수하기도 한다.

시행사의 잘못으로 사업이 중단되는 경우, 가장 큰 피해를 보는 것은 시공사다. 시행사를 위해 지급보증을 하거나 채무인수약정을 맺기 때문이다. 나아가 책임준공의무까지 부담하기 때문에 시공사는 대출채무도 인수하고, 울며 겨자 먹기로 공사도 계속해야 하기 때문이다.

• 위약금: 채무불이행을 했을 경우, 채무자가 채권자에게 지급할 것으로 미리 약정한 금원(金員)을 의미한다.

• 엑시트(EXIT): 투자 후 출구전략을 의미하는데, 투자자의 입장에서 자금을 회수하는 방안을 의미한다. 예를 들어, 부동산에서의 엑시트는 적절한 시기에 매각하는 것이고, 벤처기업의 엑시트 전략으로는 매각, 주식시장에 상장, 인수합병, 기업청산 등이 있을 수 있다. 엑시트는 또 다른 창업을 모색할 수 있는 발판을 제공해 생태계를 선순환시키는 구실을 한다. 부동산개발에서 시행사의 엑시트는 개발이익을 말하며, 대출금융기관은 대출원리금을 상환받는 것을 말하고, 시공사는 손해가 나지 않게 공사비를 받는 것을 말한다.

• 지분: 민법에서의 지분이란 일반적으로 공유관계에서 소유의 비율 또는 소유의 비율에 의해 가지는 권리(지분권)를 의미한다. 부동산투자에서의 지분이란 전체 투자액 중 자신의 투자액의 의미로 사용되기도 한다. 이런 의미에서 부동산투자자를 지분투자자(持分投資者, equity investor)라고 부르기도 한다.

• 대위변제: 대위변제란 제3자 또는 공동채무자 등이 채무자를 위하여 변제하는 것을 말하며, 변제자가 구상권을 취득한 경우에, 그 구상권의 범

위 내에서 채권자의 채권 및 그 담보에 관한 권리를 행사할 수 있는 제도를 말한다. 경매 시 제3자나 공동의 채권자가 채무자의 빚을 갚는 대신 채무자에게 구상권을 행사할 수 있다. 예를 들어, 은행에 1순위 1천만 원의 소액 저당권이 있는 경우 2순위 세입자가 은행에 대신 빚을 갚고 1순위가 될 수 있다.

- 취득세: 취득세는 부동산·차량·기계장비·입목 등의 취득에 대하여 그 취득자에게 부과하는 세금을 말하며, 취득세의 과세표준(課稅標準)은 취득 당시의 가격으로 한다. 부동산개발에서는 취득세를 보통 2번 납부하는데, 최초 사업부지 매입 때 소유권이전등기 시 함께 납부하게 되고, 신축건축물 준공 때는 소유권보존등기와 함께 납부하게 된다.

- 표준지 공시지가: 정부가 전국의 과세 대상이 되는 개별 토지 중 대표성이 있는 토지를 선정하고 조사하여 공개적으로 알리는 땅값. 국토를 효율적으로 이용하고 국민 경제 발전에 이바지하기 위하여 조사하여 평가하며, 매년 1월 1일을 기준으로 표준지의 단위 면적당 가격으로 표시한다.

- 개별공시지가: 개별 토지의 단위면적(제곱미터)당 가격을 의미하는 것으로, 국세나 지방세의 과세표준으로 활용되고 있다. 표준지 공시지가와 비교하여 지가를 산정한다.

- 지방세: 지방자치단체가 국가로부터 부여된 과세권에 의거하여 주민에게 부과하는 조세이다. 주민세, 취득세, 등록세, 재산세, 종합토지세 등이 있다. 지방세는 과세단체의 구별에 따라 특별시·광역시·도세, 시·군·

구세가 있다.

- 국세: 과세권이 전적으로 국가에 있는 조세로서 지방세에 대응되는 용어이다. 현재의 국세에서는 소득세, 법인세, 상속세, 증여세, 자산재평가세, 부가가치세, 증권거래세 등이 있다.

- 재산세: 재산세는 시·군·구 내에 소재하는 토지, 주택, 건축물에 부과한다. 과세기준일은 매년 6월 1일로 하고, 납기(納期)는 토지의 경우 매년 9월 16일부터 9월 30일까지, 건축물의 경우 매년 7월 16일부터 7월 31일까지, 주택의 경우 산출세액의 2분의 1은 매년 7월 16일부터 7월 31일까지, 나머지 2분의 1은 9월 16일부터 9월 30일까지이다.

- 과세기준일: 재산세와 종합토지세의 과세기준일은 매년 6월 1일이므로 6월 1일에 부동산을 매매하는 경우 매수자가 6월 2일 매매 시에는 (6월 1일 기준 소유자인) 매도자가 재산세를 부담하는 것이다. 참고로, 부동산 개발에서의 매수자 입장에서는 6월 2일 이후로 잔금일을 설정하면 불필요한 세금 납부를 피할 수 있다.

- 부가가치세: 부가가치세는 영리 목적의 유무에 불구하고 사업상 독립적으로 재화 또는 용역을 공급하는 자가 납세의무자이고 과세대상은 재화 또는 용역의 공급, 재화의 수입이다.

- 금융비용(financing costs): 사업을 목적으로 은행 등 금융기관 및 개인으로부터 조달한 차입금에 대하여 지난 1년간 지불한 이자 총액이다.

- 자기자본 이익률 = (순이익/자기자본)/100

* 예시: 총 소요 자금(500원)

	자기자본	타인자본	순이익	자기자본이익률(ROI) (순이익/자기자본)
A의 경우	100원	400원	100원	100.0%
B의 경우	300원	200원	200원	66.7%

• Leverage(레버리지): 자본구조상 자기자본 대 타인자본의 비율이다.

- Leverage effect(레버리지 효과): 타인자본을 활용하여 자기자본이익률을 높이는 것

- 타인자본에 의한 수익률이 자기자본조달비용을 초과하는 한 재무 레버리지를 높이는 것이 유리하나, 부채비율이 높을수록 경기변동이나 이자율 변동과 같은 경영환경 변화에 능동적으로 대처할 수 없기에 수익의 불안정성이 높아져 부도 등 최악의 상태로까지 치달을 수 있다.

5) 지적, 측량 관련 용어

지적(地)이란?

토지의 모든 정보를 기록해 놓은 자료

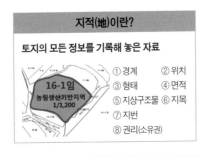

① 경계　　② 위치
③ 형태　　④ 면적
⑤ 지상구조물 ⑥ 지목
⑦ 지번
⑧ 권리(소유권)

측량[지적(地籍)] 역할

① 토지이용계획: 활용 및 개발하기 위한 계획
② 토지의 평가/거래: 토지 용도, 가치평가, 거래
③ 토지의 등기/과세 : 땅의 소유권, 등기, 과세

측량의 목적 : 거리, 고저차, 면적, 경계 구분 등

측량(測量)이란?

□ **측량 목적에 의한 분류**(기본측량, 공공측량, 일반측량)

  1. 육지측량: 구역 및 노선측량　　　2. 하해(河海)측량: 항만, 해저, 하천측량

  3. 거리측량: 길이와 거리, 경사 및 수평거리　　4. 삼각측량: 삼각점, 기선, 방향각

  5. 기타: 삼변측량, 다각측량, 트랜시트 또는 데오드라이트 등

□ **지형도 작성을 위한 측량**: 평판측량, 거리측량, 지형측량, 항공사진측량 등

□ **측량의 종류**

  1. 측량 정확도에 의한 분류: 기준점(측지) 측량, 세부(지형)측량

  2. 면적측량: 평면측량

  3. 기준점측량: 삼각측량, 삼변(다각)측량, GPS측량, 수준측량

  4. 지형측량 : 평판 및 사진측량 5. 공사측량: 설계측량, 시공측량

- 지적도: 지적도란 지적공부의 일종으로 필지별 소재, 경계, 지목, 면적 등을 도형으로 표시한 것이다. 토지대장에 등록된 토지에 대하여 작성된 도면이라는 뜻으로 토지대장의 첨부도면이라 한다.

- 지적공부: 지적공부란 토지대장과 지적도, 임야대장, 임야도 및 수치지적부 등으로 당해 토지의 소유권 및 각종 정보를 알 수 있는 공식적인

문서를 말한다.

- 공부: 관공서가 법령의 규정에 따라 작성, 비치하는 장부로 지적공부, 부동산등기부, 건축물대장, 토지이용계획확인서, 환지예정증명원, 체비지증명서 등

- 토지대장: 지적공부의 일종으로서 토지의 소재지와 지번, 지목, 면적, 소유자의 주소·성명 또는 명칭 등을 등록하여 토지의 상황을 명확하게 하는 장부. 토지의 사실상의 상황을 명확히 하는 점에서, 등기소에 비치되어 토지의 권리관계를 공시하는 토지등기부와 다르다. 두 장부는 서로 기재 내용이 일치되어야 하므로 부동산 현황에 변동이 생긴 때에는 먼저 대장등록을 변경한 후에 등기부를 변경하게 된다. 그러나 권리 그 자체의 변동에 관하여는 등기부를 기초로 한다.

- 토지분할/토지합병: 분할이라 함은 지적공부에 등록된 1필지를 2필지 이상으로 나누어 등록하는 것을 말하며, 합병이라 함은 지적공부에 등록된 2필지 이상을 1필지로 합하여 등록하는 것을 말한다.

- 측량: 측량이란 토지상에 건물이나 구축물 등 시설물 설치를 위하여 지리·지형·지장물 등에 관한 정보를 측정하는 일련의 행위를 말한다. 학문적으로는 지표면상의 제점의 관계 위치를 정하는 기술을 의미한다.

측량(測量) 업무(* 관련기관: 한국국토정보공사, 관련법: 공간정보관리법, 지적법)

▢ **경계복원측량**(지적법 제24조) (*지적 공부상에 등록된 경계를 지표상에 복원하는 측량)

- 지적공부상에 등록된 경계를 지표상에 복원하는 측량으로, 건축물을 신축, 증축, 개축 시 경계를 확인 할 때 하는 측량

- 건축허가를 받아 건물 신축(증축,개축) / - 대단위 아파트단지 건립과 재개발사업을 위한 경계확인

- 담장, 옹벽, 울타리 등 구조물설치 및 토지매매로 인한 경계확인

▢ **지적 분할측량**(한 필지의 토지를 두 필지 이상으로 나누기 위하여 실시하는 측량)

- 소유자가 2인 이상의 토지를 나누어 각각 등기 (1필지 토지를 2필지 이상으로 나누어서 매매 경우 등)

- 인접지번 합병조건 및 도로선 확보/ 도시계획선에 의한 분할

- 건물신축 인.허가 및 준공에 따른 분할

- 개발행위 허가에 따른 분할

▢ **지적 현황측량**(지적법 제25조) (*지상 구조물 등 위치현황을 지적도 또는 임야도에 위치 및 면적 등 측량)

- 지상구조물 등 위치현황을 지적도 또는 임야도에 등록된 경계와 대비하여 그 관계 위치를 표시하기 위한 측량으로 건축물을 신축하고 준공검사를 신청할 때 하는 측량

- 건물위치현황 (준공검사, 건축물대장 작성 목적 등) 인허가, 준공 등 현황측량(면적발급)이 필요한 경우

- 담장, 옹벽, 휀스,도로, 구거 등 구조물 위치 및 점유현황측량

- 계획선 등에 의한 면적확인을 위한 현황측량

- 국유지 점유 현황측량 (대부,불하, 점용, 사용료 등)

▢ **지적 확정측량**(지적법 제22조)

- 지적확정측량은 토지구획정리사업, 도시개발사업 등, 법령에 의한 토지를 구획하고 환지를 완료한 토지의 지번, 지목, 면적 및 경계 등 지적공부에 신규로 등록시 실시하는 측량

□ **등록전환 측량** 임야대장(임야도)에 등록된 토지가 형질이 변경되어, 토지대장에 등록할 때

□ **경계 복원측량** 건축물을 신축, 증축, 개축 시 경계를 확인

257-2대

범례	명칭
○	경계점표지

지적공부에 등록된 토지의 경계점을 지상에 복원하기 위한 측량입니다. 건축 또는 담장 설치를 위한 경계확인, 인접토지와의 경계확인을 위해서 주로 실시합니다.

❖ 이런 경우에 측량을 실시하게 됩니다.

- 건축물 건축(신축, 증축, 개축)을 위한 경계확인
- 담장, 옹벽, 울타리 등의 구조물 설치를 위한 경계확인
- 인접토지와의 경계확인
- 토지매매 시 경계확인
- 임야개간, 묘지조성, 벌목을 위한 경계확인

□ **지적 현황측량** 건축물을 신축하고 준공검사를 신청할 때 하는 측량

422-1대

범례	명칭
○	건물외벽선

토지, 지상구조물 또는 지형지물 등이 점유하는 위치현황(점,선, 구획)이나 면적을 지적도 및 임야도에 등록된 경계와 대비하여 도면상에 표시하기 위한 측량입니다. 건축물 준공, 점유면적 확인 구조물 위치 확인 시 주로 실시합니다.

❖ 이런 경우에 측량을 실시하게 됩니다.

- 건축물 위치현황(준공검사, 건축물대장 등재 등)
- 담장, 옹벽, 전신주, 묘지 등 구조물의 위치 및 점유면적 확인
- 인접토지에서의 침범면적 확인
- 도로, 구거 등의 위치 및 점유면적 확인
- 국공유지 점유면적 확인(대부, 불하 점용, 사용료 등)

실사례 건축공사를 위해 기존 건물을 철거하고 나면 국토정보공사 직원이 나와서 측량작업을 하고 측량점을 측량용 표식(못과 플라스틱), 말못(측량말뚝)과 스프레이 등으로 바닥에 표시한다.

말목	측량점	측량깃발(토지주 설치)

넓은 임야 지역의 경우 측량점을 확인하기 쉽게 깃발을 꽂아두기도 한다.

측량방법 측량 당일 국토정보공사에서는 직원 2~3명이 나오는데, 측량기기와 노트북으로 측량결과물을 바로 입력하며, 측량점을 표시하게 된다. 측량 당일에는 측량점을 포함한 사 진을 꼭 촬영하여야 하며, 필요시 측량깃발을 설치하면 측량 후 측량점 확인에 도움을 받을 수도 있다.

6) 기타 용어

1. 법원 등기 관련 용어

• 공탁(供託, deposit): 공탁이란 법령의 규정에 의하여 금전·유가증권 또는 그 밖의 물품을 공탁소 또는 일정한 자에게 임치(任置)하는 것으로, 우리나라의 공탁소는 법원에 설치되어 있다.

• 등기부: 등기사항을 기입하기 위하여 등기소에 비치되는 공적인 장부를

말한다.

- 등기부등본: 등기부의 내용을 복사한 문서를 의미하며, 표제부, 갑구, 을구로 나뉜다.

  - 표제부: 등기부에서 표제부는 토지·건물의 표시에 관한 사항이 기재되는 부분을 의미한다. 표제부는 다시 표시란과 표시번호란으로 나누어진다. 표시란에는 부동산의 상황 즉 토지의 소유권·지번·지목·평수 등이나 건물의 소유지·종류·구조·건평 등과 그 변경사항을 기재하여 목적 부동산의 특정성을 표시한다. 표시번호란에는 표시란에 등기한 순서를 기재한다. 아파트 등 한 동의 건물이 구분소유권으로 나누어진 집합건물의 경우에는 전체건물에 대한 표제부와 구분된 개개의 건물에 대한 표제부가 각각 있다.

  - 갑구: 부동산등기부 중 소유권에 관한 사항을 기재하는 부분을 말한다. 또한, 소유권에 대한 압류, 가등기, 경매개시결정등기 그리고 소유권의 말소 또는 회복에 관한 재판이 진행 중임을 예고하는 예고등기, 소유자의 처분을 금지하는 가처분등기 등이 모두 갑구에 기재된다.

  - 을구: 을구는 부동산등기부 중 소유권 이외의 권리, 즉 저당권, 지상권, 지역권, 전세권 같은 제한물권과 임차권 등에 관한 사항이 기재되는 부분을 의미한다.

- 등기필증(등기권리증): 등기필증 혹은 등기권리증이란 등기소에서 교부하는 등기 완료의 증명서를 의미한다. 등기를 신청할 때에 제출한 등기원인을 증명하는 서면 또는 신청서의 부본에 접수연월일, 접수번호, 순위번호와 등기필의 취지 및 기타 일정한 사항을 기재하고 등기소인을

날인하여 등기권리자에게 교부하는 것이다. 부동산에서는 매수자가 소유권이전등기 또는 소유권보존등기 시 등기필증(등기권리증)을 교부받게 됨으로써 소유권을 가지게 된다.

- 보존등기: 물권취득자가 자기의 권리를 보존하기 위한 등기. 보통은 미등기부동산의 소유권등기를 말한다. (예: 아파트 준공 후 시행사 명의로 하는 최초 등기) 이는 부동산등기부표제부에 자기 또는 피상속인이 소유자로서 기재된 자, 판결에 의하여 자기의 소유권을 증명하려는 자, 수용에 의하여 소유권을 취득한 자로부터의 신청에 의하여 행하여진다.

- 이전등기: 권리의 이전을 위한 등기로서, 등기권리자 및 등기의무자의 신청에 따라 행하는 것이 원칙이다. (예: 소유권이전등기)

- 근저당(根抵當, fixed collatera): 근저당은 계속적인 거래 관계로부터 발생하는 불특정 다수의 채권을 장래의 결산기에 일정한 한도액(채권 최고액)까지 담보하기 위하여 설정하는 저당권. 장래 채권의 담보이기는 하지만 특정·단일의 채권을 담보하는 것이 아니라, 증감 변동하는 일단의 불특정채권을 최고한도 내에서 담보하는 점에 특색이 있다.

- 부기등기: 부기등기는 어떤 등기가 다른 기존의 등기(주등기)의 순위를 그대로 보유케 할 필요가 있는 경우에 대비하기 위하여 주등기의 번호를 그대로 사용하고, 주등기번호의 아래에 부기**호라는 번호 기재를 붙여서 행하여지는 등기이다. 또한, 부기등기는 법률이 특히 부기할 것을 규정하고 있는 예외적인 경우에 한하여 인정되며, 해당 부동산이 보호받는 부동산임을 나타낼 때(민간사업자가 주택(아파트 등)을 분양할 때), 해

당 부동산의 임대료상승률이 제한되어 있음을 나타낼 때(민간임대주택 등록 시) 사용되고 있다.

- 촉탁등기: 부동산등기는 당사자의 신청이 있어야 할 수 있으나, 예외적으로 관공서의 촉탁이 있으면 등기를 할 수 있다. (예: 분할측량 후 지자체 지적팀의 등기촉탁)

- 건축물대장: 건축물의 소재, 주소 면적 및 소유자의 주소, 성명을 적은 공용문서

2. 민법 관련 용어

- 지상권: 지상권이란 건물 기타 공작물이나 수목을 소유하기 위하여 타인의 토지를 사용하는 물권을 의미한다. 지상권의 취득은 지상권설정계약에 의하여 취득하는 것이 보통이나 지상권의 양도와 상속 등에 의하여 취득하는 경우도 있으며 법률상 당연히 지상권의 존재가 인정되는 경우(법정지상권)도 있다.

- 분묘기지권: 분묘기지권은 분묘를 수호하고 봉제사하는 목적을 달성하는 데 필요한 범위 내에서 타인의 토지를 사용할 수 있는 권리를 의미하는 것으로서, 타인의 토지에 합법적으로 분묘를 설치한 자는 관습상 그 토지 위에 지상권에 유사한 일종의 물권을 취득한다. 분묘기지권은 분묘 그 자체가 공시의 기능을 하고 있다.

- 구분소유권(區分所有權): 아파트와 같은 1동의 건물 중에서 한 가구(구분 건물)에 대하여 독립된 소유권을 인정하는 것을 말한다. 1동의 건물은 1

개의 물건으로 다루는 것이 원칙이나, 예외적으로 민법은 몇 사람이 1동의 건물을 구분하여 각각 그 일부를 소유할 수 있음을 규정하고 있다.

- 질권: 질권은 채무자가 채권의 담보로 제공한 물건 및 기타 권리에 담보를 설정하여 채권자가 채무자로 하여금 채무를 이행하도록 강제하는 권리이다. 가장 대표적인 사례가 전당포이고, 부동산개발사업에서는 시행사의 개발이익(수익)에 대한 수익질권을 들 수 있다.

- 물권: 물권이란 권리자가 특정의 물건이나 재산권을 직접 지배하여 이익을 얻는 것을 내용으로 하는 배타적인 권리를 말한다. 물권은 오직 법률이나 관습법에 의해서만 창설되는 것으로, 물권에는 소유권과 용익물권(지상권, 지역권, 전세권), 담보물권(저당권, 유치권, 질권), 점유권 등이 있다. 이 중 질권은 부동산 물권이 되지 못한다.

- 압류: 압류란 넓은 의미로는 특정의 물건 또는 권리에 대하여 개인의 사실상 또는 법률상의 처분을 제한하는 국가기관에 의한 강제적 행위를 말하나, 좁은 의미로서는 금전 채권에 대한 강제집행의 제1단계로서 집행기관이 채무자의 재산을 확보하고 채무자의 처분권을 제한하는 강제적 행위를 의미한다.

- 가압류: 금전채권 또는 금전으로 환산할 수 있는 채권을 위하여 채무자의 재산을 확보하여 장래의 강제집행의 불능 또는 곤란을 초래하지 않도록 보전할 것을 목적으로 한 명령을 의미한다.

- 가처분: 권리의 실현이 소송의 지연이나 강제집행을 면하기 위한 채무자의 재산은닉 등으로 위험에 처해 있을 경우에, 그 보전을 위하여 그

권리에 관한 분쟁의 소송적 해결 또는 강제집행이 가능하게 되기까지 잠정적·가정적으로 행하여지는 처분을 말한다.

> 가압류와 압류: 가압류는 재산의 처분을 제한해 두는 것이고 거기까지만 가능하나, 압류는 처분 제한을 넘어 재산을 환가하여 채권을 변제 받는 강제집행의 첫 단계이다. 그래서 가압류는 판결 등의 집행권원을 받기 전에 가능하나, 압류는 집행권원을 받아야만 할 수 있다.

- 채권(채무의 반대말): 채권이라 함은 특정인(채권자)이 타인(채무자)에 대하여 일정한 행위(급부)를 요구할 수 있는 권리를 말한다. 채권과 채무로 인하여 결합되는 당사자의 관계를 채권 관계라 한다. 채무자가 채무를 이행하지 않는 때에는 채권자는 원칙적으로 강제이행을 구하거나 손해배상을 청구할 수 있다.
- 대항력: 대항력이란 타인에게 적법한 권리를 주장할 수 있는 권리를 의미한다. 주로 임대차관계에서 볼 수 있는데, 「주택임대차보호법」에서 인정한 대항력이란 주택 임차인이 주택의 점유와 주민등록을 마친 때에는, 임차주택이 매매나 경매 등에 의하여 주인이 바뀌는 경우에도 새로운 임차주택의 소유자에 대하여 계속 임차권을 주장할 수 있는 권리를 말한다.
- 귀책 사유: 일정한 결과를 발생케 하는 것에 대하여 법률상 책임의 원인이 되는 행위를 의미한다. 보통 고의나 과실이어야 하나 자기의 지배하에 있는 자의 과실이나 신의칙상 이와 유사한 원인 행위도 포함하는 경

우가 있다.

- 제소 전 화해: 개인 간에 분쟁이 발생할 경우에 소송으로 이어지는 것을 방지하기 위해 소송 전에 쌍방이 서로 화해하도록 하는 것을 말한다. 제소전화해조서는 쌍방 간 화해가 성립되었음을 알리고 이를 증명하기 위해 작성한 서류이다. (예: 임차인이 계약에 명시된 내용을 어기고 나가지 않고 버틴다면 명도소송을 진행해야 하기 때문에 그 과정을 겪지 않기 위해 건물주가 미리 작성을 요구하는 것)

- 최고: 일정한 행위를 할 것을 타인에게 요구하는 통지. 상대방에 대하여 일정한 행위를 할 것을 요구하는 통지로서 그 성질은 상대방에 있는 일방적 의사의 통지이다. 최고가 규정되어 있는 경우에는 일정한 효과가 부여된다.

3. 기타

- 내용증명우편: 등기취급을 전제로 우체국창구 또는 정보통신망을 통하여 발송인이 수취인에게 어떤 내용의 문서를 언제 발송하였다는 사실을 우체국이 증명하는 특수취급제도이다. (보증금반환이나 계약해지 등의 의사표시)

- 위임장: 형식적인 의미로는 타인에게 어떠한 사항을 위임한 사실을 기재한 문서를 말한다. 실제에 있어서는 그 사항에 관한 대리권을 수여한 것을 표시하는 문서로서, 대리권 수여의 증거로 쓰인다. 특히, 위임장의 일부(대리할 사항, 대리권 수여의 상대방)를 백지로 하여 둔 것을 백지위임

장(白紙委任狀)이라고 하며, 위임장 중에서 가장 많은 문제점을 발생시키고 있다.

- 인감증명: 인영(도장을 날인함으로써 남는 형적)이 증명청에 신고된 인감과 동일하다는 것을 증명하는 것. 문서에 날인된 인영이 본인의 것이라는 것, 즉 문서의 작성자가 본인과 다르지 않다는 것을 증명하기 위하여 중요한 거래를 할 때 쓰인다. 원칙적으로 유효기간은 없으나, 제출처에 따라 2~6개월까지 다르다.

- (법인)청산: 청산이라 함은 해산에 의하여 본래의 활동을 정지한 법인(청산법인)이 잔무를 처리하고 재산을 정리하여 완전히 소멸할 때까지의 절차를 말한다. 참고로 법인이 소멸되기 위해서는 해산 및 청산 절차를 거쳐야 하며, 회사는 파산·합병 이외의 원인으로 해산한 때에 반드시 청산절차가 따르게 된다.

- 인지세(인지): 재산권의 창설·이전·변경 또는 소멸을 증명하거나 재산권에 관한 추인 또는 승인을 증명하는 문서를 작성한 자는 그 문서의 작성 시에 인지세를 납부할 의무가 있다. 부동산소유권이전을 위한 등기 또는 등록절차상 작성되는 증서의 과세표준은 증서의 기재금액이고, 권리설정·이전 또는 변경에 관한 증서 등의 과세표준은 정액이다. (예: 분양계약 시, 공사도급계약 시, 금융권대출 시에 인지세를 부담해야 한다.)

대한민국에서 부자가 되고 싶다면 → 부동산 ← 개발사업을 해라

1판 1쇄 펴낸날 2023년 9월 15일
1판 2쇄 펴낸날 2023년 9월 27일

지은이 김성은
펴낸이 나성원
펴낸곳 나비의활주로

책임편집 김정웅
디자인 BIG WAVE

주소 서울시 성북구 아리랑로19길 86
전화 070-7643-7272
팩스 02-6499-0595
전자우편 butterflyrun@naver.com
출판등록 제2010-000138호
상표등록 제40-1362154호
ISBN 979-11-93110-11-9 03320